Maarten Ploeger

Fahrt ins Unbekannte

Maarten Ploeger

Fahrt ins Unbekannte

Die Geschichte Francisco d'Almeidas

Aus dem Niederländischen von Hedwig von Bülow

Verlag Freies Geistesleben

Für Claartje Wijnbergh

Die Übersetzung erscheint mit freundlicher Unterstützung des Nederlands Literair Produktie- en Vertalingenfonds

Die niederländische Originalausgabe erschien 1992 im Verlag Christofoor, Zeist unter dem Titel
«Francisco d'Almeida en de weg naar het onbekende»

ISBN 3-7725-1565-7

Nach den Richtlinien der neuen Rechtschreibung
1. Auflage 1997 im Verlag Freies Geistesleben

Umschlagillustration: Rolf de Bruin
Druck und Bindung: Clausen & Bosse, Leck

Inhalt

IV Das große Spiel

V Der Seeweg nach Indien

Anhang

Vorwort

In diesem Buch kommen drei wichtige Themenbereiche des 15. Jahrhunderts zur Sprache. Zum einen erfahren wir etwas über die Person und die Leistung Heinrichs des Seefahrers. Ohne jemals eine weite Reise unternommen zu haben, ist er der «Steuermann» der großen Entdeckungsreisen. Zum anderen werden die großen Seefahrten des 15. Jahrhunderts selbst behandelt: Portugiesen und Spanier befahren die Ozeane, der Seeweg nach Indien wird entdeckt, Christoph Kolumbus erreicht neues Land im Westen. Und schließlich nehmen wir teil an den Erlebnissen des portugiesischen Ritters und Admirals Francisco d'Almeida, der Hauptperson dieses Buches. Einige seiner Abenteuer haben sich wirklich ereignet, andere wiederum könnten sich so ereignet haben, wie sie hier beschrieben sind. Franciscos Erlebnisse ziehen sich wie ein roter Faden durch die Geschichte. Francisco d'Almeida setzt Prinz Heinrichs Lebenswerk fort.

Zu Kolumbus' berühmter Entdeckung von Amerika möchte ich vorab etwas sagen. Seit Jahrhunderten rätselt man nun darüber, wie diese Entdeckung eigentlich stattgefunden hat. Über Kolumbus als Person und über den wahren Sachverhalt seiner Reise kursieren gegensätzliche Meinungen. Wer war dieser Mann? Wie ist es zu dieser gewagten Unternehmung gekommen? Wer stand hinter ihm?

Ich wähle eine andere Deutung, als man sie in den Schulbüchern vorfindet, und werde im Anhang des Buches ausführlich darauf eingehen. Ich hoffe, dass diese Geschichte den Leser dazu ermuntern wird, selbständig weiterzuforschen.

Maarten Ploeger *Amstelveen, im Frühjahr 1992*

Vorwort

1

Heinrich der Seefahrer

Sagres, eine felsige Landspitze an der portugiesischen Südküste, im Jahre 1417 nach Christus

Die Schiffe verlassen den Hafen

Prinz Heinrich stand am Rande der Klippen und blickte aufs Meer. Mit tosendem Lärm schlug die Brandung auf den schmalen, steinigen Strand unterhalb der Felswand. Es wehte ein starker Wind. Hinter dem Prinzen warteten fünf seiner fähigsten Kapitäne, denen er sich jetzt zuwandte.

Eindringlich sprach er auf sie ein: «Männer, Portugals Zukunft liegt in euren Händen. Ihr müsst so weit wie möglich nach Süden vordringen, immer an der marokkanischen Küste entlang, bis zu den Gewässern, die noch kein Portugiese befahren hat.» Forschend sah er einen Kapitän nach dem anderen an. «Gibt es irgendwelche Bedenken, meine Herren? Ihr seht bedrückt aus.»

«Edler Herr», sagte einer von ihnen zögernd, «diese Gegend wird ‹das Grüne Meer der Finsternis› genannt. Die Leute sagen, dass dort fürchterliche Stürme toben. Glaubt Ihr denn, dass unsere Schiffe stark genug sind?»

«Wenn Ihr keinen Mut habt, könnt Ihr auch hierbleiben», erwiderte Prinz Heinrich kurz angebunden.

«Und … Euer Ehren …», begann ein Zweiter. «Wissen Eure Gelehrten auch ganz bestimmt, dass wir am Ende der Welt nicht in einen Abgrund stürzen werden? Alle sagen doch, die Erde sei flach. Nur Ihr glaubt daran, dass die Erde rund ist und dass wir sie ganz umfahren können.»

Mit gerunzelter Stirn sah der Prinz den Fragenden an. «Sind noch mehr Zweifler unter euch? Meine Kartenzeichner haben euch doch bewiesen, dass die Erde in Wirklichkeit rund ist.»

Einen Augenblick lang herrschte Schweigen. Dann sprach der Anführer: «Edler Herr, vergebt uns unsere Bedenken. Wir haben die Beweise Eurer Gelehrten gesehen, und sie scheinen überzeugend zu sein. Wir sind bereit.»

Von seinem Turmzimmer aus blickte Prinz Heinrich den Schiffen nach. Wie helle Flecken erschienen die Segel am Horizont. «Möge die Vorsehung uns die Kraft geben, unsere Aufgabe zu vollbringen», sagte er leise vor sich hin. Es war die erste Expedition, die der Prinz aussandte, um die unbekannten Gewässer des Südens zu erkunden. Hiermit nahm die Ausführung eines großen Plans ihren Anfang, denn Prinz Heinrich wollte versuchen, den südlichsten Punkt Afrikas zu umsegeln. Außerdem ging es bei diesem Unternehmen darum, endlich den Seeweg nach Indien zu finden – Indien, das ferne, reiche Land, aus dem die Mauren die kostbaren Gewürze holten ... Indien, das Land, in dem sie vielleicht den legendären Christenkönig aus dem Osten finden würden, den Priesterkönig Johannes. Wenn sie Glück hätten, würde die Christenheit sich endlich aus dem Würgegriff der Mauren befreien können, die inzwischen weit ins Innere Spaniens vorgedrungen waren.

Der Prinz starrte in die Ferne. Noch sah er die Punkte. Dann waren die Schiffe am Horizont verschwunden. Was würden sie erreichen?

Eine flüchtige Begegnung

Im Jahre 1460 sah Prinz Heinrich sich genötigt, Sagres zu verlassen, um dringende Staatsgeschäfte in Lissabon zu erledigen. Bei seiner Ankunft in der Hauptstadt erwartete den Prinzen eine Überraschung, denn ihm zu Ehren hatte der Stadtrat die Hauptstraßen schmücken lassen. Der bescheidene Prinz war etwas ungehalten, weil man von seinem Kommen so viel Aufhebens machte, als er jedoch hörte, wie sehr sich die Bevölkerung darauf freute, ihn zu sehen, beschloss er, sich den Festlichkeiten nicht zu entziehen.

Mit großem Gefolge ritt Prinz Heinrich durch die Straßen. Bunte Fahnen wehten im Wind. Überall standen Leute in dichten Reihen, und jeder versuchte, sich nach vorne zu drängen, um nichts von dem Schauspiel zu versäumen. Alle jubelten: «Prinz Heinrich lebe hoch!» Welch überwältigendes Ereignis!

Prinz Heinrich hatte nicht geahnt, dass er beim Volk ein solch hohes Ansehen genoss. Seine Aufmerksamkeit wurde nun von einem Jungen angezogen, der ihn auf seinem Pferd sitzend anstarrte. Ein ungewöhnlich leidenschaftlicher Blick für einen so jungen Menschen. Wer mochte dieser Junge mit dem goldbestickten Wams aus braunem Samt und der schönen roten Feder auf dem Barett sein? Er wirkte sehr vornehm und war von mehreren Rittern umgeben. Gerne hätte der Prinz einen Augenblick angehalten, um mit dem Junker ein paar Worte zu wechseln, aber der Zug hinter ihm drängte weiter. Unwillkürlich musste Heinrich an die Zeit denken, als er selbst so alt war wie dieser Junge. Im Vorbeireiten hob er kurz die Hand, um den Junker zu grüßen. Lächelnd und in Gedanken versunken ritt er weiter.

II

Ein Wunsch geht in Erfüllung

Die entscheidende Begegnung

Portugal, im Jahre 1460 nach Christus

In Lissabons engen Straßen herrschte großes Gedränge. Aus den Fenstern hingen unzählige Flaggen und Wimpel. Viel Volk war auf den Beinen: Kaufleute, Handwerker, Soldaten, Frauen und Kinder. Alle waren sie unterwegs, vom Edelmann bis zum Bettler. Zwischen den hohen Häusern fing sich der Widerhall aufgeregter Stimmen. Karren fuhren durch den Schlamm und rumpelten über die Pflastersteine.

«Zur Seite! Macht Platz!» In der Hauptstraße erschienen die Lanzenreiter der Stadtwache und versuchten, die Menschenmenge mit Gewalt zur Seite zu drängen.

«Die Reiter jagen direkt auf uns zu!» Erschrocken wichen die Leute zurück.

«Das soll euch eine Lehre sein, ihr faules Pack!», rief ein Soldat. «Vorwärts, zur Seite!»

Der zehnjährige Francisco konnte sich an dem Treiben nicht satt sehen. Was für ein Gedränge! Und so viele Menschen! Hoch auf seinem Pferd sitzend, konnte er alles gut überblicken. Einige Edelmänner zu Pferd hatten sich dicht um ihn geschart. Als Junge aus dem Hochadel hatte er ein Gefolge, ob es ihm nun passte oder nicht.

«Er kommt! Da kommt er!» Das Stimmengewirr schwoll an.

Man hörte das laute Getrappel von Pferdehufen. Die Lanzenreiter hätten sich ihre Mühe jetzt sparen können – ehrfürchtig wich die Menge zurück. Die Männer entblößten das Haupt. Niemand wäre auch nur auf den Gedanken gekommen, Prinz Heinrich die Ehre zu verweigern. Schließlich wurde kein Mann in ganz Portugal so sehr bewundert wie er. Die Seereisen, die schon seit vielen Jahren unter seiner Führung standen, verhießen Portugal große Reichtümer, Ströme von Gold, Pfeffer und Sklaven sollten dem Lande zufließen.

Francisco wartete voller Spannung. Zum ersten Mal durfte er den Prinzen mit eigenen Augen sehen.

Da erschienen auch schon die Reiter der königlichen Garde. Und da – ja! Das musste Prinz Heinrich sein! Eine stattliche, große Gestalt mit grauen Haaren, die sein strenges, edles Antlitz umspielten. Übrigens konnte man ihm sein Alter nicht ansehen, aufrecht saß er auf seinem Schimmel. Er trug ein breites Barett, an dem ein langes, gelbseidenes Tuch hing, das ihm über die rechte Schulter geschlagen war. Mit ruhigem Blick musterte der Prinz die Menge und hob die Hand zum Gruß.

Jetzt näherte er sich der Stelle, an der sich Francisco befand. Prinz Heinrich! Heinrich der Seefahrer wurde er von den Leuten genannt. Aber ... hatte Francisco richtig gesehen? Hatte ihn der Prinz im Vorbeireiten gegrüßt? Er war voller Stolz – Prinz Heinrich hatte ihn, Francisco d'Almeida, persönlich gegrüßt! In Gedanken sah er sich schon an der Seite des Prinzen reiten, um den Kapitänen, die auf Entdeckungsreise gingen, das Geleit zum Hafen zu geben.

«Junker!» Widerwillig kehrte Francisco in die Gegenwart zurück. «Junker, wir müssen fort. Wollt Ihr uns folgen?»

Francisco bemerkte, dass auch die Nachhut des prinzlichen Zuges schon außer Sichtweite war. Die Menge begann sich zu zerstreuen. Er nahm sich fest vor, seinen alten Lehrmeister Felipe de Salvador nach dem Prinzen auszufragen.

Und Felipe de Salvador enttäuschte Franciscos Erwartungen nicht. Er erzählte ihm bis spät in die Nacht von den mutigen Expeditionen der portugiesischen Seefahrer: wie der Prinz trotz der vielen Rückschläge immer wieder neue Schiffe aussandte, die jedes Mal in noch fernere Gewässer vordrangen; wie neue, fremde Länder entdeckt wurden.

Kapitän unter Prinz Heinrich

Ertappt

Francisco betrat die Vorhalle des großen Saals. Durch die schweren Vorhänge drangen gedämpfte Stimmen. Vorsichtig schlüpfte Francisco seitlich an den Vorhängen vorbei und schlich sich unbemerkt in den Saal. Im Schein des Kaminfeuers und der Kerzen saß Lopes d'Almeida, Graf von Abrantes, mit seinen Edelleuten, um sich mit ihnen zu beraten. Francisco wusste, dass er seinen Vater bei dieser wichtigen Unterredung nicht stören durfte. Wie lange würde die Beratung noch dauern? Die Frage, die Francisco seinem Vater stellen wollte, brannte ihm auf den Lippen, doch er musste abwarten, bis das Gespräch unterbrochen wurde. Im Schutz einer mächtigen Steinsäule setzte er sich vorsichtig auf eine Treppenstufe.

«Wir werden Prinz Heinrich persönlich aufsuchen, sobald er nach Sagres zurückgekehrt ist», hörte Francisco seinen Vater sagen. «Wenn unsere Schiffe Indien jemals erreichen sollen, wird er dafür sorgen müssen, dass die Ritter des Christusordens besser mit unserem Orden kooperieren. Schließlich ist er der Großmeister des Christusordens.»

«Und wenn jemand den Prinzen davon überzeugen kann, dann seid Ihr es.» Das war Felipe de Salvadors Stimme. «Schon immer waren die Angehörigen des Geschlechtes d'Almeida führende Ordensritter des Heiligen Jakob vom Schwerte: Euer Großvater, Euer Vater und nun Ihr. Und in nicht allzu ferner Zeit wird es natürlich auch Francisco sein», fügte er hinzu.

Francisco spitzte die Ohren. Was sagte Meister Felipe da? Sollte er später Ritter eines Schwertordens werden? Was das war, wusste er nicht, sicher etwas ganz Wichtiges. Achtung, sie sprachen wieder! Jetzt hörte er eine Stimme, die er nicht kannte.

«Nicht allein unser Ziel, Indien zu erreichen, steht auf dem

Spiel. Auch unsere Suche nach dem geheimnisvollen Priesterkönig Johannes läuft Gefahr zu missglücken. Man sagt, er sei der Herrscher eines uns noch unbekannten Christenreiches im Osten. Wenn wir dieses Reich nicht bald finden und mit König Johannes ein Bündnis schließen, dann werden wir die Mauren niemals vertreiben können.»

Felipe de Salvador entgegnete: «An Prinz Heinrich wird es nicht liegen, denn was er bereits getan hat, grenzt fast schon ans Unmögliche. Aber da er Sagres nur noch selten verlässt, ist er nicht mehr über alle Dinge informiert. Die Affären am Hof um König Alfonso, die beinahe leere Staatskasse: das alles ist ihm in den letzten Jahren leider entgangen. Ihr müsst diese Angelegenheiten mit dem Prinzen besprechen, Graf d'Almeida, es ist dringend!»

Atemlos hörte Francisco zu. Der Priesterkönig Johannes? Ein König im Osten? Davon hatte er noch nie etwas gehört. Prinz Heinrich sollte nicht wissen, was im Lande vor sich ging? Und sein Vater sollte das wieder in Ordnung bringen können?

«Wenn Francisco später …» Plötzlich brach Meister Felipe seine Rede ab. Francisco hatte sich unwillkürlich bewegt; als er das rechte Bein angezogen hatte, war sein Stiefelabsatz über den Steinboden geschurrt. Er biss sich auf die Lippen. Dann, im nächsten Augenblick, sah er direkt in Felipe de Salvadors erstaunte Augen.

«Schau an, wenn man vom Teufel spricht … Graf d'Almeida, hier ist ja Euer Sohn. Steh auf, Francisco, und zeig dich!»

Schuldbewusst kam Francisco hinter der Säule hervor. «Vater, ich …»

«Unerhört, Francisco!», brauste Graf Lopes d'Almeida auf. «Was fällt dir ein, uns zu belauschen. Los! Mach, dass du wegkommst! Wir sprechen uns noch.»

«Graf d'Almeida», sagte Felipe de Salvador leise, aber eindringlich, «wäre es nicht besser, ihn zu fragen, warum er es getan hat? Euer Sohn tut so etwas nicht ohne Grund.»

Düster sah Lopes d'Almeida erst Felipe de Salvador und dann Francisco an. «Und wenn er einen noch so triftigen Grund hätte, es bleibt doch eine Schande. Aber gut, Francisco, heraus mit der Sprache!»

Erleichtert atmete der Junge auf. Der gute Meister Felipe! Aber jetzt musste er mit seiner Frage herauskommen.

«Vater ... ich ...» Unter dem zornigen Blick seines Vaters blieben ihm die Worte im Halse stecken. Er wünschte sich meilenweit weg.

«Francisco, wenn du nicht sofort ...», hob der Graf an, doch bevor er wieder wütend werden konnte, ging Felipe de Salvador auf Francisco zu und legte ihm einen Arm um die Schulter. Mit einem Lächeln sagte er: «Graf d'Almeida, ich glaube, dass Euer Sohn gerne mitkommen würde.»

«Wie meint Ihr das?», fragte der Graf verwundert.

«Ich sagte doch schon, dass ich Francisco gestern abend von Prinz Heinrich erzählt habe. Es sollte mich nicht wundern, wenn Francisco jetzt gekommen ist, um Euch zu fragen, ob er später einmal Kapitän auf einem Schiff des Prinzen werden darf. Und in diesem Fall könnte er uns doch begleiten, wenn wir Prinz Heinrich, wie vorgesehen, unseren Besuch abstatten.» Er wandte sich an den erstaunt dreinblickenden Francisco und sagte: «Ist es nicht so? Hab' ich richtig geraten?»

Francisco wusste nicht, was er antworten sollte. Stammelnd brachte er hervor: «Ja, Meister Felipe, das ... das war es, was ich fragen wollte.»

Graf d'Almeida brach in Lachen aus. «Junge, wenn du Kapitän werden willst, darfst du dich nicht so leicht aus der Fassung bringen lassen!» Sogleich wurde er wieder ernst und fragte: «Ist das wirklich wahr, Francisco, willst du später zum Ruhme Portugals beitragen und die Weltmeere befahren?»

«Ja, Vater», sagte Francisco mit vor Erregung geröteten Wangen. «Ich möchte weite Reisen unternehmen und an der afrikanischen Küste entlang so weit wie möglich nach Süden fahren. Ich will alle Länder sehen, die Prinz Heinrichs Kapitäne entdeckt haben. Und vielleicht finde ich eines Tages auch den Weg nach Indien.»

Nach diesen Worten ging auch der Vater auf Francisco zu und ergriff ihn an beiden Schultern. «Francisco, mein Sohn, dafür gebe ich dir meinen Segen. Du hast verstanden, was es bedeutet, ein d'Almeida zu sein.»

Francisco strahlte vor Stolz über das ganze Gesicht. «Wann reisen wir?»

«Ein wenig musst du dich noch gedulden», sagte Felipe de Salvador. «Es wird sicherlich noch einen Monat dauern, bis wir abreisen werden.»

«Oh, ich kann gut warten.»

«Das weiß ich.» Felipe de Salvador lächelte.

«So», sagte der Graf, «jetzt lass uns zu unseren Staatsgeschäften zurückkehren, die sind wirklich noch nicht für deine Ohren bestimmt. Und, Francisco – selbstverständlich schweigst du über alles, was du hier gehört hast!»

Ein trauriges Ereignis

Graf Lopes d'Almeida ritt nur mit einem kleinen Gefolge los, Prinz Heinrich liebte keinen Aufwand. Die Reise zur Südspitze Portugals würde sicherlich vier Tage dauern.

Voll Eifer gab Francisco seinem Pferd die Sporen und trabte der Gruppe voraus. Dann und wann hielt er an und gab den anderen die Gelegenheit aufzuholen, um gleich darauf wieder davonzugaloppieren.

Die Freude Franciscos wurde jedoch am Abend des zweiten Tages gedämpft, als ein Reisender aus Sagres in der Herberge berichtete, dass Prinz Heinrich krank geworden sei. Der Mann hatte es nur vom Hörensagen und wusste auch nicht, wie ernst die Krankheit wirklich war. Aber Francisco machte sich große Sorgen: Wenn es nun schlecht ausgehen würde?

Am Morgen des vierten Tages ritt die Gesellschaft durch eine unwirtliche Gegend. Es regnete leicht. Endlich tauchte in der

Ferne der große Turm der Burg auf. Sagres! Dunkel zeichneten sich die Umrisse der Stadt gegen den grauen Himmel ab. Als sie das Stadttor erreichten, erfuhren sie die traurige Nachricht, dass Prinz Heinrich in der Nacht gestorben war. Tränen liefen Francisco über die Wangen. Sein Vater und Meister Felipe waren bestürzt. Wie hatte dies so unerwartet geschehen können? Noch vor einem Monat hatte die kräftige Erscheinung des Prinzen so großen Eindruck auf alle gemacht.

In der Nähe der Burg strömte das Volk zusammen. Sobald die traurige Nachricht bekannt geworden war, liefen die Bewohner des nahe gelegenen Hafens Lagos eiligst herbei. Von diesem Hafen aus hatten Prinz Heinrichs Kapitäne ihre Reisen unternommen. Viele Leute weinten, einige leise, andere laut und klagend. Die Seeleute schauten schweigend zu. Sogar die Hirten kamen von den Hügeln herunter. Ihre Hunde und Schafe drängten sich bellend und blökend in der Ebene am Fuße der Burg zusammen. Die Glocken läuteten, und die Menschen bekreuzigten sich.

Francisco presste seine Fingernägel in die Handballen. Als zukünftiger Kapitän durfte er doch nicht weinen. Als zukünftiger Kapitän … Aber nicht mehr unter Heinrich dem Seefahrer! Francisco war so in Gedanken versunken, dass er nicht merkte, wie er im Gedränge von seiner Reisegesellschaft getrennt wurde.

Er stieg vom Pferd. Leute eilten hin und her. Niemand achtete auf ihn. Unwillkürlich lief er in der Menschenmenge mit und schloss sich einer Gruppe an, die sich von der düsteren Burg fortbewegte und einen felsigen Pfad an der Küste entlangging. In einiger Entfernung, bei einem Ringwall, auf dem mehrere Kanonen standen, liefen die Menschen neugierig zusammen.

Das niedrige Tor der Mauer stand sperrangelweit offen, und Francisco ging hindurch. In der Mitte des großen Innenhofes erblickte er ein weißes Gebäude, dessen Portal ebenfalls geöffnet war. Wie von einer unsichtbaren Kraft angezogen, ging Francisco hinein. So hektisch es draußen auch war, hier drinnen schien alles wie ausgestorben. Hohl klangen seine Schritte auf dem Steinfußboden der hohen Diele. Auf gut Glück öffnete Francisco eine Tür und betrat einen nicht allzu großen Saal. Vor Staunen blieb ihm der Mund offen stehen. Überall Karten! Neugierig sah er sich um. An den Wänden hingen prächtige Meereskarten, Landkarten und Himmelskarten, und ringsum standen die sonderbarsten Instrumente. Die Wandregale waren bis zum obersten Brett mit Büchern und Schriftstücken gefüllt. Hier also bereitete man die Seereisen vor. Hier wurden die Pläne ausgearbeitet, neue Karten gezeichnet und Instrumente erprobt, mit deren Hilfe die Kapitäne den Kurs bestimmten und immer weiter in unerforschte Gewässer vordrangen. Francisco konnte seine Augen nicht davon abwenden.

Plötzlich hörte er hinter sich Schritte. Erschrocken drehte er sich um und sah in das gebräunte Gesicht eines kräftigen, untersetzten Mannes.

«O verzeiht, Herr, ich wollte mich hier nur ein wenig umsehen.»

Der Mann sah ihn prüfend an. Schließlich blieb sein Blick auf Franciscos vornehmer Kleidung ruhen.

«Außer des Prinzen Kartenmeister ist es niemandem gestattet, diesen Raum zu betreten, Junker.» Seine Stimme klang befehlsgewohnt, wenn auch nicht unfreundlich. «Aber man kann es Euch nicht verübeln, die Wächter haben ihren Posten verlassen. Vielleicht kann ich Euch helfen, wenn Ihr mir erst einmal Euren Namen verratet.»

«Francisco d'Almeida, zu Euren Diensten, Herr», antwortete Francisco höflich.

«Ein Sohn des Grafen, sieh an. Ihr wolltet den Prinzen besuchen, nicht wahr?»

Leise antwortete Francisco: «Ja, Herr, Prinz Heinrich wollte uns empfangen und … Und mein Vater wollte ihn fragen, ob ich später einmal Kapitän auf einem seiner Schiffe werden dürfe. Aber jetzt …» Franciscos Oberlippe zitterte leicht.

Der Fremde hatte es bemerkt. «Ihr braucht die Hoffnung noch nicht aufzugeben, Junker.»

Francisco verstand nicht, wie dieser Mann so etwas sagen konnte. Wer war er überhaupt? Und als hätte der Fremde seine

Gedanken erraten, fuhr er fort: «Ich bin Alvise da Cadamosto, Kapitän in Prinz Heinrichs Diensten.»

«Ihr ... Ihr seid Kapitän da Cadamosto?» Alvise da Cadamosto, der Kapitän, von dem Meister Felipe erzählt hatte, dass er sogar unter der schwarzen Bevölkerung in Afrika gelebt habe! «Mein Lehrmeister, Felipe de Salvador, hat mir von Euch erzählt. Er sagt, Ihr seid einer der besten Kapitäne.»

«Das ehrt mich, Junker. Ihr wollt also auch Kapitän werden? Habe ich das richtig verstanden?»

«Ja, Herr.»

«Wie alt seid Ihr, Junker?»

«Zehn Jahre, Herr.»

«Dann wisst Ihr ja schon früh, was Ihr wollt. Aber sagt mir einmal, was zieht Euch eigentlich zur See?»

«Als Meister Felipe mir von den großen Schiffen erzählte, die Prinz Heinrich auf Entdeckungsreise aussandte, sehnte ich mich danach, ebenfalls weite Reisen zu unternehmen. Es muss phantastisch sein: das Meer, die unbekannten Länder.»

«Phantastisch? Wisst Ihr, nicht jeder eignet sich für den harten Beruf eines Seemannes. Von den Aufgaben eines Kapitäns will ich noch gar nicht reden.»

«Oh!»

«Aber Ihr könnt es selbstverständlich versuchen. Es überrascht mich, Junker, dass ich Euch gerade heute, an diesem traurigen Tag, hier antreffe. Alles, was Ihr hier seht, erinnert an den Prinzen. Auf jede Fliese dieses Fußbodens hat er unzählige Male seinen Fuß gesetzt, jede Karte, jedes Instrument hat er in Händen gehalten. Hier wurden die großen Pläne erarbeitet. Und jetzt steht hier plötzlich jemand vor mir, der sagt, er wolle Kapitän unter Prinz Heinrich werden. Gut, ich glaube, dass ich meinem Herrn am besten ein ehrendes Andenken bewahren kann, wenn ich prüfe, ob Ihr helfen könnt, sein Werk fortzusetzen.»

«Meint Ihr das wirklich, Herr?» Francisco wusste nicht, was er von diesen Worten halten sollte. Eben noch war für ihn durch den Tod des Prinzen eine Welt zusammengebrochen, und im nächsten

Augenblick traf er Kapitän da Cadamosto, der sein Anliegen ernst nahm.

«Hört, Junker! Die kommenden Tage stehen im Zeichen der Beerdigung meines geliebten Herrn. Aber wenn alles vorbei ist, werde ich mit Eurem Vater reden. Das verspreche ich Euch.»

«Ich danke Euch, Herr» war alles, was der überraschte Francisco noch hervorzubringen vermochte.

Kapitän da Cadamosto klopfte ihm auf die Schulter. «Auf Wiedersehen, Junker Francisco d'Almeida.»

Entfernte Gebiete

Kapitän da Cadamosto hielt Wort. Er hatte Franciscos Ausbildung persönlich in die Hand genommen. Die vergangenen fünf Jahre waren für Francisco nicht einfach gewesen …

Maurische Schiffe

Es blies ein starker Wind. Francisco schmeckte das Salz des aufspritzenden Meerwassers auf den Lippen. Er verlagerte sein Gewicht von einem auf das andere Bein, um das Hin- und Herschwanken des Schiffes so gut wie möglich aufzufangen. Da schlug eine Leine, die sich losgerissen hatte, gegen den Mast, und gleich darauf flappte ein Segel in der Brise.

«Festmachen, Matrosen! Als wenn ihr noch nie ein Schiff unter eurem Hintern gefühlt hättet!» Missbilligend rümpfte Kapitän da Cadamosto die Nase. «He, du da! Was stehst du da herum?»

Ein Schiffsjunge beugte sich über die Reling und würgte. Er war kaum älter als Francisco. Mit langen Schritten trat der Kapitän hinzu, packte den Unglücklichen beim Kragen und schleifte ihn mit sich auf die andere Seite des Schiffes.

«Hier kannst du speien, Junge. Hör gut zu und vergiss nicht: In Luv sollst du berechnen und messen! Und schreib dir's hinter die Ohren: In Lee musst du kotzen und pissen. Pass auf, sonst weht mir der Wind dein Dreckszeug ins Gesicht.»

Grün vor Übelkeit schaute der Junge Kapitän da Cadamosto an. Nur mit Mühe brachte er ein paar unverständliche Laute hervor.

«Auch wenn du eine Landratte bist, der es schwer fällt, das zu begreifen – Luv ist die Seite des Schiffes, aus der der Wind kommt. Dahin geht man mit den Instrumenten, um den Kurs zu bestimmen. Lee ist die Seite, wohin der Wind weht. Verstanden? Jetzt kannst du weiterspucken.»

Francisco hatte von weitem zugesehen. Auf seiner ersten Reise war ihm dasselbe passiert. Cadamosto hatte ihn damals genauso hart angepackt. Bilde dir nur nicht ein, dass du wegen deiner höheren Herkunft mehr bist als ein Jungmaat, hatte er zu ihm gesagt. Kapitän da Cadamosto war ein harter, aber guter Lehrmeister. Ein zukünftiger Kapitän muss alle Verrichtungen auf einem Schiff aus eigener Erfahrung kennen lernen, sonst haben die Matrosen kein Vertrauen zu ihm. Und Francisco hatte nun schon vieles gelernt. Dieses Mal sollte er in der Kunst des Navigierens unterrichtet werden und lernen, den Kurs zu bestimmen. Außerdem würde er ganz gewiss noch allerlei andere Arbeiten zu verrichten haben, dafür kannte er Kapitän da Cadamosto inzwischen gut genug.

«In die Rahen, Männer!», ertönte jetzt da Cadamostos laute Stimme. «Seht ihr denn nicht, dass die Segel nicht gut stehen? Und du da, was lungerst du da herum? Vorwärts, an die Arbeit!»

Francisco rannte nach vorn. Das Schiffsleben war in vollem Gange. Im Nu saß Francisco oben im Mast, um beim Klarmachen des Segels zu helfen. Zusammen mit einem alten Matrosen zog er mit aller Kraft an den Tauen.

«Haltet fest, Junker!», keuchte der Mann. «Wenn wir das Segel schießen lassen, kriegen wir's mit dem Alten zu tun.»

Das Schiff schlingerte gefährlich. Francisco sah die Kimm mit rasanter Geschwindigkeit hin und her schwingen. Es stürmte heftig. Er umklammerte die Want und schlang in Windeseile ein Tau auf eine Nagelbank am Mast, ein halber Schlag genügte.

«Gut gemacht, Junker! Jetzt das nächste.»

Während der dritten Nacht dieser Reise wurde Francisco zur Wache eingeteilt. Der Wind hatte sich etwas gelegt; überraschende Böen drückten das Schiff jedoch immer wieder in Schräglage. Die schmale Sichel des Mondes stand klar am Himmel und wurde nur gelegentlich von einer Wolke verdeckt.

Etwas schläfrig schaute Francisco auf den dunklen Silberglanz der bewegten See. Hin und wieder wurde er durch ein heftiges Stampfen des Schiffes, dem ein leichtes Schlagen der Segel folgte, aufgeschreckt. Holz, Segel, Taue, Wind und Wellen verursachten Geräusche, die sich unablässig und in allen Tonlagen wiederholten; es piepste und quietschte, es knarrte und knackte, es ächzte, rauschte und sauste.

Einfach ist das Schiffsleben nicht, dachte Francisco. Wie dunkle Flecken waren die schlafenden Matrosen über das Deck verstreut. Wegen des üblen Gestanks unter Deck blieben sie immer im Freien, bei gutem und bei schlechtem Wetter. Plötzlich neigte sich das Schiff zur Seite. Die Matrosen fluchten leise. Da das Schiffsdeck etwas gewölbt war, damit das hereinbrechende Wasser abfließen konnte, lag man nirgendwo flach. Bei starkem Seegang war an einen ruhigen Schlaf nicht zu denken. Dazu das eintönige, oft verdorbene Essen – gestern noch krochen Maden aus dem Pökelfleisch –, das abgestandene Wasser, die widerlichen Kakerlaken, die einem über den Leib krochen ... Man musste schon viel für die Seefahrt übrig haben, um all das aushalten zu können. Francisco wusste noch nicht, wie es war, monatelang an Bord zu sein; bisher waren seine Fahrten immer von kürzerer Dauer gewesen. Dieses Mal sollten sie weit in den Süden fahren, bis in das Gebiet des Gambia-Flusses, in die Nähe des Westpunktes von Afrika, zur Insel Arguin.

Francisco richtete sich auf. Er wollte sich auch auf der anderen Seite des Schiffes umsehen. Auf einmal bemerkte er schräg vor dem Bug einen undeutlichen dunklen Fleck. Verflixt noch mal, das war ein Schiff! Mit aller Kraft versuchte er, die Finsternis mit den Blicken zu durchbohren. Da kam der Mond hinter einer Wolke hervor; deutlich zeichneten sich die Konturen einer Galeere ab, die direkt auf sie zusteuerte. Oder waren es sogar zwei Schiffe?

Francisco rannte zur Kajüte. «Kapitän Alvise, aufwachen! Mauren!»

«Was ist los?», brummte da Cadamosto schläfrig. «Mauren? Hier? Wie viele Schiffe?»

«Zwei, glaube ich», antwortete Francisco aufgeregt.

«Du sollst nicht glauben. Du musst es genau wissen.» Gähnend streckte da Cadamosto seine Glieder. «Schau noch einmal genau nach und komm sofort zurück!»

Francisco war völlig verwirrt. Im nächsten Augenblick musste der Kapitän über Leben oder Tod entscheiden, und da Cadamosto war nicht einmal bereit, seine Augen zu öffnen. Mit bangem Gefühl stürmte Francisco wieder an Deck. Es waren zwei Schiffe, ein großes und ein etwas kleineres. Und sie näherten sich mit großer Geschwindigkeit. Unverzüglich wollte er zurücklaufen und Bericht erstatten, aber da Cadamosto stand schon hinter ihm, noch halb in seinen Nachtkleidern.

«Immer mit der Ruhe, Francisco, wir haben noch Zeit», sagte er.

Da ertönten drei Pfiffe, lang und schrill.

«Antreten!» Das Kommando kam vom Vordeck. Sofort waren alle vierunddreißig Männer der Besatzung auf den Beinen.

«Besetzt die Geschütze! An die Segel!»

Die feindlichen Schiffe waren jetzt deutlich zu sehen. Es konnte nicht mehr lange dauern, bis …

«Francisco! Hilf dem Geschützmeister!», rief der Kapitän.

Francisco war rasch auf seinem Platz.

«Laden! Und los, beeilt euch!», überbrüllte der Geschützmeister den Tumult. Die Kugel wog schwer, und Francisco war schon in Schweiß gebadet, nachdem die erste Kugel gut und genau platziert war.

«Schnell, die nächste fertig machen. Feuer!»

Jetzt geht die Welt unter, dachte Francisco, als der Schuss direkt neben ihm losging. Sofort lag er der Länge nach auf den Planken.

«Pass auf, Kerl! Du weißt doch, dass sie zurückstoßen.»

Durch die Kraft des Abschusses war die Kanone mit einem Schlag zurückgeprallt. Armdicke Taue, die fest in der Schiffswand verankert waren, hatten den Rückschlag abgefangen. Schreckensbleich rappelte Francisco sich auf. Zischend flog eine Kanonenkugel über sie hinweg, ohne zu treffen. Es donnerte und dröhnte von allen Seiten, und Francisco hatte keine Ahnung, wie der Kampf enden würde. Er dachte an nichts mehr. Er schuftete, rannte hin und her und schleppte keuchend eine Kugel nach der anderen herbei, bis ein durchdringender Laut ertönte. Tuuut, dröhnte die Schiffssirene, und noch einmal: Tuuut. Das Geschützfeuer wurde eingestellt. Alle jubelten und lachten. Erschöpft ließen die Männer die Arme sinken und atmeten erleichtert auf.

«Oh, wart Ihr das eben, Junker?», fragte der Geschützmeister mit einem breiten Grinsen. «Tja, die Dinger schlagen flink zurück.»

«Wie dumm von mir», sagte Francisco leicht verwirrt. «Ist das Gefecht vorbei? Haben wir die Piratenschiffe versenkt?»

«Nein, Junker, der Kapitän hat sie umsegelt, wir haben sie abgehängt», antwortete der Geschützmeister.

«Kapitän da Cadamosto ist der beste Kapitän der Welt, darauf verwette ich meinen Kopf», sagte ein anderer. Bummm, erklang noch einmal ein Echo. Irgendwo hinter dem Schiff vernahmen sie ein dumpfes Plumpsen. «Seht Ihr, Junker, sie erreichen uns nicht mehr.»

«Umsegelt? Aber sie kamen doch direkt auf uns zu. Zwei Schiffe», sagte Francisco halblaut zu sich selbst.

«So», sagte Alvise da Cadamosto zu Francisco, «dies war nun dein erstes Gefecht. Das nächste Mal musst du selbst eine Kanone bedienen.»

«Lieber würde ich an Eurer Seite bleiben, um Eure Steuermannskunst zu erlernen. Doch … Ihr seid verwundet!» Ein großer dunkler Fleck zeichnete sich auf da Cadamostos rechter Schulter ab.

«Oh, das ist nicht der Rede wert. Ein herumfliegender Holzsplitter hat mich gestreift. Schau, das Heck hat einen Treffer abbekommen.»

«Mit zwei Gegnern hätte das leicht schief gehen können», meinte Francisco.

«Ach, unsere Karavellen sind viel stärker als die Galeeren der Mauren. Wir hätten den Kampf durchaus bestehen können. Aber was hätten wir davon gehabt? In jedem Fall viel größere Schäden am Schiff, ganz zu schweigen von Toten und Verwundeten. Ich hatte dir eine gute Reise versprochen, und das will ich auch einhalten. Komm, wir werden einen starken Schnaps ausschenken lassen. Den hat sich die Mannschaft redlich verdient.»

Die Kunst des Navigierens

Kein Wölkchen trübte den strahlend blauen Himmel. Das grelle Sonnenlicht spiegelte sich auf dem Wasser und blendete so stark, dass die Augen schmerzten. Francisco stand auf Deck und neben ihm der Schiffsjunge, der zu Beginn der Reise den Fehler begangen hatte, sich auf der falschen Seite des Schiffes zu übergeben. Er hieß Antonio und war wie Francisco fünfzehn Jahre alt. Sie befanden sich auf dem Achterdeck neben dem Schiffskompass. Soeben hatte Francisco einen aufrecht stehenden Stift in die Mitte des Kompasses gesteckt.

«Schau, Antonio! Das ist der Schattenstab. Gleich wird die Sonne ihren höchsten Stand erreicht haben, genau im Süden. Der Schatten des Stabes weist dann nach Norden. Der Unterschied zwischen der Schattenlinie und der Richtung, in die die Magnetnadel zeigt, gibt an, um wie viel Grad der Kompass in diesem Gebiet von der wirklichen Nordrichtung abweicht. Das muss man wissen, um den Kurs während der Fahrt bestimmen zu können.»

«Ich dachte, ein Kompass zeigt immer genau nach Norden.»

«Nein, die Nadel hat meist eine Abweichung, die im übrigen von Ort zu Ort unterschiedlich ist. Deshalb müssen wir diese Korrektur jeden Tag von neuem durchführen. Doch ich glaube, die Sonne steht jetzt genau im Süden. Lass uns messen!»

«Aber das Schiff schwankt, und der Schatten verschiebt sich.»

«Das macht nichts. Schau her, Antonio, ich setze meine Finger auf die beiden äußersten Punkte, die der Schatten erreicht. Wenn wir davon die Mitte nehmen, dann muss das Norden sein. Der Unterschied zwischen der Richtung, in die die Nadel zeigt, und der wirklichen Nordrichtung ist ungefähr siebzehn Grad West. Hast du verstanden? Das schreiben wir jetzt ins Schiffstagebuch.»

Antonio nickte. Francisco zog den Stift wieder heraus und steckte ihn in die Hosentasche. «Und jetzt muss ich die Geschwindigkeit messen. Komm mit!» Ganz hinten auf dem Deck lag eine lange, aufgerollte Leine, in der sich in regelmäßigen Abständen Knoten befanden.

«Hier, Antonio. Wenn ich *ja* sage, drehst du diese Sanduhr um!»

Francisco nahm ein dreieckiges Brett, das mit drei Schnüren an einem Ende der Leine befestigt war, und warf es über Bord. In dem Moment, als das Brettchen ins Wasser fiel, gab er das Zeichen.

«Und wenn das obere Glas der Sanduhr leer ist, sagst du *jetzt*. Verstanden?»

Schnell lief die Leine durch Franciscos Hände. Laut zählte er die Knoten.

«Jetzt!», sagte Antonio.

«Gut gemacht! So können wir unsere Geschwindigkeit berechnen: Wir zählen die Knoten, die in einer Sanduhrzeit durch meine Hände gleiten.»

«Großartige Erfindung», murmelte Antonio.

«Komm, jetzt gehen wir zur Kajüte. Dort zeige ich dir, was wir sonst noch tun müssen.»

«Zur Kapitänskajüte? Ich? So einer wie ich darf da nicht hinein.»

«Doch, komm mit, Antonio, ich will dir etwas beibringen. Wer weiß, ob es dir nicht später von Nutzen sein wird. Gute Steuerleute sind dünn gesät.»

Francisco klopfte an. Keine Antwort. Er klopfte lauter. Wieder nichts. Er öffnete vorsichtig die Tür und hörte ein lautes Schnarchen. «Der Kapitän schläft», flüsterte Francisco. «Vorwärts, leise!»

«Aber wenn er aufwacht und mich sieht?», fragte Antonio mit gedämpfter Stimme.

«Psst! Wir werden ganz leise sein. Wenn der Kapitän einmal schläft …»

«Francisco, ich trau' mich nicht», wehrte Antonio ab. Aber Francisco hatte ihn schon am Arm genommen und in die Kajüte gezogen.

«Wir müssen unser Besteck nehmen», sagte er.

«Besteck nehmen? Was ist das nun wieder?», fragte Antonio im Flüsterton, um den Kapitän keinesfalls zu wecken. Francisco lachte verhalten. «Das ist die Bestimmung unseres Standortes und des Kurses.»

«Oh, das ist es», murmelte Antonio schüchtern und sah schnell zum Kapitän hinüber, um sich zu vergewissern, dass er noch schlief.

«Schau her!» Francisco zeigte auf den Kartentisch. «Was wir brauchen, sind die Kompassrichtung, die Geschwindigkeit und die Zeit, die während unserer Fahrt seit der letzten Berechnung vergangen ist. Die Zeit bestimmen wir, indem wir die Anzahl der Vierstundengläser in einer Strichliste vermerken; das weißt du schon. Wenn du diese drei Dinge gut unter Kontrolle hast, kannst du in der Karte einzeichnen, wo sich das Schiff befindet.»

Während sie leise miteinander flüsterten, beugten sie sich über die Karte und tauschten Lineal, Winkelmesser und Zettel mit Ziffern aus.

«So, wenn alles stimmt, müssten wir jetzt ungefähr hier sein.» Francisco bezeichnete einen Punkt auf der Karte. «Fünfzig Meilen vor Kap Bojador. Eine Gegend, die früher von den Seeleuten sehr gefürchtet war. Sie behaupteten, dass man dort unter der sengenden Sonne schwarz würde und dass die Hitze das Meer zum Kochen brächte.»

«Wirklich?», flüsterte Antonio entsetzt.

«Natürlich nicht.» Francisco klopfte ihm auf die Schulter. «Altweibergewäsch. Aber es hat Prinz Heinrich einige Mühe gekostet, seinen Kapitänen diesen Unsinn auszureden.»

Einen Augenblick blieb es still. «Ich bin Euch sehr dankbar, Junker d'Almeida», sagte Antonio mit einem Mal und errötete.

«Unsinn, Antonio», erwiderte Francisco, der ebenfalls verlegen wurde. «Ich tue es gerne.»

Sachte zog er die Kajütentür hinter sich zu. Sie blinzelten, weil ihre Augen sich erst wieder an das grelle Licht gewöhnen mussten.

Sklavenhandel

Die gesamte Mannschaft stand an Deck. «Dort ist Arguin», sagte da Cadamosto zu Francisco. «Siehst du die Insel vor der Küste? Wir haben da ein Fort errichtet, das unseren Handel mit den Küstenbewohnern sichern soll.»

In der Ferne sah Francisco Baumreihen, Palmen mit großen, überhängenden Blättern, und inmitten des Grüns die gelbweißen Mauern des Forts. Schäumend brandeten die Wellen gegen den weißen Strand. Ringsum leuchtete das Meer hellblau. Hier und da schnellten Fische aus dem Wasser, und dabei spritzten kleine Fontänen auf. Es war beinahe windstill. Langsam glitt das Schiff auf die Insel zu.

«Wie schön ist es hier!», sagte Francisco und schaute umher.

«Ja, sehr schön», stimmte Alvise da Cadamosto ihm zu, «heute kannst du es unbesorgt genießen. Früher war alles ganz anders. Damals musste man fortwährend vor Angriffen auf der Hut sein. Da prasselten die Giftpfeile der Eingeborenen vom Waldrand her wie ein Sturzregen auf uns nieder. Die Gegner blieben unsichtbar. Es waren gefährliche Zeiten. Viele unserer Männer haben hier ihr Leben lassen müssen.»

«Aber doch nur, weil wir die Schwarzen zusammengetrieben und gefangen genommen hatten, um sie in Portugal als Sklaven zu verkaufen. Kein Wunder, dass sie uns unfreundlich gesinnt waren. Fangen wir jetzt gar keine Eingeborenen mehr?»

Die Frage des Sklavenhandels beschäftigte Francisco sehr. Das Schlimmste, was einem portugiesischen Seemann zustoßen konnte, war, als Sklave auf den maurischen Märkten verkauft zu werden, und das Gleiche taten seine Landsleute jetzt mit den schwarzen Menschen.

«Wir selbst machen keine Gefangenen mehr. Das würde den guten Handelsbeziehungen zu den einheimischen Fürsten schaden. Aber maurische Kaufleute besuchen den Markt von Arguin, und die bringen Sklaven aus dem afrikanischen Binnenland mit. Auch schwarze Stammeshäuptlinge verkaufen hier ihre Gefangenen.»

«Sie verkaufen ihre eigenen Leute?»

«In der Tat, Francisco. Einige Stämme sind erbitterte Feinde. Wir ziehen dann unseren Nutzen daraus und kaufen die Sklaven. Unser Land ist so dünn besiedelt, dass wir auf Sklaven angewiesen sind, um alle Felder bestellen zu können. Ohne Sklaven würde Portugal an den Rand einer Hungersnot geraten.»

«Früher habe ich einmal bei uns zu Hause einen Sklavenmarkt gesehen. Es war schrecklich! Väter, Mütter und Kinder wurden auseinander gerissen und an verschiedene Herren verkauft.» Francisco sah bedrückt aus. Leise sagte er: «Und Prinz Heinrich hat damit angefangen, nicht wahr?»

Das war für Francisco noch das Schlimmste. Prinz Heinrich, den er bewunderte wie keinen anderen, diesem Prinzen Heinrich wurde nachgesagt, dass er sich von seinen Kapitänen Sklaven hatte mitbringen lassen.

Alvise da Cadamosto bemerkte die Enttäuschung in Franciscos Frage. «Vor allem ging es dem Prinzen darum, mehr über die fernen Länder und Küsten zu erfahren. Gefangene waren für ihn noch wichtiger als Karten. Mit Hilfe seiner Dolmetscher fragte er sie bis in alle Einzelheiten über ihre Kultur und ihre Herkunft aus.»

«Und zum Dank wurden sie für den Rest ihres Lebens festgehalten?»

«Du musst bedenken, Francisco, dass die Sklaven zum Christentum bekehrt werden und dass sie am Ende ihres Lebens meistens frei sind und über eigenen Besitz verfügen. Sie heiraten portugiesische Bürger, sind erbberechtigt und haben andere Vorteile. Nur während der ersten fünf bis zehn Jahre werden sie bei uns so behandelt, dass man es als echte Sklaverei bezeichnen kann. Das ist ein großer Unterschied zu dem, was die Mauren mit ihnen machen. Die beuten ihre Sklaven nämlich aus, bis sie tot umfallen. Die Sklaven, die wir den Mauren abkaufen, haben es bei uns viel besser.»

«Und weil wir die Schwarzen kaufen, nehmen die Mauren immer mehr von ihnen gefangen. Hab' ich Recht?», entgegnete Francisco bissig.

«Vielleicht, vielleicht», brummelte da Cadamosto.

«Und ist es wahr, dass Prinz Heinrich auch Sklaven verkauft hat, um die teuren Seereisen bezahlen zu können?» Francisco hätte viel darum gegeben, wenn er die Gewissheit gehabt hätte, dass dem Prinzen nichts vorzuwerfen sei.

«Ach, die Leute reden viel», antwortete da Cadamosto mürrisch. «Es ist wahr, dass die Erlöse wieder in Schiffe gesteckt wurden. Das schon. Aber so ging es eigentlich mit jedem Heller, den der Prinz in die Hände bekam. Jeder weiß, dass er bettelarm gestorben ist und eine gewaltige Schuldenlast hinterlassen hat. Selbst der König war nicht imstande, sie abzuzahlen. Aber ob der Prinz nun die Schwarzen wegen des Geldes mitbringen ließ ... Ich meine, dass es ihm darauf ankam, wertvolle Auskünfte zu erlangen und die Eingeborenen von ihren heidnischen Verirrungen zu erlösen.»

«Glaubt Ihr das wirklich, Kapitän, oder sagt Ihr das nur, um mich zu beruhigen?»

«Weißt du, Francisco, Prinz Heinrich hat nie befohlen, Eingeborene in großer Anzahl mitzubringen. Ein paar genügten ihm für seine Befragungen. Es waren die Kapitäne, die den Gewinn im Menschenhandel witterten. Ihnen kam immer ein Teil der Beute zu. Und je mehr Schiffe deswegen ausfuhren, desto weniger wählerisch konnte der Prinz in der Auswahl seiner Kapitäne sein. Hätte er den Sklavenhandel nicht zugelassen, wäre es ihm kaum gelungen, eine vollständige Mannschaft zusammenzubringen.

Außerdem ließ auch der König es gern geschehen. Wie ich dir schon erzählte, wollte er das Agrarland besiedeln.»

«Es ist also wahr», sagte Francisco fast tonlos. Die Erklärungen des Kapitäns konnten ihn nicht ganz überzeugen. War der Sklavenhandel nicht ein Schandfleck auf dem guten Namen des Prinzen? Oder war es so, wie Kapitän da Cadamosto erklärt hatte: eine infolge der Seereisen unvermeidliche Entwicklung, die der Prinz nicht hatte abwenden können? Der Handel, der Portugal den Wohlstand brachte, hatte also auch seine bedenklichen Seiten, folgerte Francisco.

Arguin

Sie näherten sich dem Hafen von Arguin. Auf der Mole standen viele Leute: portugiesische Lanzenreiter in glänzenden Harnischen, Schwarze mit einfachen Lendentüchern und Mauren in langen Gewändern.

Mit wenigen lautstarken Kommandos ließ der Kapitän das Schiff auf der Reede vor Anker gehen.

«So, der Anker ist gefallen, wir gehen an Land. Bootsmann, lass das Beiboot zu Wasser! Komm, Francisco, nimm deinen Seesack. Wir logieren heute Nacht beim Gouverneur.»

Francisco zögerte einen Augenblick. «Kapitän, darf der Schiffsjunge Antonio mitkommen? Er ist sozusagen mein Freund, versteht Ihr?»

«Ein zukünftiger Graf d'Almeida befreundet mit einem einfachen Schiffsjungen? Hm, wenn nur dein Vater nichts davon erfährt.»

Francisco und Antonio staunten. Was für eine Betriebsamkeit! Der Markt war mit Gütern überladen: Paradieskörner, Gold, zahllose silberne und kupferne Gegenstände, Bananen und allerlei andere unbekannte Früchte, Lederriemen, Messer, Speere … zu viel, um es alles aufzuzählen. Überall wurde in Sprachen geredet, die sie nicht verstanden. Nur hin und wieder hörten sie vertraute portugiesische Laute.

«Kapitän Alvise, was tun die Mauren eigentlich hier?», fragte Francisco. «Sind sie nicht unsere Erzfeinde?»

«Nicht auf dem Markt», antwortete Alvise da Cadamosto und lächelte. «Wenn es um Handel geht, sind wir auf einmal Freunde. Hast du vergessen, was ich dir über den Sklavenhandel erzählt habe? Im Übrigen sind es Angehörige kleiner und unbedeutender Wüstenstämme.»

Francisco nickte. Handel schien praktisch das Zauberwort für alles zu sein, was ihm nicht gleich verständlich war. Aber er fand es spannend, die verschiedenen Menschen, die hier gut miteinander auskamen, zu beobachten.

«Bevor wir zum Gouverneur gehen, muss ich noch einen Bekannten aufsuchen. Wartet hier auf mich!» Und da Cadamosto verschwand in der Menge.

«Waren im Überfluss!», staunte Antonio. «Und die süßen Gerüche! Weißt du übrigens, was unsere Leute von hier mitnehmen wollen?»

«So ungefähr: Gold, Sklaven und Paradieskörner. Das ist eine Pfeffersorte, die bei uns zu Hause sehr kostbar ist.»

«Ich habe weniger gelernt als du, Francisco, und bin vielleicht ein Dummkopf, aber kannst du mir erklären, warum die hohen Herren bei uns in Portugal so viel Geld für Pfeffer ausgeben?»

«Du weißt doch, dass fast alle Kühe im Herbst geschlachtet werden, weil es nicht genug Heu für den Winter gibt. Wenn du monatelang nur gepökeltes oder geräuchertes Fleisch zu essen bekommst, ist das furchtbar eintönig. Mit Pfeffer kann man das Fleisch würzen und schmackhafter machen. Das gilt übrigens auch für viele andere Esswaren, die lange aufbewahrt werden müssen. Ohne Pfeffer schmeckt alles ziemlich fade. Außerdem hält er die Nahrungsmittel frisch. Deshalb ist Pfeffer sehr gefragt und manchmal so teuer, dass beinahe Körnchen für Körnchen gegen Silber aufgewogen wird. Allerdings gibt es hier nicht genug Pfeffer. Den größten Teil kaufen wir bei den Genuesen und Venezianern. Die bekommen es von den Mauren aus Ägypten, und die wiederum holen es aus Indien.»

«Ach, so ist das», sagte Antonio nachdenklich. «Weißt du, ich habe noch nie Pfeffer probiert, und Fleisch bekomme ich sowieso selten zu essen.»

Zuerst war Francisco erstaunt. Doch dann wurde ihm bewusst, dass Antonio als Sohn armer Eltern den teuren Pfeffer natürlich nicht bezahlen konnte. «Ich werde dir hier auf dem Markt ein Säckchen Pfeffer kaufen.» Er griff in seinen Geldbeutel und hatte das Gefühl, dass er genügend gefüllt sei. «Komm, Antonio, da ist ein Händler, der mit Paradieskörnern handelt.»

Jetzt hätte Alvise da Cadamosto da sein müssen, denn der Händler redete in einer Sprache, von der sie kein Wort verstanden. Francisco nahm eine Handvoll Körner aus dem Gefäß und zeigte sie dem Eigentümer. Mit der anderen Hand hielt er ihm ein paar Münzen unter die Nase. Der Händler warf einen flüchtigen Blick darauf, grunzte geringschätzig und sah nachdrücklich zur Seite. Was für Manieren! dachte Francisco empört. Na ja, das schien hier so üblich zu sein.

Jetzt ließ er sein ganzes Geld sehen. Sofort griff der Händler nach der Hand und betrachtete eingehend die Münzen. Dann entnahm er der anderen Hand mindestens die Hälfte der Körner, pfiff durch die Zähne und nickte zufrieden. Francisco erschrak. So teuer! Ob der Kerl ehrlich war? Um seinen Freund nicht in Verlegenheit zu bringen, händigte er das gesamte Geld aus und überreichte Antonio die Körner.

«Was für ein kostbares Geschenk, Francisco, das ist der Lohn eines ganzen Jahres! Aber … aber das kann ich … das kann ich doch nicht annehmen.»

«Mach dir keine Sorgen. Für einen d'Almeida ist dieser Betrag eine Kleinigkeit.» Doch sofort bedauerte er diese stolzen Worte. «Ich habe mir auch schon etwas ausgedacht», setzte er schnell hinzu. «Meine Belohnung ist, dass du ein Korn durchbeißt.»

«Eine merkwürdige Belohnung», sagte Antonio. «Aber gut.» Er nahm ein Korn zwischen Daumen und Zeigefinger, besah es genau von allen Seiten und biss beherzt hinein. «Aaah! Wa… Waaasser!»

Francisco ergriff einen Wasserkrug, der auf einem Verkaufstisch stand.

«Uff!», stöhnte Antonio mit verzerrtem Gesicht. «Das ist ja unglaublich. Und das sollen Paradieskörner sein? Teufelsdreck ist das.»

«Hahaha!» Lautes Gelächter erscholl hinter ihnen. «Teufelsdreck, das ist ein guter Witz für die Pfeffersäcke in Lissabon!»

Es war Alvise da Cadamosto.

«Pfeffersäcke?», fragte Francisco, während er sich umdrehte.

«Die großen Pfefferhändler werden Pfeffersäcke genannt», sagte da Cadamosto. «Diesen Witz merke ich mir, Antonio, das kann ich dir versichern.»

Antonio strahlte, obwohl der Pfeffer immer noch höllisch brannte und ihm immer neue Tränen in die Augen trieb.

«Es wird Zeit, dass wir dem Gouverneur unsere Aufwartung machen», sagte der Kapitän. «Wir wollen nicht unhöflich sein und ihn noch länger warten lassen. Antonio, bleibst du …» Aber mit einem Seitenblick auf Francisco fuhr er fort: «Ach, komm nur mit.»

Sie betraten den großen Prunksaal. «Kapitän Alvise da Cadamosto mit seinem Gefolge!», kündigte der Hofmarschall sie förmlich an, und die Wache nahm Haltung an. Da ging ihnen der Gouverneur auch schon entgegen.

«Willkommen, Kapitän da Cadamosto!» Der kleine grauhaarige Mann kniff die Augen zusammen und sah sie prüfend an. «Welche Ehre, Euch hier begrüßen zu dürfen. Allerdings hatte ich Euch, ehrlich gesagt, schon ein Stündchen früher erwartet.»

«Ach, es gab so viel zu tun», entgegnete da Cadamosto leichthin, «und Junker d'Almeida wollte sich bei seinem ersten Besuch gerne noch etwas umsehen.»

«So so, ein d'Almeida hier in unserem Handelsposten, sieh an. Darf ich fragen, was Euch hierher führt, Junker?»

«Ich befinde mich in der Ausbildung bei Kapitän da Cadamosto. Dies ist meine erste große Reise, Herr.»

«Das freut mich sehr, Junker.» Das strenge Gesicht des Gouverneurs entspannte sich. «Ihr seid bei einem unserer fähigsten Kapitäne in der Lehre. Besser hättet Ihr es gar nicht treffen können. Aber nun zur Sache, mein lieber Cadamosto. Macht Ihr diese Reise dem Junker zu Gefallen, oder führt Ihr auch noch Waren in Eurem Schiffsraum mit?»

«Beides», antwortete da Cadamosto, «und ich lege großen Wert darauf, dass Junker d'Almeida lernt, wie man Handel treibt.»

«Gewiss, gewiss», stimmte der Gouverneur zu, «aber lest mir erst Eure Liste vor!» Er schnippte mit den Fingern. «Schreiber, notiere!»

Der Schreiber setzte sich an den Tisch, legte das Buch bereit und tauchte den Gänsekiel in die Tinte.

Da Cadamosto verlas die Liste der Güter:

40 seidenbestickte Mäntel
28 Überdecken
44 Baumwollhüte
4 Mützen aus grünem Tuch
10 Nachttöpfe
10 Rasierschalen
2 Zinntöpfe
4 Paar silberne Steigbügel
6 Paar silberne Sporen
2 Paar vergoldete Sporen
2 Paar vergoldete Zaumzeuge
9 Paar versilberte Zaumzeuge
9 Rollen Packleinwand
50 Krampen
50 Spiegel
40 Nadeln
2 Bogen Papier

32 Verpflegungspakete für Sklaven
19 Fässer Zwieback
1 Armbrust mit Köcher und Pfeilen
1 Pistole mit Ladestock
2 Speere
1 Laterne
1 Brotbehälter
1 Meißel
1 Fußfessel.

«Eine gute Ladung.» Der Gouverneur nickte anerkennend. «Morgen könnt Ihr entladen. Ich werde dem Faktoreimeister Auftrag geben, dem Junker alles zu erklären.»

«Vielen Dank für Eure Mühe, Herr», sagte Francisco. Es schien ihm äußerst interessant, den Handel auch von dieser Seite kennen zu lernen.

«Und jetzt die Güter für die Rückfracht, Kapitän. Was haben wir da?»

Eine fragwürdige Gerichtsverhandlung

Am nächsten Morgen waren Francisco und Antonio schon früh aus den Federn. In dem großen Packhaus herrschte reger Betrieb. Güter wurden hin und her geschleppt, alles wurde sorgfältig gezählt, gewogen und von den Schreibern notiert. An diesem Tag gab es so viel zu tun, dass die Waren von ihrem Schiff erst am Nachmittag abgefertigt werden konnten. Sie mussten flink zupacken, wenn die Arbeit erledigt werden sollte, und ehe sie sich's versahen, arbeiteten sie beim flackernden Schein vieler Fackeln.

Als die beiden Jungen endlich fertig waren, setzten sie sich in eine Ecke, um ein wenig zu verschnaufen. Neben ihnen auf dem Boden, zum Greifen nahe, lagen die silbernen und goldenen

Gegenstände aus ihrer Ladung, die sie dem Faktoreimeister, der einen Augenblick abwesend war, noch persönlich übergeben mussten. Francisco fühlte, wie sein Kopf vornüber sackte. Er versuchte noch, wach zu bleiben, doch schon bald döste er ein.

Er träumte von einer wilden Seeschlacht gegen die Mauren, von Kanonendonner, beißendem Pulverqualm und dem Gejammer der Verwundeten. Francisco stand am Ruder eines stark beschädigten Schiffes, das gefährliche Schlagseite hatte. Ein plötzlicher Schlag ließ das Schiff in den Fugen krachen. Ein Volltreffer! Mit ohrenbetäubendem Lärm stürzte der Mast nach unten. Die Matrosen schrien auf vor Angst …

Mit einem Mal schreckte Francisco auf. Rufe von allen Seiten. In der Faktorei herrschte große Verwirrung. Knechte liefen nach draußen. Verwundert rieb Francisco sich die Augen. Verflixt, wie war es hier dunkel! Aber … Wo waren die kostbaren Sachen? Die Sporen und Steigbügel waren verschwunden. Und wo war Antonio?

Erschrocken schnellte Francisco hoch und rannte nach draußen. Er lief in die Richtung, aus der Stimmen zu hören waren. Dort scharten sich Leute zusammen. Fackeln wurden herbeigebracht. Francisco drängte sich durch die Menge. Da lag Antonio! Leichenblass, mit blutverschmiertem Gesicht. Francisco sprang hinzu und kniete neben seinem Freund nieder. Mit zugeschnürter Kehle flüsterte er: «Antonio, was ist passiert?»

Antonio stöhnte leise: «Unser … unser Silber … ich hatte den Dieb bei… beinah beim Kragen erwischt.»

«Und beinahe hätten sie ihn umgebracht», sagte der Faktoreimeister, der soeben Antonios Verletzung untersuchte. «Zum Glück ist es keine tiefe Wunde, Junker. Das wird schon wieder gut.»

«Aber … wie …», stammelte Francisco, «wie konnte das geschehen?»

«Räuber, Junker, so etwas passiert öfter. Sie schleichen sich nach Einbruch der Dunkelheit herein. Euer Bedienter hat den Dieb wahrscheinlich auf frischer Tat überrascht. Jedenfalls hörten wir, wie jemand ‹Haltet den Dieb› rief. Mindestens dreimal.»

Francisco nahm Antonios Hand, die sich schlaff anfühlte. Antonio schlug die Augen auf und lächelte matt.

«Du bist tapfer, Antonio. Wir werden für die beste Pflege sorgen und …»

«Der Dieb!», rief jemand von weitem. «Wir haben den Dieb!»

Es näherte sich eine Gruppe Knechte, die in ihrer Mitte einen zeternden Mauren herbeizerrten. Triumphierend hielt einer von ihnen ein Paar silberne Sporen in die Höhe. Und im nächsten Moment stürzten sich alle Knechte wütend auf den Gefangenen. Der Maure schrie.

«Lasst das!», sagte Francisco in scharfem Ton.

«Der Junker hat Recht, Männer», sagte der Faktoreimeister laut. «Der Kerl muss auf ehrliche Weise abgeurteilt werden.»

Ehrlich, ging es Francisco durch den Kopf, was ist denn ehrlich, während Antonio so zerschunden daliegt? Und doch wollte er, dass es nach Recht und Gesetz zuging.

Am nächsten Morgen tagte das portugiesische Gericht in Fort Arguin. Vorsitzender war der Gouverneur persönlich. Als man den Mauren nach der Tat befragte, behauptete dieser, Antonio nicht niedergeschlagen zu haben. Er sei zufällig in der Nähe der Faktorei gewesen, als eine Schattengestalt an ihm vorbeilief und in der Hast etwas fallen ließ. Das seien die silbernen Sporen gewesen, die er dann aufgesammelt habe.

«Und warum hattest du sie unter deiner Kleidung verborgen?», herrschte der Gouverneur ihn an.

«Ich bin nur ein armer Kaufmann, Euer Ehren.» Der Mann zitterte vor Angst. «Ich habe hohe Schulden, und diese Sporen …» Er ließ den Kopf hängen und starrte auf den Boden.

«Keine Gnade für diese maurischen Hunde», sprach einer der Richter.

«Aufhängen», verlangte der Gouverneur im Zorn. «Selbst wenn er die Wahrheit sagt, ist er noch ein Dieb. Dieses maurische Gesindel muss wissen, wer hier der Herr ist.» Er sah die Beisitzer an, die zustimmend nickten.

«Meine Herren, die Sitzung ist beendet.» Der Gouverneur stand auf, verbeugte sich kurz vor Alvise da Cadamosto und Francisco und verließ den Saal.

Der Maure warf sich auf den Boden und weinte leise vor sich hin. Francisco hatte alles mit wachsender Empörung angesehen. Was für eine Rechtsprechung übten seine Landsleute hier eigentlich aus? Ein Leben war ihnen offenbar wenig wert. Entmutigt sah er seinen Lehrmeister an.

«Ja», sagte da Cadamosto mit gedämpfter Stimme, «du wirst immer mehr dahinter kommen, dass es in unseren fernen Verwaltungsgebieten hart zugeht. Sogar sehr hart.»

Kurz darauf befanden sie sich auf dem Weg ins Hospital. Es war drückend heiß, und die sonst so belebten Straßen sahen verlassen aus. Francisco kam nur mühsam voran. Das Hemd klebte ihm auf dem Rücken, und er fühlte sich matt; die Gerichtsverhandlung hatte ihm gewaltig zugesetzt. Kriege, Unrecht – was taten die Menschen nicht alles, um Geld und Macht zu erlangen ...

Jetzt standen sie vor dem Eingang des Hospitals. Es war ein kleines, schäbiges Gebäude. Sie ließen sich den Weg zeigen. Antonio lag in einem Saal mit fünf anderen Kranken. Francisco biss sich auf die Lippen. Antonio sah erschreckend schlecht aus. Mit einem vor Schmerz verzogenen Gesicht versuchte er vergebens, sich aufzurichten. Sein fieberhafter Blick ging unruhig von einem zum anderen.

«Francisco, muss ich hier allein zurückbleiben?», fragte er heiser. «Der Chirurg sagt, dass es sicher drei Wochen dauern wird, bis ich mich einigermaßen erholt habe. Könnt Ihr ... so lange warten, Kapitän da Cadamosto?» Hoffnung klang aus seinen zögernd ausgesprochenen Worten.

«Natürlich warten wir», begann Francisco, aber der Kapitän unterbrach ihn. «Es tut mir Leid, Junker, Antonio wird später mit einem anderen Schiff zurückkehren müssen.»

Tränen traten Antonio in die Augen. Francisco hatte tiefes Mitgefühl. Auf einmal kam ihm eine Idee: «Kapitän da Cadamosto, könnt Ihr nicht einen Empfehlungsbrief für meinen Freund schreiben, mit dem Ihr ihn unter Euren Schutz stellt?»

«Warum?»

«Nun, erstens, damit er später nicht so ohne weiteres den Launen seiner Vorgesetzten ausgeliefert ist. Und zweitens: Wäre es nicht möglich, ihn auch zum Kapitän ausbilden zu lassen? Er ist tapfer genug, das habt Ihr selbst gesehen. Und ich habe ihm auf unserer Reise schon einiges über das Navigieren beigebracht. Antonio ist sehr gescheit, das kann ich bezeugen.»

Kapitän Cadamosto nickte und schien nachzudenken. Mit weit geöffneten Augen blickte Antonio zu Francisco auf.

«Gut», sagte da Cadamosto schließlich, «ein Junge aus dem gemeinen Volk hat leider keine große Chance, Kapitän zu werden. Aber Bootsmann wäre durchaus möglich. Antonio, du bekommst von mir ein Empfehlungsschreiben. Sobald du zurück bist, kannst du dich damit bei der Admiralität in Lissabon melden.»

«Ich danke Euch, Kapitän», sagte Francisco erfreut und fragte Antonio: «Was sagst du dazu?»

Antonio war sprachlos. Seine Hand suchte den Arm des Freundes und drückte ihn.

«Solange wir noch hier sind, komme ich dich jeden Tag besuchen», sagte Francisco beruhigend.

Antonio nickte. «Vielen Dank, Francisco. Und Euch auch, Kapitän.»

«Es ist gut, mein Junge», antwortete Kapitän da Cadamosto. «Komm, Francisco, wir haben noch viel zu tun, bevor wir abreisen.»

Der Orden des Heiligen Jakob vom Schwerte

Dicht vor dem großen, schweren Tisch blieb Francisco stehen. Hinter der Tafel befanden sich die Ältesten des Ordens des Heiligen Jakob vom Schwerte. In der Mitte, Francisco direkt gegenüber, saß der Großmeister des Ordens. Bei dem spärlichen Licht der Kerzen musste Francisco sich anstrengen, um die Gesichter genau sehen zu können.

Er fühlte sich unbehaglich. Die Seereise nach Arguin vor sechs Jahren war die erste einer langen Reihe von Fahrten gewesen, die ihn sowohl nach Süden als auch nach Norden geführt hatten. Auf dem Ozean hatte Francisco ein neues Zuhause gefunden. Er hatte sich als gelehriger Schüler seines Lehrmeisters Kapitän da Cadamosto erwiesen. Schon bald kommandierte er selbständig ein Schiff, und er war erst achtzehn Jahre alt, als er ein schwer beladenes Handelsschiff sicher durch einen heftigen Sturm nach Madeira führte. Mit zwanzig Jahren wurde er zum Offizier auf der königlichen Flotte ernannt. Seine Zukunft als Seefahrer sah vielversprechend aus …

Und nun, gerade einundzwanzig Jahre alt, stand er hier in diesem feierlichen Raum, um in den Ritterorden, zu dem er gemäß seiner Herkunft gehörte, aufgenommen zu werden. Alle d'Almeidas waren dazu bestimmt, in diesen Kreis der Ritter einzutreten. Doch schon viele Male, seit er von dem Orden wusste, hatte er sich gefragt, wie er sich an etwas binden könne, das er nicht kannte.

Natürlich würde er dem Orden beitreten, das war er seinem Familiennamen schuldig. Schon als Junge hatte es ihn mit großem Stolz erfüllt, dass er selbst eines Tages dazugehören würde. Aber jetzt, als er hier so stand … Sollte man nicht selbst bestimmen, welche wichtigen Schritte man in seinem Leben tun wollte?

Das Schweigen der Ritter bedrückte ihn. Er spürte ihre forschenden und abschätzenden Blicke. Endlich unterbrach der Großmeister das Schweigen:

«Graf Francisco d'Almeida, was wir über Euren Charakter und Eure Fähigkeiten wissen, veranlasst uns, Euch mit Freuden als Anwärter in die Schule des Ordens des Heiligen Jakob vom Schwerte aufzunehmen.»

Wieder war es still. Wieder fühlte Francisco, wie sie ihn alle von Kopf bis Fuß musterten. Der Großmeister ergriff erneut das Wort:

«Graf Francisco d'Almeida, schwört Ihr bei Gott dem Allmächtigen, nichts von den Geheimnissen dieses Ordens, die Euch anvertraut werden, an andere weiterzugeben?»

«Edler Herr, das will ich schwören.» Nach kurzem Zögern fügte Francisco hinzu: «Aber, edler Herr, wenn es nicht ungebührlich ist, wollt Ihr mir dann erlauben, eine Frage zu stellen?»

«Eine Frage?» Der Großmeister zog die Augenbrauen hoch. «Wie lautet Eure Frage?»

«Edler Herr, ich danke Euch für das Kompliment über meinen Charakter. Dass ich hier vor Euch stehe, verdanke ich einzig und allein meiner Abstammung und dem Namen d'Almeida, den ich trage. Über eine wirkliche Kenntnis des Ordens verfüge ich noch nicht. Was ich mich nun frage ...» Schnell versuchte Francisco seine aufkommende Nervosität hinunterzuschlucken. «Ist es möglich, dem Orden anzugehören, auch wenn man nicht mit allem, was den Orden betrifft, einverstanden ist?» Jetzt hatte er es gesagt! Gespannt wartete Francisco auf die Antwort.

Die Herren auf der anderen Seite des Tisches sahen sich an. Zwei neigten sich leise flüsternd zueinander, ein Dritter rümpfte mit einem missbilligenden Geräusch die Nase. Der Großmeister faltete mit einer gemessenen Gebärde die Hände und beugte sich nach vorn.

«Eine höchst unübliche Frage, Graf d'Almeida. Wir sind es gewöhnt, dass derjenige, der hier vor uns steht, nichts lieber wünscht, als unserem ruhmreichen Orden beitreten zu dürfen.

Ich rate Euch mit Rücksicht auf das Ansehen Eures Namens, die möglichen Folgen zu bedenken, wenn Ihr – sagen wir aus jugendlichem Übermut – glaubt, bestimmte Angelegenheiten unseres Ordens in Zweifel ziehen zu können. Meint Ihr wirklich, dass der Ritterorden des Heiligen Jakob vom Schwerte Bedarf an Jünglingen hat, die unsere alten, erprobten Traditionen ihrem unreifen Urteil unterziehen?»

«Äh … Nein, edler Herr, nein, natürlich nicht.» Francisco spürte prickelnden Schweiß auf seinem Rücken. «Es ist für mich eine große Ehre, Anwärter auf die Mitgliedschaft sein zu dürfen. Aber ich meine, ich dachte …»

Der Großmeister lehnte sich breit zurück. «Wisst Ihr, Graf d'Almeida, ich habe das vollste Vertrauen in Euer Denkvermögen. Aber Ihr solltet uns zugestehen, selbst über die Belange des Ordens zu beschließen. Meint Ihr nicht auch?»

«Ja, Herr, selbstverständlich. Nehmt es mir nicht übel, dass ich diese Frage gestellt habe.»

Francisco hätte sich auf die Lippen beißen mögen und stand ungeschickt da wie ein bestrafter kleiner Junge. Er meinte, was er gesagt hatte, und nun wurde er gezwungen, sich vor sich selbst zu schämen.

Der Großmeister schien Franciscos Zwiespalt bemerkt zu haben. In ruhigem Ton fuhr er fort: «Eure Zeit kommt noch, Graf. Wie ich bereits erwähnt habe, verfügt Ihr zweifellos über einen guten Verstand. Ich bin davon überzeugt, dass Ihr ein zuverlässiges Mitglied des Ordens werden könnt und dass Ihr Euch in ihm zu Hause fühlen werdet.»

Irrte Francisco sich, oder war jetzt Wohlwollen im Blick des Großmeisters zu lesen?

«Und Graf, täuscht Euch nicht: Man wird zwar Kandidat durch seine Herkunft, doch bevor Ihr als vollwertiges Mitglied aufgenommen werdet, müsst Ihr gewisse Anforderungen erfüllen.» Um die Mundwinkel des Großmeisters spielte ein Lächeln. «Graf d'Almeida, um noch eben auf Eure Frage zurückzukommen: wir vertrauen darauf, dass Ihr mit unseren Absichten übereinstimmt.

Sollte das nicht der Fall sein – nun, dann rate ich Euch, nicht beizutreten, denn für die Einhaltung des Gelübdes müsst Ihr bis ans Ende Eurer Tage mit Eurem Leben bürgen.»

Irgendwo hinter Francisco wurde ein Stuhl gerückt. Schritte näherten sich. Francisco wandte sich um und sah in die Augen von … Felipe de Salvador, seinem früheren Lehrmeister.

Der Großmeister erhob sich. «Meine Herren, Graf Francisco d'Almeidas Anwartschaft ist hiermit bestätigt. Ich erkläre die Beratung für beendet.»

Die Ausbildung

«Nun, Francisco», sagte Felipe de Salvador, als sie einige Wochen danach im Arbeitszimmer des Ordensritters zusammensaßen, «zunächst werde ich dir etwas über die Geschichte unseres Ordens erzählen. Im Jahre 323 vor Christi Geburt, da ...»

«Vor?», unterbrach Francisco ihn amüsiert. «So alt kann der Orden doch wohl nicht sein.»

«Nein», lachte Felipe de Salvador, «gewiss nicht. Aber um den Orden richtig verstehen zu können, müssen wir bei diesem Zeitpunkt beginnen.»

«Ich bin gespannt.»

«Es ist das Jahr, in dem der griechische Feldherr Alexander der Große starb, inmitten des gewaltigen Persischen Reiches, das er in einer Reihe glänzender Feldzüge erobert hatte. Sein neues Reich umfasste ungefähr das ganze Territorium östlich des Nils bis zu den Grenzen Indiens. Dasselbe Gebiet, das jetzt von den Mauren beherrscht wird.»

«Ich glaube, ich habe schon einmal davon gehört, dass er mit nur dreißigtausend Kämpfern Millionen Gegner unterworfen hat. Ist das wirklich wahr, Meister Felipe?»

«Ja, deshalb wird er auch ‹Alexander der Große› genannt, er ist unübertroffen. Als er starb, war er erst dreiunddreißig Jahre alt, so jung und dennoch einer der mächtigsten Fürsten, die jemals regiert haben. Aber leider, Alexander starb viel zu früh.»

«Wodurch eigentlich? Wurde er ermordet?»

«Nein, die Ursache war eine schwere Krankheit. Aber ich werde dir alles erzählen. Aus sehr alten Überlieferungen wusste Alexander, dass irgendwo, weit entfernt im geheimnisvollen Osten, in den Gebieten, die wir jetzt Indien nennen, die letzten Überreste des himmlischen Paradieses auf Erden bewahrt geblieben waren. Alexander fasste den Plan, diese Gebiete zu erobern, um sich jenes Stückchen Paradies zu erwerben, und er zog gegen die mit Elefanten ausgerüsteten Heere der indischen Fürsten in den Kampf.

Jetzt wollte es der Zufall, dass sich unter seinen ersten Gefangenen ein weiser, alter Mann befand, Kálama genannt. Dieser führte Alexander bis vor die Mauern des Paradieses und erzählte ihm von dessen Geheimnissen. In den herrlichen Gärten sollten sich zahllose Wege befinden, auf denen unzählige weiße Kieselsteine lagen. Jedes Steinchen gehörte zu einem Menschen dieser Erde. Alle Menschen hatten dort ihren eigenen Kieselstein. Die Steine wurden von Engeln gehütet. Und wenn ein Engel einen dieser Kiesel aufnahm, geschah etwas Wichtiges im Leben des Menschen, zu dem das Steinchen gehörte.

Als Alexander davon hörte, entstand in ihm ein heftiges Verlangen, dieses Paradies zu betreten. Er war ein draufgängerischer Mann, der vor nichts und niemandem zurückschreckte, wenn er sich etwas in den Kopf gesetzt hatte. Er schlug alle Warnungen des Weisen in den Wind, stürmte mit dem Schwert in der Hand auf die heiligen Mauern zu und – schlug ein Loch hinein! Von großer Freude erfüllt, wollte er sogleich durch das Loch in den göttlichen Garten eindringen. Plötzlich spürte er, wie sein Schwert von innen festgehalten wurde. Unerbittlich wurde ihm das Schwert aus der Hand gezogen. Bestürzt sah er zu, wie es hinter der Mauer verschwand. Gleich Posaunenklang scholl ihm eine Stimme entgegen: ‹Alexander, du hast deinen Auftrag erfüllt. Du hast die griechische und die persische Kultur zum Heil der Menschheit miteinander verbunden. Aber als du das Paradies erobern wolltest, da hast du gesündigt. Höre, Alexander, was Kálama der Weise dir zu sagen hat!›

Eine leuchtende Hand reichte einen weißen, runden Kieselstein herüber und ließ ihn auf die Erde fallen. Heftig erschrocken bückte sich Alexander, um das Steinchen aufzuheben. Doch obwohl es überaus klein war, konnte er es keinen Fingerbreit hochheben, sosehr er sich auch bemühte.

Kálama kam herbei, und Alexander fragte ihn, was das alles zu bedeuten habe. Leise mit sich selbst sprechend, hob Kálama den Kiesel ohne jegliche Mühe auf und betrachtete ihn aufmerksam. Fragend sah Alexander zu dem alten weisen Mann auf.

Dieser sprach: ‹Hört, König Alexander, König der Könige! Dieses ist Euer Stein. Ich ersehe daraus, dass Ihr Euer Werk vollendet habt und dass die Erde Euch bald mit ihrem Staub bedecken wird. Ihr habt nur noch drei Jahre zu leben. Nach Euch wird ein größeres Wesen in die Menschenwelt kommen, in dessen Namen Ihr gewirkt habt. Sein Name wird Christus, der Gesalbte sein. Ihr habt sein Kommen vorbereitet, indem Ihr die griechische Weisheit bis weit in den Osten hinein verbreitet habt. Dank der Kraft der griechischen Denkungsart wird die Menschheit Gottes kommenden Sohn verstehen können. Das Reich, das Ihr aufgebaut habt, wird bei Eurem Tode auseinander fallen, doch das Reich Christi wird für immer bestehen bleiben.›

Demütig senkte Alexander sein Haupt und zog sich mit seinem Heer nach Babylon zurück. Kálama begleitete ihn und trug den weißen Stein. Drei Jahre später wurde Alexander von einer tödlichen Krankheit heimgesucht. Er litt fürchterliche Qualen, konnte aber nicht sterben, bevor Kálama nicht den weißen Stein zum Paradies zurückgebracht hatte. Als das geschehen war, wurde Alexander von seinen Leiden erlöst. Gut dreihundert Jahre später erfüllte sich die Prophezeiung des indischen Weisen Kálama. Christus wurde geboren.»

Francisco nickte nachdenklich: «Eine prächtige Geschichte, Meister Felipe, eine wunderbare Legende. Aber entspricht diese Überlieferung der Wahrheit?»

«Ob wahr oder nicht, Francisco, solche Legenden musst du nach ihrem wahren Wert zu schätzen wissen. Das ursprüngliche Paradies müssen wir im Himmel suchen. Aber dass es hier auf Erden irgendwo im Osten ein besonderes Reich gibt, wo die Menschen in der Nachfolge Christi leben, davon bin ich überzeugt. Und der Fürst dieses Gottesreiches auf Erden ist der Priesterkönig Johannes. Ihn suchen wir.»

«Das ist also das Geheimnis des Priesterkönigs Johannes!», rief Francisco.

«Wie meinst du das, Francisco?»

«Ist es nicht so, dass alle Kapitäne, die ferne, unbekannte Meere befahren, Briefe unseres Königs an den Priesterkönig Johannes mitnehmen müssen?»

«Ja, so ist es. Wir hoffen, ihn irgendwann zu finden, auf dass er unser Bundesgenosse gegen die Mauren wird. Stell dir vor, Francisco: wir hier in Europa und ein mächtiger Christenfürst im Osten; dann sitzen die Mauren zwischen zwei Feuern! Schon seit Jahrhunderten dringen sie vor, um uns Christen zu überwältigen. Im gesamten Morgenland, in Nordafrika und bis tief in unser Nachbarland Spanien hinein haben sie festen Fuß gefasst. Wie lange kann es noch dauern, bis sie ganz Europa unterdrückt haben? Es gilt, unsere christliche Kultur davor zu schützen. Deshalb müssen wir Portugiesen um Afrika herum nach Osten fahren. Das ist es, was der Orden des Heiligen Jakob vom Schwerte erreichen will.»

Feurige Begeisterung klang aus Felipe de Salvadors Worten, eine Begeisterung, die sich auch auf Francisco übertrug. «Als Kapitän der portugiesischen Flotte will ich alles tun, um den Osten zu erreichen. Ich will mich dafür einsetzen, die Mauren zurückzutreiben und, wenn es sein muss, zu vernichten!» Seine Wangen hatten sich gerötet, und seine Augen glänzten.

Zustimmend und zugleich nachdenklich betrachtete Felipe de Salvador den energischen jungen Mann. «Francisco, hör mir gut zu!»

Überrascht sah Francisco ihn an. Warum war sein Lehrmeister auf einmal so ernst?

«Wenn du für unsere gute Sache bis zum Äußersten gehen willst, dann solltest du mit den Gebetsübungen, die der Orden seinen Mitgliedern vorschreibt, einverstanden sein. Du erhältst nicht nur eine gründliche Militärausbildung in der Abgeschiedenheit eines eigens von unserem Orden eingerichteten Lagers, du musst dich auch sozusagen Tag und Nacht mit bestimmten Gedanken beschäftigen.»

«Für eine zusätzliche Militärübung stehe ich natürlich sofort zur Verfügung. Aber was meint Ihr mit diesen Gedanken?»

«Ich stelle dir eine sehr persönliche Frage, Francisco. Kannst du gut beten? Ich meine, wenn du dich von innen frei und leer machst und dein Herz oder deinen Geist mit intensiv empfundenen religiösen Gedanken erfüllst, merkst du dann, dass in deinem Inneren etwas geschieht?»

«Als Kind habe ich beten gelernt, ebenso wie jeder andere auch, und ich fühle mich in unserem christlichen Glauben zu Hause. Aber ich muss gestehen, dass ich selten bete. Obgleich – in mich gekehrt und bis zum Äußersten konzentriert nachdenken, das tue ich sehr gerne. Nur die christlichen Gebete, wie ich sie als Kind gelernt habe – tja, was soll ich dazu sagen ...»

Felipe de Salvador lächelte. «Spar dir die Mühe, Francisco, ich verstehe dich nur allzu gut. Was der Orden dir in dieser Hinsicht zu bieten hat, ist von einer anderen Art. Ich werde dich die Gebete lehren, die unsere Entschlossenheit als Kämpfer des christlichen Glaubens festigen können.»

Mit Verwunderung sah Francisco seinen Lehrmeister an. Es war, als ginge die wundersame Kraft der Gebete schon jetzt von Felipes Worten aus.

«Ja, Meister Felipe, lehrt mich die Gebete des Ordens.»

«Francisco d'Almeida! Alfonso d'Albuquerque! Ihr habt genau drei Minuten Zeit, um Euch im Stehen auf Eure Gebete zu konzentrieren. Die Hand an den Schwertknauf! Es gilt!»

Ein kalter Wind, begleitet von Regenböen, fegte über den Exerzierplatz. Rasch ordnete Francisco seinen Brustpanzer und konzentrierte sich auf die innere Andacht. Die Muskeln anspannen, aber nicht verkrampfen. Beine etwas auseinander, Fersen fest in den Boden gedrückt, ohne sich nach hinten zu neigen. Das Haupt stolz erhoben, die Augen halb geschlossen. Sich verschließen vor allen Eindrücken von außen, doch wachsam bleiben für unerwartete Bewegungen des Gegners. Und jetzt, der durch eiserne Übung schon so vertraute Wortstrom der Gebete, ohne Laut und ohne sichtbare Bewegung der Lippen, nur im Inneren gesprochen …

«Ich, Diener des Schwertes, erfüllt von der Kraft des Stahls, flehe …» Der plötzliche Knall eines Pistolenschusses riss Francisco aus seiner Andacht.

«Achtung!» Francisco spürte ein blitzartiges Zucken in seinem Schwertarm. Wie im Rausch stürmte er los, erreichte mit ein paar geschmeidigen Sprüngen den Gegner und zog das Schwert. Stahl schlug auf Stahl. Francisco spürte das Vibrieren der Schläge, die Alfonso parierte. Behände kreiste er um den Gegner, im richtigen Moment ausweichend, wenn dessen Schwert ihn zu streifen drohte. Dann blockierten die Waffen, und beide versuchten mit purer Gewalt, den Unterarm des anderen wegzudrücken. Keuchend standen sie sich gegenüber.

«Ich werde dich …», zischte Alfonso. Francisco bemühte sich, seine Kampfhaltung zu bewahren. Er blickte direkt in die rot unterlaufenen Augen seines Gegners, die ihn so fanatisch ansahen, dass Francisco unwillkürlich erschrak. Mit einem Sprung veränderte er seine Position und ging, das Schwert erhoben, halb in die Knie, um angespannt den nächsten Schlag abzufangen. Alfonso wollte sich schon auf ihn stürzen, da hörten sie den schrillen Abpfiff.

«D'Albuquerque!», donnerte die Stimme des Ausbilders. Sofort senkten beide die Waffen. Mit schnellen Schritten lief der Ausbilder auf sie zu. «Herzog, Ihr vergesst Euch! Graf, Ihr lasst Euch zu leicht abschrecken! Aber gut, diese Runde geht an den Grafen.»

«Aber alle …»

«Herzog!»

Gehorsam senkte Alfonso d'Albuquerque den Kopf. Seine Wut verflog, und er reichte Francisco die Hand. Im freundschaftlichen Gespräch suchten sie ihr Quartier auf.

Felipe de Salvador schnellte hoch, soweit seine steifen Glieder dies zuließen. «Francisco, wie schön, dich endlich wiederzusehen! Wie war es im Militärlager?» Herzlich umarmten sie einander. Felipe legte die Hände auf Franciscos Schultern, hielt ihn von sich und betrachtete ihn genau. «Du siehst gut und kräftig aus. Ich glaube, unsere Gebete für dich haben ihre Wirkung nicht verfehlt. Hab' ich Recht?»

Mit einer Handgebärde lud der greise Ritter Francisco ein, am Kaminfeuer Platz zu nehmen.

«Ein erholsamer Aufenthalt war es nicht, Meister Felipe. Es war eine schwere, aber sehr nützliche Übung. Und ich muss zugeben, die Gebete unseres Ordens sind nicht verkehrt. Ich machte sogar die unheimliche Erfahrung, dass sich ihre Kraft wie ein Strom auf die Schwerthand überträgt.»

«Unheimlich findest du das?»

«Ja und nein. Die Wirkung der Gebete hat mich manchmal überwältigt. Es ist, als würde man in einen Rauschzustand versetzt, wobei der Verstand von weitem zusieht, was der Körper tut. Das ängstigt mich eigentlich nicht. Es ist etwas anderes: Sobald sich mein Zimmergenosse, Alfonso d'Albuquerque, in die Scheingefechte stürzt, die Gebete noch eben auf den Lippen, zeigt er eine Schärfe, die nichts verschont ... Als wären wir Mauren, die soeben seine Mutter und Schwester zu Tode gefoltert hätten. Es geht doch nicht darum, aus Menschen wilde Tiere zu machen.»

«Nein, Francisco, ich verstehe, was du meinst. Es hat natürlich alles mit Charakter zu tun. Die Gebete schenken Kraft und, wenn du willst, Stärke. Dabei musst du selbstverständlich deine Selbstbeherrschung behalten. Ich gebe zu, dass dies nicht jedem gegeben ist.»

«Ist es denn nicht so, dass nur derjenige zum Orden zugelassen wird, der sich in jeder Situation beherrschen kann?»

«Du hast Recht, früher war das sicher so. Aber heutzutage ... Weißt du, solche Dinge verwässern auf die Dauer. Jede aktive Hand gegen die Mauren ist gefragt, denn es steht uns in absehbarer Zeit ein schwerer Kampf bevor. Deshalb nimmt man es nicht mehr so genau.»

«Bedauerlich, wenn es so ist. Ich werde mich in Zukunft nur um meine eigenen Dinge kümmern und hoffe zumindest, dass ich niemals die Kontrolle über mich verlieren werde.»

«Was du sagst, erfreut mich, Francisco. Du bist ein Junge, was sage ich, ein Mann nach meinem Herzen. Und wenn ich noch etwas hinzufügen darf: In jedem Feind steckt ein Mensch. Außerdem sind die Mauren gewiss keine Barbaren, viele verfügen sogar über eine hervorragende Ausbildung.»

«Eure Worte tun mir gut, Meister Felipe.»

«Ja, Francisco, ebenso wie du stehe auch ich für unsere Sache ein, und wenn ich auch die Mauren als unsere größten Feinde betrachte, so ist und bleibt Krieg doch etwas Abscheuliches.» Mit gedämpfter Stimme sprach er weiter: «Ich habe dir die Legende von Alexander dem Großen nicht nur erzählt, um dich auf das Reich des Priesterkönigs hinzuweisen, nein, es gab noch andere Gründe. Wenn nämlich Alexander der Große nicht so früh gestorben wäre, hätte sich alles anders entwickeln können.»

«Wieso, Meister Felipe? Was hätte Alexander damals tun können?»

«Im Golf von Persien lag eine Flotte bereit. Alexanders Admiral Nearchos wartete nur auf den Befehl auszufahren. Der Plan war, die ganze Arabische Halbinsel zu umsegeln, um die griechische Kultur auch in dieses Land zu bringen. Wenn das geglückt wäre, würden die Mauren jetzt vielleicht nicht unsere Feinde sein. Und wir hätten keine Kreuzzüge unternehmen müssen, um das Grab unseres Herrn Jesus Christus gegen die Mauren zu verteidigen, was viele Menschenleben gekostet hat. Das, Francisco, bringt uns zu einem anderen Thema, das wir besprechen müssen, denn der damalige Kampf um Jerusalem ist für unseren Orden von großer Wichtigkeit.»

«Ich möchte gerne mehr darüber hören.»

«Deswegen wirst du übermorgen beim Großmeister erwartet.»

«Beim Großmeister?»

«Du brauchst dich nicht zu ängstigen, Francisco. Sieh es als Ehre an. Der Großmeister hat ein persönliches Interesse an dir. Als ich das merkte, habe ich vorgeschlagen, dass er mit dir über die Gründung unseres Ordens sprechen sollte. Ich glaubte, dir damit einen Dienst zu erweisen.»

«Ich danke Euch, Meister Felipe», sagte Francisco.

So richtig von Herzen kam es allerdings nicht. Der Großmeister war gewiss ein rechtschaffener Mann, doch seine kühle Art hatte auf Francisco keinen angenehmen Eindruck gemacht. Aber vielleicht irrte er sich auch.

Von Kreuzrittern und Tempelherren

Herzog Miguel Carera, der Großmeister des Ordens, war ein Mann von großem Ansehen. Der Herzog bewohnte ein stattliches Haus in der Nähe des Hafens von Lissabon. Um nicht zu spät vor dem Großmeister zu erscheinen, hatte Francisco sich viel zu früh auf den Weg gemacht und ging nun, die Hände auf dem Rücken, auf dem Kai hin und her. Gerade lief ein Schiff in den Hafen ein. Das rote Kreuz leuchtete auf dem weißen Segel.

«He!», sagte Francisco auf einmal halblaut zu sich selbst, «warum habe ich nicht schon früher darüber nachgedacht?»

Seit seiner Kindheit hatte er dieses Kreuz auf den portugiesischen Schiffen gesehen, und doch hatte er sich nie über dessen Bedeutung Gedanken gemacht. Das rote Kreuz mit den Querstreifen an den Enden war zugleich das Zeichen des Christusordens, des Ritterordens, zu dem das portugiesische Königshaus gehörte. Prinz Heinrich hatte es auf den Segeln seiner Schiffe anbringen lassen.

Nachdem Felipe de Salvador mit ihm über die Kreuzzüge gesprochen hatte, erkannte Francisco jetzt auch die Ähnlichkeit des portugiesischen Kreuzes mit dem Zeichen der Tempelherren, jener berühmten Ritter, die vor einigen Jahrhunderten, während der Kreuzzüge, um Jerusalem gekämpft hatten. Merkwürdig, diese Übereinstimmung! Der Orden der Tempelritter war schon vor ungefähr einhundertfünfzig Jahren aufgelöst worden. Waren nicht alle Tempelherren als Ketzer auf dem Scheiterhaufen verbrannt worden? Was hatten die portugiesischen Ritter, allen voran Prinz Heinrich, damit zu tun? Er nahm sich vor, den Großmeister danach zu fragen.

Francisco schaute zu, wie das Schiff vertäut wurde. Die Segel wurden aufgerollt und die Laufplanke ausgelegt. Man traf Vorbereitungen für das Entladen der Fracht. Francisco hörte, dass das

Schiff aus Arguin kam. Wahrscheinlich war die Ladung für einen reichen Pfeffersack bestimmt. Es wird Zeit, dachte er, ich muss gehen.

«Graf d'Almeida! Graf d'Almeida!», hörte er auf einmal seinen Namen rufen. Wie war das möglich, hier auf dem Kai? Suchend schaute Francisco in die Runde. Aber … aber war das nicht …

«Antonio!», rief Francisco überrascht.

Übers ganze Gesicht lachend kam Antonio auf ihn zu. «Graf Francisco d'Almeida, wie lange haben wir uns nicht gesehen?»

Nachdem Francisco seinen Freund in Arguin hatte zurücklassen müssen, hatte er ihn gänzlich aus den Augen verloren. Auf der Admiralität hatte er dann erfahren, dass Antonio auf Fürsprache des Kapitäns da Cadamosto in die Ausbildung übernommen worden war.

«Antonio, welch ein Glück, dich hier zu treffen!» Herzlich legte Francisco ihm den Arm um die Schultern. «Und? Bist du auf dem Wege, Bootsmann zu werden?»

«Ja, Graf d'Almeida, dank Eurer Güte.»

«Ach was, Güte! Was soll dieser feierliche Ton? Wir sind doch Freunde.»

Antonio lachte. «Ach Francisco, einfaches Volk bleibt einfaches Volk, und auf dem Schiff wird uns, notfalls mit Gewalt, Respekt vor den hohen Herren beigebracht. Und das seid Ihr … das bist du schließlich auch.»

«Das passt aufs Schiff, Antonio, aber wenn wir beide an Land sind, will ich für dich kein Graf sein. Was wirst du tun? Bleibst du noch lange hier in Lissabon?»

«Nein, noch heute Abend fahre ich auf einem kleinen Frachtschiff nach Porto. Der Bootsmann ist krank, und ich darf für ihn einspringen.»

«Schade, dass wir uns nur so kurz sprechen können. Aber erzähle, Antonio, welche Reise war deine weiteste?»

«Arguin, noch zweimal. Weiter als damals mit dir bin ich nicht gekommen. Und du, Francisco?»

«Ich auch nicht. Wir sollten versuchen, ob wir nicht wieder zusammen fahren können. Mal sehen … Oh, Allmächtiger!»

«Was ist, Francisco?»

«Der Großmeister wartet! Ich habe die Zeit vergessen! Es tut mir Leid, Antonio, aber ich muss mich beeilen. Alles Gute!»

Verdutzt blieb Antonio zurück, während er dem davoneilenden Francisco nachschaute.

Mit klopfendem Herzen ließ Francisco sich anmelden. Es dauerte eine Weile, bis der Diener zurückkam.

«Herzog Miguel Carera lässt bitten», sagte der Kammerdiener mit einer Verbeugung. Francisco folgte ihm in das Arbeitszimmer des Großmeisters. Die schweren Samtvorhänge des geräumigen Saales waren halb geschlossen, um das Sonnenlicht abzuhalten. Der Großmeister saß hinter dem Schreibtisch und hielt eine Feder in der Hand. Francisco verbeugte sich.

«Verzeiht mein verspätetes Kommen, edler Herr!»

«Der Grund?», fragte der Großmeister knapp.

«Kein triftiger Grund, edler Herr. Auf dem Kai wurde ich unerwartet von einem alten Freund angesprochen, mit dem ich vor Jahren auf Fahrt gewesen war. Ich vergaß, auf die Zeit zu achten.»

«Hm, nun gut, kommt und nehmt mir gegenüber Platz, Graf d'Almeida.»

Das hätte schlechter ablaufen können. Francisco setzte sich.

«So.» Der Großmeister legte sein Schreibgerät hin. «Ritter de Salvador hat es mir überlassen, Euch über die Entstehungsgeschichte unseres Ordens zu unterrichten. Gut, womit sollen wir beginnen?»

«Verzeiht, edler Herr, darf ich eine Frage stellen?»

«Aber gewiss, Graf.»

«Als ich eben im Hafen war, fiel es mir zum ersten Mal auf, dass das portugiesische Kreuz wie auch dasjenige des Christusordens mit dem Kreuz, welches die Tempelritter früher auf ihrer Fahne trugen, übereinstimmen. Könnt Ihr mir dazu etwas sagen?»

«Ihr versteht es meisterhaft, unerwartete Fragen zu stellen», sagte der Großmeister nicht unfreundlich, «aber es scheint mir ein guter Anfang unseres Gespräches zu sein. Um hierauf eine Antwort zu finden, müsst Ihr Euch in jene Zeit zurückversetzen, als die Mauren beinahe bis Frankreich vorgedrungen waren. Auch das Grab unseres Herrn Jesus Christus war in ihren Händen. Damals, um das Jahr 1000, begann die Zeit der Kreuzzüge. Die edelsten und tapfersten Männer der Christenheit gaben ihr Leben hin, um Jerusalem aus den Klauen der Ungläubigen zu befreien. Am Heiligen Grab wurde dann zu Beginn des 12. Jahrhunderts der Orden der Tempelritter gegründet. Diese Tempelritter leisteten noch mehr, als nur Jerusalem zu verteidigen. Sie wollten den christlichen Glauben über die ganze Welt verbreiten, indem sie begannen, eine vollkommen neue Art von Handel zu treiben.»

«Wenn ich Euch unterbrechen darf, edler Herr, ist es in Wirklichkeit nicht so, dass Handel und Geldgier eher zur Ausbeutung als zur Nächstenliebe führen?»

«In diesem Fall bestimmt nicht. Die Templer legten ein Gelübde der Armut, Gehorsamkeit und Keuschheit ab. Sie besaßen nichts. Der Orden war reich, aber er verwaltete die Reichtümer auf eine besondere Art. Mit dem Gold eröffneten die Templer neue Möglichkeiten, um den Handel auf große Entfernungen sicherer und ertragreicher zu gestalten. So brauchten die Kaufleute sich nicht mehr um ihr Geld zu sorgen, wenn sie auf gefährlichen Wegen unterwegs waren. Sie brachten es in das nächste Ordenshaus. Im Tausch dafür empfingen sie eine Quittung, die in jedem anderen Ordenshaus wieder in Geld umgetauscht werden konnte. Der Handel schmiedete Bande, wo früher Fehden und Kriege geherrscht hatten. Und es ist noch mehr: Im Kielwasser des Warenstroms, der sicher von einem Platz zum anderen fließt, zieht auch das geistige Gut mit – die reifste Frucht der menschlichen Existenz. Überall, wo die Tempelherren sich niederließen, blühte die Kultur.»

«Aber», entgegnete Francisco, «die Tempelritter scheuten sich doch nicht, das Schwert zu gebrauchen? Wie ist das mit ihren edlen Absichten in Einklang zu bringen?»

«Das Schwert wurde gegen Unrecht und Unterdrückung geführt und gegen die Mauren. Die Templer standen für den Schutz des Glaubens ein.»

Es entstand eine kurze Pause. «Aber der Kampf gegen die Mauren verlief schlecht. So schlecht, dass der letzte Großmeister der Tempelritter, der Franzose Jacques de Molay, einen kühnen Plan fasste. Wie Ihr wisst, stützt sich die große Macht der maurischen Feinde zum größten Teil auf die unermesslichen Reichtümer aus dem Gewürzhandel mit Indien. Falls es uns Christen gelingen sollte, im Heiligen Land eine Flotte zu bauen und diese in dem Gebiet des Persischen Golfes und des Roten Meeres zu stationieren, könnten wir den Kontakt der Mauren mit Indien unterbrechen. Stellt Euch vor, Graf d'Almeida, die Mauren abgeschnitten von den Quellen ihrer Macht! Ihre Heere in Spanien würden wie die Krone eines Baumes, dem die Wurzeln abgehackt sind, verkümmern. Ist das kein Meisterplan?»

«Vor Ort eine Flotte bauen ... davon habe ich noch nie gehört», sagte Francisco. «Wollt Ihr sagen, dass Ritter de Molays Plan missglückt ist?»

«Nein, Graf d'Almeida, das nicht. Sagen wir lieber: Bis zu diesem Augenblick ist er noch nicht gelungen. Aber vielleicht bald ...»

Franciscos Miene hellte sich auf. «Jetzt verstehe ich. Der Christusorden und damit auch das portugiesische Königshaus führen die Bestrebungen Jacques de Molays auf eine andere Art fort, und zwar indem sie den Seeweg nach Indien um Afrika herum suchen und auf diese Weise den Mauren in den Rücken fallen. Deshalb prangt das Kreuz der früheren Tempelritter auf unseren Segeln.»

«Genauso ist es, Graf d'Almeida. Zu Beginn des vorigen Jahrhunderts hat König Philipp der Schöne von Frankreich den Tempelorden vernichten wollen. Durch ein geschicktes Spiel, und im Bündnis mit der Kirche, gelang es Philipp, die Tempelritter als sogenannte Diener des Satans auf den Scheiterhaufen zu bringen. Ein grausamer Tod.»

«Ja», sagte Francisco, «das hat mich schon immer gewundert. Einerseits wird gesagt, dass die Tempelritter sittenlose Teufelsbraten waren, und andererseits spricht man immer mit großer Hochachtung von ihren Taten. Wie ist das zu verstehen?»

«Ich will es Euch erklären, mein lieber Graf. Philipp war von der Gier nach den Goldschätzen der Templer wie besessen. Seine zweifelhafte Macht erstreckte sich bis zum Papst, und das gab ihm die Handhabe, die sogenannten Ketzer foltern und töten zu lassen. 1314 wurden Jacques de Molay und seine Ritter verbrannt. Die Tempelritter, die dem Tod entkommen konnten, sind nach Portugal geflüchtet. Unser König Dionysius hat damals auf Befehl des Papstes den Tempelorden in Portugal verboten; aber zugleich gründete er den Christusorden, in den viele vertriebene Templer aufgenommen wurden.»

«Dann sind wir Portugiesen eigentlich die Erben der Tempelritter», sagte Francisco nachdenklich. «Deshalb hat Prinz Heinrich als Großmeister des Christusordens auch alles darangesetzt, den Seeweg nach Osten zu finden. Aber – wir sprechen immer über den Christusorden. Wie steht es denn mit unserem eigenen Orden?»

«Die beiden Gemeinschaften stehen eng beieinander. Der Apostel Jakobus ist der Schutzheilige aller Seefahrer. Und beide Orden verfolgen das Ziel, die Weltmeere zu erkunden.»

«Aber warum können die beiden dann nicht vereinigt werden, edler Herr? Gemeinsam wären sie doch stärker?»

«Unsere Brüder vom Christusorden sind der Meinung zugetan, dass es ausreiche, die Mauren aus Indien zu vertreiben. Sie denken, die Mauren würden dann so viel Macht einbüßen, dass sie sich von selbst aus Spanien zurückziehen und trotzdem ihren Gewürzhandel weiter mit uns treiben werden, um auf diese Weise einen Teil ihres Reichtums zu bewahren. Aber wir glauben nicht an die Friedfertigkeit der Mauren. Sie wollen uns völlig unterwerfen. Wir oder sie – darum geht es. Wir müssen sie mit dem Schwert vernichten!»

Der Großmeister hatte sich halb erhoben und unterstrich die letzten Worte mit einem energischen Klopfen auf den Tisch. Die in Francisco flüchtig aufgekommenen Gedanken über die verbrüdernde Wirkung des Handels wurden durch diese eindringlichen Worte des Großmeisters hinweggefegt. Schließlich hatten auch die Templer mit aller Gewalt das Schwert gegen die Mauren geführt. Der Auftrag, den der Orden des Heiligen Jakob vom Schwerte hatte, stand Francisco jetzt klar vor Augen.

«Edler Herr, ich danke Euch von ganzem Herzen für das, was Ihr mir erzählt habt. Der Orden will Prinz Heinrichs Lebenswerk fortsetzen. Auch ich werde all meine Kräfte dafür einsetzen.»

«Ich habe nichts anderes von Euch erwartet, Graf d'Almeida, aber es ist gut, dass Ihr es selbst aussprecht.» Eine Weile schwiegen beide. Dann sagte der Großmeister: «Gut, damit mag es sein Bewenden haben. Ritter de Salvador wird Euch weiter unterrichten. Graf d'Almeida, es war mir ein Vergnügen.»

Francisco stand auf, verbeugte sich und zog sich zurück.

Aufgenommen in den Ritterorden

Gut ein Jahr später war Franciscos Lehrzeit abgeschlossen. Abermals stand er in jenem Saal vor dem großen, schweren Tisch, hinter dem sich die Würdenträger des Ordens versammelt hatten. Mit förmlichen Worten wandte der Großmeister sich ihm zu:

«Graf Francisco d'Almeida, wir erwägen, Euch in den Orden des Heiligen Jakob vom Schwerte aufzunehmen. Lasst sehen, ob Ihr dazu bereit seid. Euer militärisches Können habt Ihr mit Glanz unter Beweis gestellt. Desgleichen habt ihr Euch als ein würdiger Bewahrer unserer Gebete gezeigt. Aber Ihr müsst uns noch einige Fragen beantworten. Könnt Ihr uns kurz darlegen, welches Ziel unser Orden anstrebt?»

«Edler Herr, dem Vorbild des Prinzen Heinrich folgend, wollen wir den Seeweg nach Indien finden und im Bunde mit dem Priesterkönig Johannes die Mauren in das Land ihrer Herkunft zurücktreiben. Sie sind eine ernste Bedrohung unseres Christentums.»

«Ihr nennt den Namen des Priesterkönigs Johannes. Sagt uns, glaubt Ihr an die Existenz des Priesterkönigs? Denkt Ihr, ihm als einem Menschen aus Fleisch und Blut begegnen zu können?»

«Nein, Herr, nicht aus Fleisch und Blut.»

Hinter dem Tisch wurden Blicke gewechselt.

«So», sagte der Großmeister mit einigem Nachdruck, «meint Ihr das? Wie ist es dann zu erklären, dass unsere Kapitäne Briefe für den Priesterkönig Johannes auf ihre Ausfahrten mitbekommen, wenn er kein Mensch ist wie Ihr und ich?»

«Er ist für uns ein Symbol, Herr. Ein Zeichen, dass es in den östlichen Ländern noch unverdorbene geistige Kräfte gibt, die den Menschen näher zu Gott führen können. Der Osten wird für unsere abgekämpfte und ermüdete Christenheit eine Quelle der Stärkung sein.»

«Nur ein Symbol, sagt Ihr? So hat es Euch Euer Lehrmeister vermutlich nicht dargelegt. Der Orden pflegt anders darüber zu denken. Nach unseren neuesten Erkenntnissen befindet sich der heilige Sitz des Priesterkönigs in Äthiopien, im Osten von Afrika.»

«Es sind meine eigenen Gedanken, Herr, die ich gerne näher erklären möchte: Gebt den Seeleuten von Portugal Hoffnung auf einen gottähnlichen König, und sie werden Mut daraus schöpfen. So viel Mut, um sogar die gefährlichsten Reisen zu unternehmen. Die Menschen verlangen nach einem Heiligen, der ihnen bei ihren täglichen Sorgen Trost zu spenden vermag. Das Bild des Priesterkönigs ist wie ein Leitstern, der uns den Weg nach Osten zeigen kann. Ist das nicht der wahre Grund, weshalb wir den Priesterkönig Johannes in Ehren halten?»

«Überlegt, was Ihr da sagt! Unterstellt Ihr uns ein Spiel, das aus Lügen und Betrug besteht?»

«Nein, Herr, gewiss nicht. Der Priesterkönig Johannes existiert wohl, aber auf eine unsichtbare, auf eine geistige Art – als ein Name für ein Stückchen Paradies auf Erden, nach dem jeder Mensch sich sehnen darf. Deshalb ist es keine Lüge zu sagen, dass wir sein Reich finden wollen.»

Es wurde still. Die Ritter hinter dem Tisch schienen an ihm vorbeizusehen. Francisco fühlte sein Herz klopfen. War es vielleicht zu gewagt, in dieser Weise seine eigene Meinung zu verkünden?

Jetzt kam Bewegung auf. Der Großmeister wandte sich erst nach links, dann nach rechts, während er die anderen fragend ansah. Einer nach dem anderen hob langsam die rechte Hand bis zur Schulterhöhe. Schließlich sah der Großmeister Francisco an.

«Es ist gut, Graf d'Almeida. Ich sehe, Ihr habt das selbständige Denken noch nicht verlernt. Sagt mir nun, wie ist es Euch bei der Einführung in unseren Orden ergangen? Seid Ihr auf Angelegenheiten des Ordens gestoßen, mit denen Ihr nicht einverstanden seid?»

«Nein, edler Herr, ich habe keine Einwände.»

«Noch eine Frage. Warum glaubt Ihr, abgesehen von Eurer Herkunft natürlich, Euren Platz gerade im Orden des Heiligen

Jakob vom Schwerte gefunden zu haben? Es kommt mir nämlich so vor, als wäret Ihr mit Euren philosophischen Gedanken, wie jenen über den Priesterkönig Johannes, besser im Christusorden aufgehoben. Unsere Sache ist eher der Kampf als das Nachdenken. Auf unsere Fürsprache hin würde der Christusorden bestimmt erwägen, Euch in seine Reihen aufzunehmen.»

Francisco spürte abwechselnd Freude und dann wieder Enttäuschung – Freude, weil die Ritter seine Deutung des Priesterkönigs akzeptierten, Enttäuschung, weil der Großmeister Zweifel an seiner Eignung für den Schwertorden hatte.

«Edler Herr, ich bitte um Zulassung zum Orden des Heiligen Jakob vom Schwerte. Ich habe mich für das Soldatenleben entschieden. Die Gebetsübungen des Ordens sind doch für Kämpfer bestimmt, die ihre Waffen als Diener Gottes tragen wollen? Dazu geben Eure Gebete die Kraft. Seit Prinz Heinrichs Tod setzt sich der Christusorden mit geringerem Eifer für die Seefahrt ein. Seine Ziele sind mehr auf die christliche Entfaltung der Kunst und der Wissenschaften ausgerichtet.»

«Richtig, Graf d'Almeida. Ihr zeigt, dass Ihr ein tiefsinniger und nachdenklicher Mensch seid.»

«Vor allem aber fühle ich mich als Kämpfer, Herr!»

«Wir wissen Euren Mut zu schätzen. Der Platz im Orden des Heiligen Jakob vom Schwerte kommt Euch somit zu, wenn es Euer Wunsch ist.»

«Edler Herr, ich wünsche es mir von ganzem Herzen.»

Auf ein Zeichen des Großmeisters hin erhoben sich die Anwesenden.

Feierlich sprach der Großmeister: «Graf d'Almeida, hört den Wortlaut Eures Gelübdes. Seid Ihr bereit, alle Kräfte einzusetzen, um Gottes Reich auf Erden zu festigen? Und seid Ihr gewillt, für dieses Ziel die Mauren zu bezwingen?»

«Ja, Herr, dazu bin ich bereit.»

«Seid Ihr bereit, Hilfe bei der Eroberung des Seeweges nach Osten zu leisten, auch wenn Ihr alles dafür opfern müsstet, möglicherweise sogar Euer Leben?»

«Ja, Herr, dazu bin ich bereit.»

«Seid Ihr bereit, jegliche Form von Wissen, von dem Ihr glaubt, dass es für den Orden von Wichtigkeit sein könnte, egal wie dieses Wissen auch in Euren Besitz gekommen ist, dem Orden weiterzugeben?»

«Ja, Herr, dazu bin ich bereit.»

«Seid Ihr bereit, für den bedingungslosen Gehorsam gegenüber dem Orden mit Eurem Leben einzustehen?»

«Ja, Herr, dazu bin ich bereit.»

«Graf Francisco d'Almeida, legt die rechte Hand auf diesen Schwertknauf und die linke Hand auf die Bibel!»

Francisco tat, wie ihm geheißen.

«Graf Francisco d'Almeida, schwört Ihr bei Gott dem Allmächtigen und beim heiligen Jakob, dass Ihr Eurem Gelübde treu bleiben werdet bis zum Tod?»

«Ich schwöre bei Gott dem Allmächtigen und beim heiligen Jakob.»

«Ihr seid einer der unseren, Graf d'Almeida. Empfangt den Bruderkuss.»

Mit Freude vollzog Francisco diese Zeremonie. Endlich war es für ihn so weit, er konnte in Prinz Heinrichs Fußstapfen treten und dessen Werk fortsetzen.

III

Die Stimme des Gewissens

Lissabon, im Jahre 1474 nach Christus

Das geheimnisvolle Land im Westen

«Wir dürfen niemals aufgeben!» Die Stimme des jungen Prinz Johann klang scharf. Mit einer hastigen Bewegung strich sich der Prinz die kastanienbraunen Locken aus dem schmalen Gesicht. König Alfons von Portugal umklammerte mit beiden Händen die Armlehnen seines Throns. Unruhig irrten Prinz Johanns Blicke zwischen seinem Vater und den Ratgebern hin und her. Einige sahen heimlich in die Richtung des erzürnten Fürsten, andere vertieften sich in ihre eigenen Gedanken.

Es fand eine Beratung statt. Der König überlegte gemeinsam mit Angehörigen der beiden Ritterorden, dem Christusorden und dem Schwertorden, was mit den Seereisen weiterhin geschehen sollte. Als junges Ordensmitglied durfte Francisco als Zuhörer ohne Stimmrecht dabei sein. Der Prinz hat Mut, dachte Francisco, man sieht, dass der König aufgebracht ist. Francisco stand mit seiner Meinung ganz auf der Seite des Prinzen Johann.

Es waren ernste Angelegenheiten, die zu dieser Zusammenkunft im Jahre 1474 geführt hatten. Ein Jahr zuvor hatte Kapitän Fernão do Poo festgestellt, dass sich die afrikanische Küste noch sehr weit in den Süden erstrecken musste. Damit schien alle Hoffnung, um Afrika herum nach Osten fahren zu können, dahin zu sein. Man fragte sich sogar, ob man den Süden des afrikanischen Kontinentes jemals erreichen würde. Seither wollte König Alfonso die kostspieligen Expeditionen beenden. Jetzt hatte er den Orden hinzugezogen, um einen endgültigen Entschluss zu fassen. Der König hoffte, bei den Großmeistern für seine Auffassung Unterstützung zu finden, denn er war über die unbeirrbare Entschlossenheit des Prinzen Johann besorgt. Dieser wollte die Seereisen bis zum Äußersten fortsetzen.

Bedachtsam ergriff der greise Großmeister des Christusordens das Wort:

«Sire, vergesst nicht, welch wichtige Entdeckungen wir während der letzten Jahre gemacht haben. Wir haben herausgefunden, welche Winde uns mühelos in den Westen und wieder zurück bringen. Wenn wir mit Hilfe dieser Winde über den Ozean kreuzen, können unsere Schiffe weiter nach Süden vordringen als je zuvor; direkt vor der afrikanischen Küste gibt es zu viel Gegenwind. Außerdem haben wir im Westen einen neuen Kontinent gefunden, den Ihr dem Gouverneur Telles von den Azoren unterstellt habt. Es war ein weiser Beschluss, Sire, diesem Gebiet den Namen aus einer alten spanischen Legende zu geben: ‹Antilia oder der Kontinent der Sieben Städte›. Sollten jemals spanische Kundschafter in unsere Kreise eindringen, dann wird man denken, dass wir nur an Fabeln glauben und in Wirklichkeit im Westen kein Land entdeckt worden ist.»

«Die Ehre gebührt meinen Ratgebern», erwiderte König Alfons. «Sprecht weiter, Großmeister.»

«Wohlan, Sire, das fremde Land im Westen ist von großer Bedeutung. Wenn unsere Schiffe aus dem Süden zurückkehren, können sie, um den Gegenstrom bei Afrika zu meiden, bis zum Kontinent der sieben Städte hinübersegeln und dort die Westwinde nutzen. Von da aus fahren sie in einem Zug auf unsere Azoren zu. Auf diese Weise ist die Reise viel einfacher zu bewältigen, Sire. Wir wissen jetzt genügend über die im Bereich des Ozeans herrschenden Winde und Meeresströme und können es durchaus wagen, den südlichsten Punkt von Afrika anzusteuern.»

König Alfons rutschte unruhig auf dem Thron hin und her. «Ja gewiss, Großmeister, das mag alles wahr sein, aber die hohen Kosten angesichts der großen Armut in unserem Lande …»

«Armut?», warf Prinz Johann ein. «Gerade der Handel bringt uns doch viel ein. Von welcher Armut sprecht Ihr? Und denkt doch einmal an die Reichtümer, die in Indien zu holen sind!»

«Den Gewinn aus den Handelsreisen brauchen wir für den Staatshaushalt, um unser Heer gegen die anrückenden Spanier zu verstärken. Es droht Krieg. Die Kundschafter berichten, dass unsere Nachbarn eine Flotte ausrüsten und uns die Herrschaft über unsere afrikanischen Gebiete streitig machen wollen. Was sagt Ihr dazu?»

«Gerade deswegen dürfen wir nicht aufgeben, sonst schnappen sie uns Indien noch vor der Nase weg.» Prinz Johann blickte von einem Großmeister zum anderen und hoffte, sie würden ihn unterstützen.

Herzog Miguel Carera trat vor. «Sire, Isabella und Ferdinand von Spanien sind edle Fürsten, aber sie versuchen, uns die Schifffahrt nach Afrika, ja vielleicht sogar nach Indien streitig zu machen, und zwar wegen der Reichtümer, die dort zu holen sind. Mir scheint, Portugal sollte Folgendes tun: Zuerst müssen wir gegen die Spanier Krieg führen, denn sie drohen, unsere Häfen zu blockieren, sowohl in unserem Vaterland als auch in der Fremde. Danach müssen unsere Schiffe erneut ausfahren, um das geheiligte Ziel zu erreichen.»

Das ist die Lösung, dachte Francisco begeistert. So bekommen beide Recht, der König und der Prinz, und unserem Land ist damit am besten gedient. Was würden König Alfons und Prinz Johann dazu sagen?

Denkfalten zeichneten sich auf der Stirn des Königs ab. Prinz Johann ging mit schnellen Schritten auf und ab. Dann geschah es, dass Vater und Sohn sich plötzlich ansahen. Ein Funke des Einverständnisses schien überzuspringen. Beide lächelten.

«Eine gute Idee, Großmeister», sagte König Alfons. «Wir danken Euch.»

Francisco war stolz darauf, dass es der Großmeister seines Ordens war, der alles zum Guten hatte wenden können.

Um die Beratung zu beenden, sprach der König: «Es gefällt uns, entsprechend zu handeln.»

«Und vielleicht können wir später auch die Spanier dazu verlocken, sich dem Westen zuzuwenden, anstatt nach Indien zu fahren, falls sie dann noch Lust haben sollten, auf Entdeckungsreisen zu gehen», fügte Prinz Johann mit spöttischem Lachen hinzu.

«Dem Westen?» Der König wurde ärgerlich. «Wozu ...»

Prinz Johann unterbrach ihn: «Ist es nicht unser wohl gehütetes Geheimnis, dass wir Land im Westen entdeckt haben? Wenn wir darüber Gerüchte verbreiten, werden die Spanier meinen, sie könnten uns den Rang ablaufen, und werden versuchen, diese Gebiete zu erobern. Dann fällt uns der Osten von selbst in den Schoß. Während sich ihre Schiffe auf der anderen Seite der Erdkugel herumtreiben, können sie uns nicht an unserem Vorhaben hindern.»

«Prinz Johann!» Der König war aufgesprungen, mit zitternder Hand drohte er dem Prinzen: «Wenn Ihr es wagt, den ‹Kontinent der Sieben Städte› auch nur mit einem Wort zu erwähnen, und wenn Ihr gesonnen seid, den ahnungslosen Spaniern zu verraten, dass die Erde rund ist, dann … dann …» Vor Aufregung konnte König Alfons den Satz nicht beenden.

Prinz Johann fand es besser, den Streit vorläufig beizulegen. «Gut», sagte er unwirsch, «wir können später wieder darüber sprechen. Zuerst werden wir also diesen vermaledeiten Krieg führen.»

Dabei blieb es. König Alfons beendete die Beratung; man entfernte sich. Francisco ging an der Seite von Herzog Miguel Carera, als sie den Ratssaal verließen.

«Ja, Graf d'Almeida», sagte der Großmeister in vertraulichem Ton, «Prinz Johann ist ein Dickkopf. Aber er ist auch außergewöhnlich schlau. Wenn er König wird, können wir etwas erleben.»

Francisco nickte zustimmend. Wäre Prinz Johann nur schon König, dachte er. Allerdings ist er erst neunzehn Jahre alt. Er wird Prinz Heinrichs Werk vollenden. Und wenn er selbst …

Francisco fühlte die Hand des Herzogs auf seinem Arm. «Sagt, Graf, wie geht es Euch in Eurem jungen Ehestand? Sehr gut, so scheint es. Nicht verkehrt, eine Tochter aus dem Geschlecht Floriano zur Frau zu nehmen. Und dazu so anmutig! Ach, jetzt ist mir ihr Name entfallen. Wie heißt sie doch gleich?»

«Claudia, Herr.»

In maurischer Gefangenschaft

Vier Jahre lang, von 1475 bis 1479, waren Portugal und Spanien in einen schlimmen Krieg verwickelt. Trotz des großen Vertrauens, das König Alfons und seine Ratgeber in die Kraft ihrer Heere setzten, hatten die Portugiesen kein Glück. An Mut fehlte es ihnen nicht, doch der spanische Gegner war zu stark. Schon im zweiten Jahr mussten alle Seeleute von den Schiffen geholt werden, damit sie die Landesgrenzen gegen die Spanier verteidigen halfen.

Auch der sechsundzwanzigjährige Francisco wurde als Offizier zu den Waffen gerufen. Obwohl er den Beschluss, Krieg zu führen, unterstützt hatte, kämpfte er jetzt ohne Überzeugung. In der Zwischenzeit hatte er seine Meinung nämlich geändert. Francisco bewunderte die kluge Art, mit der König Ferdinand und Königin Isabella von Spanien diesen Krieg führten. Durch die Erfahrung in den täglichen Gefechten, bei denen es auf beiden Seiten Hunderte von Toten gab, sah Francisco den Krieg jetzt mit anderen Augen an. Es gab so viel Leid. Um so etwas zu rechtfertigen, musste der Kampf aus zwingenden Gründen geführt werden. Und waren die Spanier nicht ein Brudervolk der Portugiesen? Francisco schrieb viel darüber in seinen Briefen an Claudia. Sollten Spanier und Portugiesen nicht lieber ihre Kräfte vereinen, als sich gegenseitig zu ermorden?

Als der Kampf beendet wurde, war es den Portugiesen nur mit knapper Not gelungen, ihre eigenen Gebiete zu behalten. Für Francisco wiederum hatte das Kriegsende beträchtliche Folgen. Bei Abschluß des Friedensvertrages hatten sich die Spanier ein portugiesisches Regiment Soldaten für den Kampf gegen die Mauren in Granada ausbedungen. Granada war das größte maurische Bollwerk im Süden Spaniens und schwer zu erstürmen. Die

Stadt war durch hohe und starke Mauern gesichert. Noch nie hatten die Spanier hier eine Bresche schlagen können.

König Alfons hatte Francisco d'Almeida dem portugiesischen Regiment als einen ihrer Befehlshaber zugeteilt. Bald nach Abschluss des Friedens belagerten die spanisch-portugiesischen Truppen Granada. Monatelang setzten sie die Stadt unter Druck. Über eine Karte gebeugt, besprachen Francisco und der spanische General im Hauptquartier einen Angriffsplan, als sie plötzlich Schreie und Schüsse hörten. Francisco eilte nach draußen. Der Wachkommandant kam schon herangeprescht. «Was gibt es, Kapitän?», rief Francisco ihm zu.

Der Kapitän hielt ihm einen Köcher entgegen, auf dem das Wappen des Sultans Boabdil von Granada prangte. «Eine Gruppe maurischer Reiter hat unsere Linien durchbrochen. Erst beim letzten Wachtposten vor Eurem Lager haben wir sie zurückschlagen können. Diesen Köcher haben sie zurückgelassen.»

Erstaunt nahm Francisco den Köcher entgegen. Was für Teufelskünstler waren die Mauren. Quer durch ihre Linien hindurch! Er ging ins Zelt zurück und übergab dem General den Köcher. Während dieser das Siegel erbrach, erzählte Francisco von dem maurischen Reiterangriff.

Es blieb einen Moment still, bevor der General spottete: «Lächerlich! Der hoch erhabene Sultan lässt uns wissen, er wolle uns nicht schmählich verjagen und sei bereit, keinen Ausfall zu unternehmen, unter der Bedingung, dass wir innerhalb von 24 Stunden abziehen, unter Hinterlassung aller Kanonen und zehn mit Silber beladener Lastpferde. Einfach lächerlich!» Der General war während des Vorlesens zornrot angelaufen und stampfte vor Wut auf den Boden. «Was denkt sich der Sultan eigentlich? Dass er, Boabdil, mich, Carlos Almirante, Oberbefehlshaber der spanischen Legionen, so behandeln kann!» Mit einem Ruck drehte er sich um. «D'Almeida, bereitet sofort alles vor zur Erstürmung der Stadt. Wir werden den Heiden gehörig die Leviten lesen!»

Francisco behielt einen kühlen Kopf, denn er befürchtete eine Falle Boabdils. Carlos Almirante, allgemein bekannt als ein sehr eitler Mann, fühlte sich schon beim geringsten Anlass beleidigt. Möglicherweise wollte der listige Sultan gerade daraus seinen Nutzen ziehen.

«General, gestattet mir, meine Meinung vorzubringen. Wenn Ihr sofort angreift, tut Ihr genau das, was Sultan Boabdil erwartet. Er will Euch zu einer unüberlegten Handlung verleiten. Wir müssen Geduld bewahren und erst prüfen, wo ihre Schwachstellen sind.»

«D'Almeida, wollt Ihr behaupten, dass ich unüberlegt handeln würde? Zügelt Eure Zunge, Graf!»

Francisco fügte sich ins Unvermeidliche. Laut Vertrag waren die portugiesischen Kommandeure den spanischen unterstellt. Leider sollte er Recht behalten. In dem Moment, als die Soldaten die Belagerungsschanzen verließen und noch dabei waren, sich in Schlachtordnung aufzustellen, flogen die Stadttore auf, und eine unübersehbare Schar von Reitern stürmte den Belagerern entgegen.

Zu diesem Zeitpunkt befand sich Francisco mit einem Teil seiner Truppen auf einem Hügel am Rande eines Waldes. Er hatte Order, sich nach Osten zu bewegen und die Stadt von der Seite her anzugreifen. Mit entsetzten Augen sah er, wie die Mauren unter den spanischen Regimentern wüteten. Francisco wendete sein Pferd und gab Befehl, sofort zurückzukehren. Vielleicht konnten sie der sich schon auflösenden Kerntruppe noch zu Hilfe eilen. Trara! ertönte plötzlich in seinem Rücken ein Fanfarenstoß. In der vollen Breite des Waldrandes tauchten Mauren auf. Francisco war mit seiner Truppe in einen Hinterhalt geraten.

«Standhalten! Nicht fliehen! Aufstellen im Quadrat!»

Francisco trieb sein Pferd hierhin und dorthin und versuchte in aller Eile, die Soldaten neu zu gruppieren. Seine Befehle übertönten den Kampfeslärm. Es schien zu glücken. Kleinen Gruppen lückenlos nebeneinander kämpfender Portugiesen gelang es bereits, den Feind in den Wald zurückzutreiben.

Francisco stürzte sich mitten ins Kampfgetümmel. Plötzlich erscholl hinter ihm lauter Hufschlag. «Passt auf!», hörte er gerade noch, dann traf ihn ein Schlag auf den Kopf. Francisco entglitt in eine tiefe, schwarze Dunkelheit.

Der Fürst und seine Tochter

Was für ein herrlicher Duft! Francisco atmete tief durch. Er öffnete die Augen. Oh, das Licht blendete. Und der Kopf! Es hämmerte und dröhnte darin, als würde ein Schmied sein Meisterstück machen. Alles drehte sich. Francisco versuchte, etwas zu erkennen. In dem Schleier vor seinen Augen zeichneten sich undeutliche Konturen ab. War das ein Gesicht?

Das Schwindelgefühl ließ langsam nach. Ja, es war ein Gesicht. Allmählich wurde es immer deutlicher. Francisco sah einen zarten, lila Schleier, der durch den Wind etwas aufgebauscht wurde und eine hübsch geformte, kleine Stirn umschloss. Darunter erblickte er zwei dunkle Augen, die ihn besorgt anschauten. Der übrige Teil des Gesichtes blieb unter dem Schleier verborgen.

Es war eine maurische Frau. Sie sagte etwas zu ihm, doch Francisco merkte nicht, dass sie Spanisch sprach; er lauschte nur dem schönen Klang ihrer Stimme. Endlich drang auch die Bedeutung der Worte zu ihm durch.

«Ich bin Soleia, die Tochter des Fürsten Ibn Chabut. Er ist der Siegelbewahrer des Sultans und ein gelehrter Mann. Dank seiner Heilkunst seid Ihr genesen. Mein Vater hat mir aufgetragen, Euch zu pflegen.»

Francisco bemühte sich zu antworten. Seine Zunge war geschwollen, und er bekam kaum die Lippen auseinander. Ein Krächzen war alles, was er hervorbringen konnte.

«Ihr müsst vorsichtig sein, edler Herr, es ist noch zu früh zum Sprechen.» Mit zarten Händen nahm sie ein Tuch, besprengte es mit Wasser und betupfte sein heißes Gesicht, um es ein wenig zu kühlen.

Franciscos schmerzender Kopf war mit einem Wirrwarr von Fragen angefüllt. Ach, könnte jetzt Claudia bei ihm sein … Wieder begann sich alles um ihn zu drehen.

Als Francisco das nächste Mal die Augen aufschlug, sah er neben Soleia einen alten Mann stehen. Er war in einen langen, braun gestreiften Kaftan gekleidet und trug einen weißen Turban. Aufmerksam blickte der Greis auf ihn herab.

«Nun, Graf d'Almeida … so heißt Ihr doch laut den Papieren, die wir bei Euch gefunden haben?» Er sprach langsam und, wie seine Tochter, Spanisch. «Es geht Euch offensichtlich besser. Als man Euch vor zwei Wochen hierher brachte, saht Ihr wesentlich schlechter aus.»

Francisco erschrak. Hatte es so schlimm um ihn gestanden?

«Zwei Wochen und ein Tag. Aber Ihr könnt unbesorgt sein, die Gefahr ist vorüber.»

Wieder versuchte Francisco zu sprechen: «Wer … wo …?»

Der Greis lächelte. Er strich sich den langen, weißen Bart und sagte: «Ich bin Fürst Ibn Chabut, Hofmarschall des Sultans Boabdil. Ihr seid der Gefangene meines Herrn. Aber macht Euch keine Sorgen, bei mir seid Ihr in guten Händen, ich bin zugleich Arzt. Es ist meine Aufgabe, Euch am Leben zu erhalten, damit Ihr gegen Lösegeld freigekauft werden könnt. Aber ich werde nicht nur über Euer Leben wachen, sondern alles tun, Euch wieder gesund zu machen. Ich möchte Euch darum bitten, Euch trotz Eurer Gefangenschaft als mein Gast zu betrachten.»

Francisco stöhnte leise. Der Schlag auf den Kopf, dort am Waldrand, hatte ihn außer Gefecht gesetzt. Er war in Gefangenschaft geraten. Die Mauren hatten ihn mehr tot als lebendig weggeschleppt, und dieser alte, freundliche Mann hatte ihn gerettet. «Danke … Herr …», brachte er nur mit Mühe hervor.

Fürst Ibn Chabut bedeutete seiner Tochter, die Gardinen zu schließen. Ein gedämpftes, rotes Licht erfüllte den Raum. «Ihr müsst ruhen, Graf. Wir sprechen uns noch.»

Bevor es so weit war, verging noch eine weitere Woche. Das Fieber stieg wieder, und Francisco phantasierte. Abwechselnd sah er Soleias oder des Fürsten Gesicht über sich schweben. Nachdem das Fieber endlich gesunken war, erholte er sich schnell. Bald konnte er wieder sprechen, wenn auch mit einiger Mühe.

«Frau Soleia, warum tut Ihr so viel für mich? Bin ich denn kein verhasster Feind Eures Volkes?»

«Mein Vater denkt anders darüber, Herr. Er möchte etwas Vertrauliches mit Euch besprechen.» Erschrocken schlug Soleia die Hand vor den verschleierten Mund.

«Mit mir etwas Vertrauliches besprechen?»

«Sagt ihm bitte nicht, dass ich es Euch erzählt habe! Er würde wütend auf mich sein.»

«Nein, Frau Soleia, lieber würde ich mir die Zunge abbeißen, als Euch zu verraten.» Francisco beugte sich vor und reichte ihr die Hand. «Frau Soleia, ich ...»

«Lasst das, Herr!» Ihre Augen funkelten. «Es ist schon gefährlich genug, was wir tun. Wenn der Sultan wüsste, dass mein Vater ...» Sie brach den Satz ab.

«Wenn der Sultan was wüsste?»

«Ich werde dem Fürsten sagen, dass Ihr wieder sprechen könnt.» Mit einem Ruck drehte sie sich um und lief aus dem Zimmer.

Francisco ließ sich in die Kissen zurückfallen und fühlte sich verwirrt. Er zwang sich, regelmäßig an Claudia zu denken, doch musste er sich bald eingestehen, dass sein Herz schneller zu klopfen begann, sobald Soleia in seiner Nähe war.

Kurz darauf öffnete sich die Tür erneut. Fürst Ibn Chabut trat ein und setzte sich neben Francisco. «Ihr scheint meine Tochter in Verwirrung gebracht zu haben.» Fragend sah er Francisco an.

«Ich habe mich wohl etwas ungeschickt ausgedrückt und bitte um Vergebung, edler Fürst. Ich ... ich wollte Euch sagen lassen, dass ich wieder sprechen kann.»

«Das freut mich, Graf. Lasst mich Euren Puls fühlen.» Ibn Chabut nahm Franciscos Hand und drückte den Finger auf die

Schlagader. Danach hob er Franciscos Lider an und untersuchte seine Augen. «Es sieht tatsächlich so aus, als gehe es Euch besser. Ruhe und gute Pflege werden Euch bald gesund machen.»

Francisco nickte. Er empfand die Anwesenheit des Fürsten als wohltuend und fühlte sich in den Händen dieses Arztes gut aufgehoben.

«Wie steht es mit Eurer Erinnerung? Wisst Ihr eigentlich, was mit Euch geschehen ist?»

«Der Feind stürmte plötzlich aus dem Wald heraus. Es war ein verräterischer Hinterhalt. Ich wurde von hinten angegriffen und bekam einen Schlag auf den Kopf.»

«Ihr könnt Euch also noch an alles erinnern. Das ist ein gutes Zeichen.» Lächelnd fuhr Ibn Chabut fort: «Ihr sprecht von Feind und verräterischem Hinterhalt, lieber Graf, daraus entnehme ich, dass Ihr uns nicht besonders wohlgesinnt seid.»

«Ich will Euch nicht beleidigen, edler Fürst», sagte Francisco beschämt, «so drückt man sich nun einmal aus, wenn es um Krieg geht.»

«Ja, Krieg», seufzte Ibn Chabut, «leider ...»

Francisco wusste nicht, was er sagen sollte. Es war Krieg, und der würde so lange dauern, bis eine der beiden Parteien endgültig geschlagen war. Aber dieser Fürst war ein edler Mensch. Wenn alle Mauren so wären wie er ... Wieder peinigten ihn stechende Kopfschmerzen. Ermüdet rieb sich Francisco die Augen.

«Habt Ihr wieder Schmerzen?», fragte Ibn Chabut, sich über ihn beugend.

«Ja», antwortete Francisco matt.

«Ich werde Euch eine Arznei geben.» Der Fürst stand auf und bereitete in einer Ecke des Zimmers eine Medizin zu. «Hier, nehmt das ein!»

«Ich danke Euch.» Langsam trank Francisco das Glas leer. Es schmeckte bitter. Nachdem er den letzten Schluck genommen hatte, durchströmte ihn ein wohliges Gefühl.

«Ich lasse Euch jetzt allein», hörte Francisco ihn noch wie aus der Ferne sagen. Dann versank er in einen tiefen Schlaf.

In den darauf folgenden Tagen kam Francisco rasch wieder zu Kräften. Die Kopfschmerzen ließen nach. Abwechselnd kamen Soleia und Ibn Chabut, um ihn mit Speisen, Getränken und Medikamenten zu versorgen. Merkwürdig, dachte Francisco, dass sie dafür nicht ihre Bediensteten schickten. Obwohl er ein Gefangener war, wurde er wie ein bevorzugter Gast behandelt. Und nachdem Ibn Chabut wieder einmal ein ausführliches und herzliches Gespräch mit ihm geführt hatte, überlegte er, warum der Fürst ihm mehr als die übliche Aufmerksamkeit schenkte. Ob er etwas von ihm erwartete? Francisco konnte nicht herausfinden, was das sein könnte. Der Fürst hält nicht viel von diesem Krieg und will mir das auf diese Weise mitteilen, schloss er und gab sich damit zufrieden.

Ein Schriftstück von großer Bedeutung

Eines Tages kam Fürst Ibn Chabut wieder zu Francisco, der ihm erfreut entgegensah. Er langweilte sich und betrachtete den Besuch des Fürsten als eine willkommene Abwechslung. Nachdem Ibn Chabut Francisco schon von der Tür aus begrüßt hatte, ging er zu seinem Bett, nickte ihm nochmals zu und sah ihn eine Weile schweigend an. Dann setzte er sich und sagte: «Ich glaube, Graf d'Almeida, Ihr seid jetzt wieder genügend bei Kräften, um mich anhören zu können.»

Francisco richtete sich halb auf, stützte sich auf einen Ellenbogen und wartete.

«Graf d'Almeida, unsere verschiedene Herkunft trennt uns. Unsere Völker sind verfeindet, und der Glaubenskampf, der zwischen Christen und Muslimen wütet, ist außerordentlich heftig. Und nun sitzen wir hier einander gegenüber.»

Francisco sagte nichts. Was hatte der Fürst mit ihm vor? Warum sprach er so eindringlich?

«Ich bitte Euch jedoch, mich nicht als Feind anzusehen», fuhr Ibn Chabut fort.

«Ihr habt mir das Leben gerettet, Fürst, es fällt mir somit nicht schwer, Euch nicht als Feind zu betrachten.»

«Sagt mir eines, Graf, wie kommt es, dass Ihr als portugiesischer Ritter zum spanischen Heer gehört? Oder ist es nicht erlaubt, danach zu fragen?»

«Die Spanier haben uns während des letzten Krieges in die Enge getrieben. Im Friedensvertrag haben sie sich ausbedungen, dass ein portugiesisches Regiment an der Belagerung Granadas teilnehmen sollte.»

«Habt Ihr Euch freiwillig gemeldet?», fragte Ibn Chabut leise.

«Mehr oder weniger.»

«Wie denkt Ihr eigentlich über mein Volk, Graf d'Almeida? Habt Ihr die Absicht, uns mit aller Kraft zu bekämpfen?»

Francisco sah die Augen des Fürsten aufmerksam auf sich gerichtet. Spürte er eine gewisse Wehmut in seinem Blick?

«Unser Christentum wird durch Eure Glaubensbrüder bedrängt. Dagegen müssen wir uns wehren.»

«Wir sind ein in der Kunst und den Wissenschaften hoch entwickeltes Volk. Obwohl es Eure Kirche nicht gerne sieht, gibt es Christen, die unsere Universitäten besuchen. Meine Gebieter bekämpfen die christliche Macht mit Feuer und Schwert. Aber wir haben nie etwas gegen freundschaftliche Beziehungen zwischen den Gelehrten unserer beiden Völker gehabt. Was hat denn der Glaube damit zu tun, wenn es um Mathematik, den Lauf der Sterne oder die Geheimnisse des menschlichen Körpers geht? Eure Kirche denkt ganz anders darüber, sie verbietet strengstens, dass ein Muslim bei Euch studiert. Schade, nicht wahr? Wir könnten so viel voneinander lernen.»

«Eure Wissenschaften sind in den Augen unserer Kirche gottlos. Vergebt mir, wenn ich das so sage.»

«Gottlos ...», sagte Ibn Chabut mit nachdenklichem Blick. «Anders vielleicht, aber gottlos?» Lebhaft wandte er sich Francisco zu. «Sind wahre Weisheit und Wissen nicht über allen Streit erhaben? Und Eure Seefahrt, basiert sie nicht auf unseren Navigationskenntnissen? Nennt Ihr das gottlos? Wollt Ihr ohne diese Kenntnisse auskommen?»

Francisco zögerte. Es berührte ihn, dass Ibn Chabut in diesem milden Ton, ohne die geringste Spur von Feindlichkeit in der Stimme, mit ihm sprach.

«Ich muss darüber nachdenken, Fürst. Sagt mir, warum bekämpfen sich unsere Völker schon jahrhundertelang?»

«Die Menschen hören zu wenig auf die Stimme ihres Herzens. Alle, sowohl die Anhänger Mohammeds als auch die Christen, sind geld- und machtgierig. Die großen Propheten, Euer Jesus Christus und unser Mohammed, verkündeten Gottes Botschaft, jeder einen Teil. Zusammen vertreten sie das Ganze. Deshalb sollten unsere Religionen einander befruchten anstatt sich zu bekämpfen. Es wäre besser, bestimmte Ziele gemeinsam anzustreben.»

Francisco nickte. Er empfand große Sympathie für den alten Fürsten. «Gibt es in Eurem Volk mehr Menschen, die ähnlich denken?»

«Leider sind es nur wenige. Die Mullahs, unsere Religionslehrer, halten Mohammed für viel bedeutender als Jesus Christus. Ich stimme mit dieser Meinung nicht überein, ich empfinde große Verehrung für den Stifter Eures Glaubens.»

«Aber was können wir tun? Was können wir ändern? Die Kluft, die uns trennt, ist so unendlich tief.» Franciscos Gedanken bewegten sich im Kreis. Hier lag er, den Mauren auf Gnade oder Ungnade ausgeliefert, und der Fürst, ein wichtiger Mann am Hofe des Sultans, sprach mit ihm wie zu einem Freund. Zwischen ihnen beiden schien es keine Kluft zu geben.

«Würdet Ihr Euch für eine Verbesserung der Verhältnisse einsetzen?», fragte Fürst Ibn Chabut eindringlich.

«Wenn ich wüsste wie, und natürlich ohne der Sache des Christentums zu schaden.»

Sie schwiegen. Ibn Chabut legte die Fingerspitzen gegeneinander und blickte starr vor sich hin. Francisco merkte, dass der andere zögerte, und hätte gerne gewusst, was in dem weisen Fürsten vorging. Auf einmal fühlte er sich sehr jung und unerfahren.

«Fürst», begann Francisco, «Eure Worte haben etwas in mir wachgerufen: das Gefühl, für eine bessere Welt kämpfen zu wollen. Was den Krieg zwischen unseren Völkern betrifft, so fürchte ich, dass er bis zum bitteren Ende geführt wird. Aber darüber hinaus muss es doch eine Möglichkeit geben, sich auf die eine oder andere Weise für eine bessere Zukunft einzusetzen. Sagt mir doch, was zu tun ist.»

Fürst Ibn Chabut sah Francisco an und lächelte. «Als ich Euch nach Eurer Gefangennahme bewusstlos und mit blutverschmiertem Gesicht daliegen sah, hatte ich sofort das Gefühl, dass wir Geistesverwandte sein könnten. Ich beschloss, Euch in meine persönliche Obhut zu nehmen, um zu prüfen, ob sich unsere Herzen vielleicht füreinander öffnen könnten. Ich suche nämlich, so sonderbar dies auch vielleicht in Euren Ohren klingen mag, nach einem Christen, dessen volles Vertrauen ich gewinnen kann. Inzwischen, Graf d'Almeida, hat sich mein Gefühl durch die Überzeugung gefestigt, dass ich mich völlig auf Euch verlassen kann und Ihr der geeignete Mann seid.»

«Ich? Der geeignete Mann? Aber Fürst ...»

«Wisst Ihr, schon seit geraumer Zeit versuche ich, etwas Wichtiges, das in meinem Besitz ist, in Eure Lande zu senden. Mein erster Versuch, deswegen mit einem edlen Christen Freundschaft zu schließen, ist leider missglückt. Ehrlich gesagt, hatte ich auch schon von vornherein Zweifel gehabt. Aber dieses Mal ist es anders. Graf d'Almeida, ich möchte Euch voll ins Vertrauen ziehen. Allerdings ist die Sache mit einem Aber verbunden, das Euch eines Tages in Gewissensnot bringen könnte.»

«Fürst, wenn es um Freundschaft geht, würde ich gerne der geeignete Mann sein. Ihr macht mich neugierig. Erzählt mir mehr darüber. Mit welchem meiner Landsleute habt Ihr gesprochen? Kenne ich ihn?»

«Ritter Paolo Aires.»

Nachdenklich krauste Francisco die Stirn. «Seinen Namen habe ich schon einmal gehört, wartet … Ja, dieser Mann war auch in maurischer Gefangenschaft. Hier in Granada? Genauso wie ich?» Und er dachte: Paolo Aires gehört zum Orden des Heiligen Jakob, welch eine merkwürdige Übereinstimmung.

«Aber warum, Fürst, habt Ihr Euch in Ritter Aires geirrt? Worum handelt es sich eigentlich? Über welche Gewissensnot wollt Ihr mit mir sprechen?»

«Ich weiß, dass viele portugiesische und spanische Edelleute zu einem bestimmten Ritterorden gehören, oft schon durch Geburt, und dass es ihnen strengstens verboten ist, jegliche Art von Wissen oder Besitz vor dem Orden zu verbergen. Bei Ritter Aires war das der Fall. Trifft das nicht auch auf Euch zu?»

«Ja gewiss, Fürst, das ist so.»

«Tja, ich konnte kaum etwas anderes erwarten, leider …»

«Leider? Was ist an einem Ritterorden verkehrt? Ich gehöre zum Orden des Heiligen Jakob vom Schwerte, ebenso wie Ritter Aires.»

«Ach, sieh an, welch ein Zusammentreffen verschiedener Umstände. Nun, meinerseits gehöre ich auch zu einer bestimmten Gemeinschaft. Es ist zwar kein Orden wie bei Euch, mit einleuchtenden und weit verbreiteten Regeln und Gebräuchen und mit sichtbaren Zeichen der Mitgliedschaft. Nein, in meinem Fall ist das anders. In diesem Augenblick habe ich mich zum Beispiel schon einer ernsthaften Übertretung schuldig gemacht. Der Kreis, dem ich angehöre, arbeitet so sehr im Verborgenen, dass nicht einmal über seine Existenz gesprochen werden darf.»

Ibn Chabut sah Francisco bedeutungsvoll an. Langsam öffnete er das Oberteil seines Gewandes, bis Francisco auf der mageren Brust des alten Mannes in der Gegend des Herzens eine blaue, spinnenartige Tätowierung erblickte. Eine feierliche Stille machte sich breit. Was ging hier vor sich? Francisco geriet in Verwirrung. Dieser Greis, der so sanft und eindringlich, zuweilen sogar beschwörend zu ihm sprach, öffnete ihm im wahrsten Sinne des Wortes sein Herz.

«Aber Fürst, wie könnt Ihr mir so viel Vertrauen schenken?

Was gibt Euch nach dieser kurzen Zeit die Sicherheit, dass ich Euch nicht in Schwierigkeiten bringen werde? Ich muss gestehen, dass dies alles mich sehr bewegt.»

Ibn Chabut lächelte etwas betrübt. «Ach, Graf, es kommt ehrlich aus meinem Herzen, seid davon überzeugt. Das Intrigenspiel hat mein langes Leben so gezeichnet, dass ich mir nun schon etwas erlauben kann. Über die Tätowierung könnte ich zum Beispiel sagen, Ihr hättet plötzlich während eines Fieberanfalls meine Kleider aufgerissen.» Der Fürst seufzte tief. «Das ist es ja gerade, Graf, diese ständige Anstrengung, immer auf der Hut sein zu müssen, immer auf Verrat und Täuschung gefasst zu sein, während ich viel lieber nur das Gute in allen Menschen sehen möchte.»

Es begann Francisco klar zu werden, dass der Fürst ihn entgegen den Regeln seines Geheimbundes um Hilfe bitten wollte. Und vermutlich würde das auch gegen die Regeln seines eigenen Ordens verstoßen.

«Edler Fürst, eigentlich verpflichtet mich mein Eid dazu, den Inhalt unserer Gespräche an meine Oberen weiterzugeben. Ich bitte Euch, das zu berücksichtigen!»

«Graf d'Almeida, schon lange warte ich auf die Gelegenheit, das zu tun, was ich tun muss. Wahrscheinlich werde ich nie wieder jemandem wie Euch begegnen, den ich ins Vertrauen ziehen kann. Mit Euch versuche ich mein Glück. Ich gebe Euch mein Geheimnis preis, und Ihr beschließt dann, ob Ihr mir helfen wollt und könnt … oder nicht.» Der Nachsatz kam ihm kaum hörbar von den Lippen.

«Verehrter Fürst, was kann ich anderes tun, als Euch anzuhören? Da ich nicht weiß, worum es geht, kann ich Euch nichts im Voraus versprechen, weder meine Hilfe noch mein Schweigen.»

«Ich weiß, Graf, ich schätze Eure Aufrichtigkeit. Es liegt bei mir, die Entscheidung über Leben oder Tod in die eigene Hand zu nehmen.» Ibn Chabut richtete sich auf und begann: «Natürlich habt Ihr schon von dem griechischen Philosophen Aristoteles, dem größten Gelehrten aller Zeiten, gehört. Dank seiner

Erkenntnisse sind unsere Universitäten zu hohem Ansehen gelangt. Auch in Euren Ländern wird Aristoteles verehrt wie kein anderer Gelehrter sonst. Im Übrigen», fügte er hinzu und lächelte verschmitzt, «zeigt sich hier der Vorteil einer guten Zusammenarbeit: Viele seiner wichtigen Werke sind erst über uns in Eurem Lande bekannt geworden. Aber gut, Aristoteles hat auch eine weniger bekannte Seite ... eine geheime Seite, besser gesagt.» Ibn Chabut schwieg und sah Francisco bedeutungsvoll an.

«Selbstverständlich ist mir Aristoteles als Träger des höchsten Gedankengutes bekannt. Aber Aristoteles und Geheimnisse? Etwas, das das Tageslicht scheuen müsste? Ich kann es mir nicht vorstellen.»

«Es ist in der Tat kaum bekannt, dass Aristoteles sich eingehend mit Fragen beschäftigte, die man heute mit Alchimie umschreibt. Aristoteles war sogar ein außerordentlich begabter Alchimist, so wie er nahezu mit allem, was er anpackte, ein hohes Niveau erreichte.»

«Aristoteles ein Alchimist? Suchte er im Geheimen nach besonderen Stoffen, wollte er etwa Gold herstellen? Wie ist es möglich! Die Heilige Römische Kirche verhängt über jeden, der sich auch nur im Geringsten mit Alchimie einlässt, den Bann. Wenn der große Aristoteles heute gelebt hätte, wäre er wahrscheinlich auf dem Scheiterhaufen gelandet.»

Ibn Chabut nickte, und ein Anflug von Spott spielte um seine Mundwinkel. «Eure Kirche ... wenn sie wüsste ...» Dann wurde er wieder ernst: «Aristoteles hat eine Schrift hinterlassen, in der er aufzeichnete, wie man durch die Verbindung bestimmter Substanzen außerordentliche Ergebnisse erzielen kann.»

«Konnte Aristoteles denn Gold machen?»

«Das ist nicht gesagt. Der Text befasst sich mit der Rezeptur ganz besonderer Heilmittel auf Metallbasis. Nicht die übliche Medizin, sondern gewisse Substanzen, mit denen man bei richtiger Dosierung Gedanken und Gefühle, ja sogar die Charaktereigenschaften eines Menschen beeinflussen kann.»

«Was soll ich mir darunter vorstellen?»

«Damit lassen sich Eigenschaften wie Mut, Ausdauer, Treue, Hingabe und Ehrlichkeit verstärken.»

«Wirklich? Wenn es so etwas gäbe, ließen sich doch Krieg und Unrecht aus der Welt schaffen.»

«Nein, nein, Graf, so einfach ist es nicht. Ich werde es erklären: Mit Hilfe der alchimistischen Erkenntnisse des Aristoteles können alle menschlichen Eigenschaften radikal verstärkt werden, auch Neid, Hass, Mordlust und Unterwürfigkeit.»

«Dann ist es also auch gefährlich?»

«Sehr gefährlich sogar. Die Mittel können heilsam sein, wenn man sie wohl überlegt und freiwillig anwendet. Aber wenn sie an arglose Leute oder womöglich noch gegen deren Willen verabreicht werden, können die Mittel eine auf den menschlichen Geist zerstörende Wirkung haben. Aristoteles hatte das natürlich schon erkannt und seine Erkenntnisse nicht weiterverbreitet.»

«Aber woher … woher wisst Ihr das alles?»

«Aristoteles hatte sein Material nicht vernichtet. Sein Wissen wurde in bestimmten Kreisen sorgfältigst gehütet. Allerdings sind seine persönlichen Notizen verloren gegangen, aber spätere Abschriften davon sind bewahrt geblieben. Zumindest eine Kopie, die dann als Vorlage für ein kleines Buch diente, das entsprechend dem vorne eingetragenen Datum vor etwa dreihundert Jahren geschrieben wurde. Wahrscheinlich ist es das einzige Dokument über Aristoteles' Erkenntnisse auf diesem Gebiet. Dieses Buch, vermutlich das einzige Exemplar der Welt – es befindet sich in meinem Besitz.»

Eine beklemmende Stille machte sich breit. Francisco war tief bewegt und zugleich erschöpft. Ihm schwindelte. So etwas Besonderes, Außergewöhnliches … Aber wenn …

Der Fürst unterbrach seinen Gedankengang. «Bei mir ist das Buch nicht in den richtigen Händen. Ich bin zur strikten Geheimhaltung verpflichtet; das wird Euch jetzt klar sein. Unter keinen Umständen darf der Geheimbund etwas davon erfahren; es bestünde die Gefahr des Missbrauchs, und es wäre sogar denkbar, dass man mit diesem Wissen Menschen zu Meuchelmördern heranziehen würde. Ich selbst habe außerdem keine Möglichkeit, unbemerkt ein Labor zu unterhalten. Überdies befinden sich die besten Alchimisten nicht hier bei uns, sondern bei Euch im Norden, allen voran der hervorragendste unter ihnen, der sogenannte Meister des Nordens. Ihm kommt das geheime Erbe des Aristoteles eigentlich zu.»

«Ihr besitzt einen Text von Aristoteles – einzigartig in der Welt und noch dazu geheim?»

«So ist es.»

«Und Ihr erwartet von mir, dass ich diese äußerst kostbare Schrift in den Norden bringe?»

«Damit könnte mein größter Wunsch in Erfüllung gehen.» Mit durchdringendem Blick sah Ibn Chabut Francisco erwartungsvoll an. Leise fügte er noch hinzu: «Wollt Ihr das für mich tun? Würdet Ihr es zumindest ernsthaft in Erwägung ziehen?»

«Ernsthaft ... gibt es etwas Ernsthafteres als das, was Ihr mir hiermit darlegt? Gewiss werde ich darüber nachdenken. Aber was ist, wenn ich beschließen würde, es nicht zu tun? Ich habe viel von Euch erfahren, und der Eid gebietet mir, meinem Orden alles zu offenbaren.»

«Graf d'Almeida, das ist mein Risiko, und ich nahm es bewusst auf mich, indem ich Euch ins Vertrauen gezogen habe. Ihr könnt Euch ganz und gar frei fühlen und das beschließen, was Euch Euer Herz befiehlt. Wirklich frei, versteht Ihr?»

«Mich frei fühlen? Ich fühle mich eher belastet, Fürst, weil Ihr Euch von mir abhängig gemacht habt. Aber es ist gut, dass Ihr es offen gesagt habt. Ich werde versuchen, eine freie Entscheidung zu treffen ... ich ...»

«Beruhigt Euch, Graf. Sprecht jetzt nicht weiter!» Während Francisco die letzten Worte stammelnd hervorbrachte, stand Ibn Chabut auf und legte ihm die Hand auf die Stirn. «Ihr seid erhitzt. Schlaft erst, bevor Ihr weiter darüber nachdenkt.»

Francisco fühlte sich ermattet und auch ein wenig fiebrig.

«Ich lasse Euch jetzt allein und wünsche eine gute Nacht.»

«Ich danke Euch, edler Fürst.»

Ruhelos drehte Francisco sich von einer Seite auf die andere. Fieber schien er nicht mehr zu haben, dennoch konnte er keinen Schlaf finden. Bruchstückhafte Bilder zogen an seinem inneren Auge vorbei. Er sah Männer in langen, schwarzen Mänteln, die Gesichter tief im Schatten ihrer hochgeschlagenen Kapuzen vergraben, die in einem unterirdischen Labor mit Kolben und Flaschen, mit brodelnden und dampfenden Flüssigkeiten und einem plötzlich grell aufflammenden Pulver hantierten. Er versuchte sich zu erinnern, was er alles über Aristoteles gehört hatte, und auf einmal sah er sich wieder vor dem Großmeister seines Ordens stehen, der ihn fragte: Seid Ihr bereit, jegliche Form von Wissen, von dem Ihr glaubt, dass es für den Orden von Wichtigkeit sein könnte, egal wie dieses Wissen auch in Euren Besitz gekommen ist, dem Orden weiterzugeben?

Ja, Herr, dazu bin ich bereit, hörte er sich sagen.

Seid Ihr bereit, für den bedingungslosen Gehorsam gegenüber den Regeln des Ordens mit Eurem Leben einzustehen?

Ja, Herr, dazu bin ich bereit. Ich schwöre bei …

Mit einem Mal war er hellwach. Wenn er dem Fürsten helfen würde – dann wäre er in Todesgefahr. Zweifellos setzte auch Ibn Chabut sein Leben aufs Spiel. Nun ja, das war seine Sache … obgleich … Das Schicksal dieses edlen Mannes, der nur das Gute für die Menschen wollte, konnte ihm nicht egal sein …

Dann kamen ihm noch folgende Worte in den Sinn: Seid Ihr bereit, alle Kräfte einzusetzen, um Gottes Reich auf Erden zu festigen? Was hier von ihm gefordert wurde, war doch kaum etwas anderes als das, worum Ibn Chabut ihn bat. Francisco überlegte hin und her, bis er schließlich in einen tiefen Schlaf fiel.

«Guten Morgen, Graf. Ich hoffe, meine Bitte hat Euch nicht zu sehr Eurer Nachtruhe beraubt!» Ibn Chabuts Stimme und sein Gesichtsausdruck zeigten eine Mischung aus Herzlichkeit und gespannter Erwartung. Francisco sah, wie der Fürst den Ring an seinem Finger nervös hin und her drehte.

«Fürst Ibn Chabut.» Francisco versuchte, nicht allzu feierlich zu sprechen; es fiel ihm schwer, die richtigen Worte zu finden. «Ich will Euer Geheimnis zu dem meinen machen. Ihr könnt mir vertrauen!»

«Ihr macht mich zu einem glücklichen Menschen, Graf d'Almeida! Habt tausend Dank, dass Ihr meine Bitte erfüllen wollt.» Ibn Chabut strahlte über das ganze Gesicht und schien mit einem Male um Jahre jünger zu sein. «Ihr wisst nicht, was es für mich bedeutet, das noch zu erleben. Allah ist unsagbar groß.»

Francisco wurde verlegen und wusste nicht recht, was er auf die Dankesworte des alten Fürsten, den er in dieser kurzen Zeit bereits lieb gewonnen hatte, antworten sollte.

«Verehrter Fürst, was soll ich tun?»

«Vor einiger Zeit ist es mir auf vielen Umwegen gelungen, mit dem besten aller Alchimisten, dem Meister des Nordens, Verbindung aufzunehmen. Er weiß von meinem kostbaren Besitz. Und er weiß, dass ich ihm diesen Schatz geben will. Ein früherer Versuch ist missglückt. Für Euch ist Folgendes von Wichtigkeit: In Santiago de Compostela befindet sich – ich nehme an, dass es nach dem misslungenen Versuch noch immer so ist – ein ständiger Abgesandter des Meisters, der meinen Boten erwartet. Bei der vorigen Gelegenheit war der vereinbarte Treffpunkt eine Kirche, die, wie ich gehört habe, inzwischen durch einen Brand verwüstet wurde. Nun kann ich Euch nur sagen: Geht nach Santiago. Ich weiß, die Stadt ist groß, aber Allah wird Eure Schritte lenken.»

«Wen soll ich denn um Himmels willen in dieser lebhaften Stadt ansprechen? Und was noch wichtiger ist: wie kann ich den Abgesandten des Meisters mit Sicherheit erkennen? Stellt Euch vor, ich würde die Schrift dem Falschen aushändigen!»

«Ein schrecklicher Gedanke, Graf, bei dem es mir eiskalt über den Rücken läuft. Aber es gibt ein Erkennungsmerkmal, das Zeichen des Gottes Merkur.»

«Der Stab mit den beiden Flügeln an der Spitze?»

«Ja, Ihr müsst Euch dieses Bildes bedienen, als Zeichnung, geschrieben oder in Worten ausgedrückt.»

«Wache ich oder träume ich, Fürst? Sonderbar, dass ich so selbstverständlich mein Schicksal mit dem Euren verbunden habe ... Doch beschäftigt mich noch eine weitere Frage: Was wäre geschehen, wenn ich Eure Bitte abgeschlagen hätte, weil ich durch meinen Eid dem Orden verpflichtet bin? Welche Sicherheit hättet Ihr, dass Euer Geheimnis gewahrt bliebe?»

Einen Augenblick schloss Ibn Chabut die Augen und schwieg. Dann seufzte er, hob mit einer verlegenen Bewegung die Schultern und sagte: «Ich will offen sein. Ihr habt ein Recht darauf. Ich hätte das Buch verbrannt und mir danach das Leben genommen, um nicht Aristoteles' Geheimnis auf der Folterbank preisgeben zu müssen. Außerdem könnten sie mich unter Druck setzen, indem sie sich an meiner Tochter Soleia vergreifen. Nein, Graf, wenn ich mich geirrt hätte, dann ...»

Francisco fühlte sich durch das Bekenntnis des Fürsten zu Tränen gerührt. Weil er nicht recht wusste, was er sagen sollte, nahm er Zuflucht zu der lockeren Bemerkung: «Dann habe ich jetzt Euer Leben gerettet, nachdem Ihr mich nach meiner schweren Verwundung vor dem Tode bewahrt habt. Wir sind also quitt.»

Der Fürst lächelte, sah Francisco dankbar an und fasste ihn bei den Händen. «Es wird nun Zeit, an Eure Flucht zu denken. Ihr braucht in den kommenden Wochen viel körperliche Bewegung. Ich werde mich um alles Übrige kümmern. Nochmals, Graf, heute ist ein glücklicher Tag für mich.» Vorsichtig holte Ibn Chabut einen verschnürten ledernen Beutel unter seinem Gewand hervor und sagte: «Damit Ihr ihn erkennen könnt, falls ich ihn Euch später in Eile übergeben muss.»

Die Flucht

Während Francisco auf seinem Lager vor sich hin döste, betrat Soleia den Raum, und obwohl er sich schlafend stellte, konnte er mit halb geschlossenen Augen heimlich ihren Bewegungen folgen. Sie setzte einen Korb mit Früchten ab, brachte hier und da etwas in Ordnung und blieb dann vor dem Bett stehen. Francisco schloss die Augen ganz. Er durfte sich nichts einbilden. Ach, wenn es doch nicht so viele Hindernisse gäbe! War es möglich, dass sie seine Zuneigung erwiderte?

Da er lange keine weiteren Geräusche hörte, schlug er schließlich die Augen auf und erschrak. Soleia hatte den Schleier abgelegt. Zum ersten Mal konnte er ihr Gesicht sehen. Es sah betrübt aus.

«Frau Soleia, was ist mit Euch? Sagt es mir!» Francisco hatte sich zu schnell aufgerichtet und spürte einen stechenden Schmerz in seiner Kopfwunde.

«Seht mich an! Ich möchte, dass Ihr mich nicht vergesst.» Ihre dunklen Augen waren weit geöffnet.

«Aber ...»

«Wir werden uns nie mehr wiedersehen und ... Ach, das ist schon schlimm genug.» Bei den letzten Worten hatte sich ihre Stimme verändert. Was wollte sie ihm noch sagen?

«Soleia!» Er stand auf und wollte ihre Hände ergreifen. In dem Moment hörten sie ein Geräusch. Schnell schlug Soleia den Schleier vors Gesicht.

Die Tür öffnete sich, und Ibn Chabut kam herein. Prüfend sah er sie an, und seine Pupillen verengten sich. Dann sagte er: «Ihr seid schon auf den Beinen, Graf? Das ist erfreulich, denn die Zeit Eures Aufbruchs naht.»

Verwirrt sah Francisco den Fürsten an. Das Gespräch mit Soleia war zu abrupt unterbrochen worden. «Wie soll ich entfliehen? Wie soll das geschehen?»

«Das weiß ich noch nicht, Graf, aber ich werde schon einen Weg finden. Übt nur fleißig gehen und verschafft Euch Bewegung!

Sobald ich eine Möglichkeit für Euren Aufbruch sehe, lasse ich es Euch wissen.»

Der Fürst winkte seiner Tochter und verließ mit ihr den Raum.

Während der nächsten Tage blieb Francisco allein. Keine Spur von Soleia, auch nicht von ihrem Vater. Was machten sie? Wenn sie nur eine sichere Lösung fänden! Ob Ibn Chabut etwas gemerkt hatte? Sollte er Soleia deshalb nicht mehr sehen dürfen? Und wollte er denn eigentlich weg? Ja, natürlich wollte er weg, aber gleichzeitig trauerte er um das, was er zurücklassen musste.

Es war am späten Abend. Francisco wälzte sich im Schlaf und wurde von chaotischen Traumbildern bedrängt. Mit einem Mal schreckte er aus dem Schlaf auf.

Fürst Ibn Chabut beugte sich über ihn. Er hatte Francisco unsanft wachgerüttelt. Seine Miene verriet Hast und Spannung.

«Hier, Graf», flüsterte der Fürst mit heiserer Stimme, «nehmt den Beutel. Hängt ihn Euch um den Hals und tragt ihn auf der Brust! In wenigen Minuten werdet Ihr aufbrechen. Ich muss Euch sofort wieder verlassen. Lasst es Euch gut gehen und … nochmals von ganzem Herzen Dank.»

«Ich werde immer an Euch …», begann Francisco, aber seine Worte waren in die Luft gesprochen – während er sich noch den Schlaf aus den Augen rieb, hatte Ibn Chabut das Zimmer bereits verlassen.

Auf dem Flur näherten sich laute Schritte. Schnell verbarg Francisco den Beutel unter seinem Hemd. Da erschienen in der Türöffnung vier Soldaten in rotblauen Uniformen. Diese Farben trug die Leibwache des Sultans. Waren die Pläne zur Flucht entdeckt worden? Sollte er versuchen, den Beutel hier im Zimmer zu verstecken? Der Anführer bedeutete ihm zu schweigen. Er überreichte Francisco ein Bündel Kleider: eine rote Uniformjacke, eine blaue Pluderhose, Sandalen und einen Turban. Francisco musste sich wie ein Soldat der Leibwache kleiden. Noch war er sicher.

Gleich darauf gingen sie durch die verlassenen Gänge des Palastes, eilten an einem schlafenden Wächter vorbei und standen schon draußen. Francisco fühlte die Kühle der Nacht und sah kurz zu den Sternen empor. Weiter ging es, durch Straßen und Gassen. Endlich machten sie Halt. Francisco erkannte ein kleines Tor. Die Stadtmauer! Leises Schnauben lenkte seine Aufmerksamkeit auf ein gesatteltes Pferd, das neben dem Tor angebunden war. Ein Riegel knarrte, und das Tor öffnete sich. Der Anführer nahm das Pferd am Zügel und bedeutete Francisco, ihm ins Freie zu folgen. Francisco schwang sich in den Sattel. Da er sich noch zu schnell bewegte, setzte der bohrende Kopfschmerz sogleich wieder ein. Man drückte ihm einen Brief in die Hand, den er sogleich in seiner Uniformjacke verschwinden ließ. Der Maure gab dem Pferd noch einen Klaps aufs Hinterteil und murmelte ein paar unverständliche Worte. Francisco nahm die Zügel auf und spornte das Pferd zu einem gleichmäßigen Trab an. Eine leichte Brise wehte ihm entgegen. Er war frei.

Francisco war so sehr in Gedanken versunken, dass er das Geraschel neben sich am Wegrand nicht wahrnahm.

«Halt!», befahl eine laute Stimme.

Im nächsten Augenblick stürzte er vom Pferd. Zwei Soldaten hatten ihre Lanzen unmittelbar vor ihm gekreuzt, so dass er direkt darauf zugeritten war. Eine der Waffen hatte seinen Rock aufgerissen.

«Francisco d'Almeida, Befehlshaber des portugiesischen Regiments», sagte er schnell auf Spanisch.

«Oberst d'Almeida», hörte er einen überraschten Ausruf in seiner Muttersprache, «Ihr seid zurückgekommen!»

Einer der Wachtposten schlug mit der Zunderbüchse Feuer, und Francisco sah in dem aufflackernden Schein einer Fackel die Uniformen der Männer. Portugiesen! Erleichtert atmete er auf.

«Bringt mich zu eurem Kommandanten, Freunde!»

«Mit Vergnügen, Oberst. In Vertretung für Euch ist ein neuer Befehlshaber aus Lissabon gekommen.»

Die Soldaten führten ihn über schmale Wege, hier und dort eine Parole rufend, wenn sie angehalten wurden. Nach nicht allzu langer Zeit erreichten sie das Lager. Im Zelt des Kommandanten brannte noch Licht. «Francisco d'Almeida! Als Maure gekleidet!»

In dem spärlich erleuchteten Zelt saßen ein paar Gestalten um einen Tisch herum. Francisco erkannte seine Stabsoffiziere. Unter lautem Freudengeschrei sprangen sie auf.

«Graf d'Almeida, dem Himmel sei gedankt, Euch gesund und wohlauf wieder bei uns zu sehen!»

Sogar der neue Befehlshaber war aufgestanden. Francisco kannte ihn gut. Es war Brás da Silva. Wie alle da Silvas gehörte auch er dem Orden des Heiligen Jakob an. Francisco hatte ihn nie besonders gemocht; immer war er auf seinen Vorteil bedacht.

«Sieh da, Francisco, dich hätten wir vorläufig noch nicht erwartet. Deshalb hat man mich auf deinen Platz gesetzt. Aber welch ein Glück, dass du mit heiler Haut davongekommen bist. Wie bist du entkommen? Und die Risse in deiner Kleidung?»

Unwillkürlich tastete Francisco nach dem ledernen Beutel. Seine Hand fand den Brief, den er weggesteckt hatte. Der Beutel war gut verdeckt. «Ich wurde von meinen Landsleuten aufgehalten und unsanft behandelt. Das hat meine neue Kleidung nicht gut überstanden.»

Um keinen Argwohn zu erwecken, erschien es Francisco besser zu sein, den Brief sofort zu öffnen.

Lieber Graf d'Almeida!

Die vermeintlichen Soldaten der Hofgarde sind mir treu ergeben.

Dem Sultan werden wir sagen, dass die Wächter seiner Garde mit dem Geld, das Ihr mir entwendet habt, von Euch bestochen wurden. Verschweigt die Wahrheit. Der Sultan hat überall seine Handlanger, sogar in Eurer Heeresleitung. Vernichtet diesen Brief und widmet Euch Eurem Auftrag.

Meine Tochter Soleia lässt Euch herzlich grüßen; sie lässt Euch wissen, dass ihre Gedanken Euch auf Eurem schwierigen Weg begleiten werden.

Euer Ibn Chabut

Soleia ließ ihn grüßen …

Francisco hatte Mühe, ein Lächeln zu unterdrücken. Mit harmloser Miene schaute er auf, blickte in die neugierigen Gesichter und sagte: «Es ist nichts Besonderes. Ein persönlicher Brief der Person, die mir zur Flucht verholfen hat.»

Zum allgemeinen Erstaunen ging er auf eine brennende Kerze zu und verbrannte den Brief. Die verkohlten Reste zerrieb er unter dem Fuß.

«Wahrscheinlich ein Liebesbrief», sagte da Silva spöttisch, «erst himmelhoch jauchzend dreinblicken und ihn dann verbrennen. Was hast du da in Granada getrieben? Vielleicht eine Prinzessin betört?»

Die Männer lachten. Francisco lachte mit, ohne jedoch zu antworten.

«Erzählt mal», sagte Francisco, um dem Gespräch eine andere Wendung zu geben, «was ist eigentlich passiert, nachdem die Mauren mich gefasst hatten?»

«Sie haben uns umzingelt und festgehalten, bis König Ferdinand zwanzig Lastpferde mit Gold schickte, mit denen er uns freikaufen konnte. Das dauerte einige Tage.»

«Dieser Boabdil ist ein Teufel», sagte ein anderer, «wie der uns an der Nase herumgeführt hat.»

«Ja, man könnte fast meinen, dass er unsere Pläne gekannt hatte», bemerkte ein Dritter.

«Was hast du für Pläne?», fragte da Silva.

«Vorläufig bin ich noch zu sehr geschwächt, um meinen Posten wieder einzunehmen. Ich muss erst wieder zu Kräften kommen, irgendwo, weit weg von hier, wo ich Ruhe finden kann. Deshalb werde ich dem König schreiben und ihn bitten, dir das Kommando zu übertragen. Ist dir das recht, Brás?»

Da Silva gab sich keine Mühe, seine Erleichterung zu verbergen, so stolz war er auf seinen vor kurzem erworbenen Rang.

«Natürlich, Francisco, dir zu Gefallen. Aber kann ich dich noch unter vier Augen sprechen? Ich habe noch ein paar Fragen.»

Da Silva wollte ihn also allein sprechen.

Gleich darauf standen sie draußen. Mit leiser Stimme sagte da Silva: «Francisco, sowie du in Gefangenschaft geraten warst, hat sich der Orden dafür eingesetzt, dir zu helfen. Unsere Kundschafter berichteten, dass du dich in der Obhut eines hohen Fürsten befandest, der zudem noch ein hervorragender Gelehrter ist.»

Oh, ist der Orden schon im Bilde, dachte Francisco erschrocken. «Ich weiß wirklich nicht, wer meine Betreuer waren. Meistens war da eine verschleierte Frau, und manchmal kam ein alter Arzt. Ich kann mir nicht denken, dass er ein besonderer Gelehrter ist, aber er hat mir das Leben gerettet.»

«Erzähl mal, wie bist du eigentlich entkommen?»

«Es gelang mir, den Geldbeutel des Arztes zu entwenden. Er war so gut gefüllt, dass ich mit Hilfe der Frau die Wache bestechen konnte.»

«Und der Brief, den du soeben verbrannt hast?»

«Die Frau, die mich versorgte, hatte sich in mich verliebt, und ihre Helfershelfer gaben mir den Brief, als ich Granada verließ. Ich hatte vorher keine Gelegenheit gehabt, ihn zu lesen.»

«Also doch ein Liebesbrief», grinste da Silva. «Lass nur deine Frau nichts davon merken! Komm, bevor es Morgen wird, müssen wir noch ein wenig schlafen. Dann sehen wir weiter.»

«Morgen reise ich sofort weiter. Sei so gut, mir bis Madrid ein Geleit zu verschaffen.»

«Warum diese Hast?»

«Ich brauche noch viel Ruhe, die ich hier nicht finden kann.»

«Glaubst du, den Strapazen dieser Reise schon gewachsen zu sein?»

«Ich muss es versuchen.»

«Wie du willst, Francisco.»

«Wer da?», fragte der Torwächter.

Francisco und sein kleines Gefolge hielten vor dem Haupttor der Stadt Madrid an. Nachdem der Torwächter Franciscos Reisepapiere überprüft hatte, nahm er Haltung an. «Ihr könnt passieren, edler Herr.»

«Sag mir, Soldat, wo finde ich die beste Herberge?»

Ein Offizier, der Franciscos Frage gehört hatte, kam herbei. «Euer Name, Herr, wenn ich fragen darf?»

«Graf Francisco d'Almeida, im Dienst Seiner Majestät König Ferdinand und Ihrer Majestät Königin Isabella.»

«Willkommen in Madrid, Graf d'Almeida. Folgt mir, ich führe Euch.»

Kurz darauf streckte sich Francisco auf einem breiten, mit Damast bezogenen Bett aus, zu müde, um erst noch die Kleider auszuziehen.

Es war bereits später Vormittag, als Francisco langsam erwachte. Draußen vernahm er Stimmen und Wagengeratter. Ich muss lange geschlafen haben, dachte Francisco, und mein Kopf ist schwer. Er gähnte und rieb sich die Augen. Oh, ich hab' mich gar nicht ausgezogen! Er gähnte noch einmal und bestellte dann das Frühstück.

Auf dem Silbertablett sah er zu seiner Überraschung einen Brief liegen. Wer könnte ihm geschrieben haben? Die Neuigkeit seiner Ankunft in Madrid konnte sich doch noch nicht herumgesprochen haben. Der Brief trug das Siegel des spanischen Königshofes. Er hatte dem Wachoffizier seinen Namen genannt. Er oder der Wirt, einer von beiden musste seine Ankunft der königlichen Kanzlei gemeldet haben. Mit dem auf dem Tablett bereitliegenden Brieföffner schnitt Francisco den Brief auf. Was wollte man von ihm?

Rasch überflog er die Zeilen. König Ferdinand und Königin Isabella hatten von seiner Gefangenschaft gehört und wünschten ihn zu empfangen. Sie wollten hören, wie es ihm ergangen war. Noch am selben Nachmittag sollte Francisco vor dem Fürstenpaar erscheinen. Ob der Graf die Güte habe … und so weiter.

Das Fürstenpaar kennen lernen, das wollte er schon lange! Noch dazu war es eine gute Gelegenheit, um seinen Aufenthalt in Santiago zu regeln …

«Graf d'Almeida, es freut uns, Euch hier lebend und gesund vor uns zu sehen», sprach Königin Isabella, nachdem die ersten Begrüßungsworte gewechselt waren.

«Ja gewiss», fügte König Ferdinand hinzu, «und wir würden gerne hören, wie es Euch ergangen ist. Erzählt, wenn es Euch nicht zu sehr ermüdet, denn Ihr werdet zweifellos viel Schlimmes erlebt haben.»

«Ja, edler Fürst, nur mit knapper Not bin ich mit dem Leben davongekommen. Aber hört meine Geschichte!»

Francisco vermied es peinlichst, die Namen Ibn Chabut oder Soleia zu nennen. «Von dem Ausfall der Mauren, der für die Unsrigen so verhängnisvoll war, wisst Ihr. Als der Kampf begann, war ich gerade dabei …»

Während Francisco weiter erzählte, musterte er das Fürstenpaar. Nach seiner Schätzung musste Königin Isabella ungefähr in seinem Alter sein. Sie war weder groß noch klein. Hellblondes, lockiges Haar umrahmte ein fein geschnittenes Gesicht. Ihre Augen waren blaugrün. Die Königin strahlte eine natürliche Würde aus. Schon oft hatte Francisco Isabellas Charakter rühmen hören. Sie konnte unermüdlich arbeiten, war wahrheitsliebend und blieb einem einmal gegebenen Wort treu. Die erste Frau des Landes hatte ein gütiges Herz. Dennoch war ihre Wut sehr gefürchtet. Wehe dem, der sich ihren Zorn zuzog! Die Königin schien sehr beherrscht zu sein, aber unter ihrer Liebenswürdigkeit konnte man einen Vulkan vermuten.

«Und weiter, Graf d'Almeida, wie ist Eure Flucht verlaufen?», fragte König Ferdinand.

«Nun, Sire, ich lag noch immer auf meinem Krankenbett …»

Auch Ferdinand war etwa im selben Alter. Er war kaum größer als seine Gemahlin und hatte kräftiges, glattes Haar. Er wirkte ruhig und ausgeglichen. Seine vortrefflichen Eigenschaften als Feldherr brachten ihm viel Ruhm ein. Aber jeder wusste, dass Ferdinand bei wichtigen Entscheidungen immer den Rat der Königin einholte, die ihn wahrscheinlich an Verstand und Einblick übertraf. Sie sind wie füreinander geschaffen, dachte Francisco. Gemeinsam können sie Berge versetzen.

«Wir dürfen von Glück sprechen, Graf d'Almeida», sagte König Ferdinand, als Francisco seine Geschichte zu Ende erzählt hatte. «Wenn Ihr nicht auf so geschickte Weise entkommen wäret, hätte Sultan Boabdil zweifellos ein hohes Lösegeld gefordert. Und nach den zwanzig Wagenladungen Gold, die er mir schon abgehandelt hat, ist meine Staatskasse nahezu erschöpft», fügte er lachend hinzu.

Es imponierte Francisco, dass der König das ohne Verbitterung sagte.

«Aber wir hätten Euch bestimmt nicht im Stich gelassen», ergänzte Königin Isabella und sah Francisco eindringlich an.

«Wir haben einen schweren Kampf gegen die Mauren zu führen», seufzte König Ferdinand, «wann wird er endlich zu Ende sein? Wir haben in den letzten Jahren Fortschritte erzielt, aber Granada … Und doch werden wir die Festung erobern und die Ungläubigen vor uns her ins Meer treiben.» Sein Gesichtsausdruck verhärtete sich. «Sie haben unser Land schon allzu lange im Griff. Wir müssen sie ausrotten, notfalls bis zum letzten Mann.»

«Leider ja, es wird nötig sein», sagte Francisco mit beklommener Stimme.

«Was meint Ihr mit leider?», fragte Königin Isabella. «Es klingt, als würde es Euch ans Herz gehen, gegen die Mauren zu kämpfen. Ist es so?»

Mit einem wehmütigen Lächeln antwortete Francisco: «Ja, edle Fürstin. Ich habe unter den Mauren Menschen von hoher Gesinnung kennen gelernt. Mich bedrückt der gegenseitige Hass. Leider ist er so tief verwurzelt, dass nur das Schwert eine Entscheidung herbeiführen kann.»

«Wir verstehen Euch, Graf d'Almeida», sagte die Königin leise, «aber es ist nun einmal nicht anders.» Sie schwiegen nachdenklich. Schließlich unterbrach Königin Isabella die Stille: «Wie fühlt Ihr Euch jetzt, mein lieber Graf?» Sie sah ihn aufmerksam an. «Ihr seht müde aus, Ihr solltet Euch genügend Zeit lassen, um zu genesen.»

«Das ist auch meine Absicht, edle Fürstin», antwortete Francisco, und er war dankbar über ihre Fürsorge.

«Wir stehen in Eurer Schuld und sehen es als unsere Pflicht an, Euch eine gute Bleibe zu verschaffen», fuhr sie fort. «Ihr habt schließlich in unseren Diensten gekämpft. Wäre Euch ein Jagdschloss recht?»

«Habt bitte Verständnis! Ich wäre gerne in der Nähe einer guten Bibliothek, um zur Abwechslung etwas lesen zu können.»

«Aber dann ist es ja ganz einfach», sagte König Ferdinand in herzlichem Ton. «Ihr gehört doch dem portugiesischen Orden des Heiligen Jakob vom Schwerte an. Warum geht Ihr nicht nach Santiago de Compostela, wo Euer Orden gegründet worden ist? Euer spanischer Bruderorden verfügt dort über ein großes Haus, und in der Universität befindet sich eine der berühmtesten Bibliotheken.»

Francisco nickte zustimmend, ein Lächeln spielte um seinen Mund.

Während er sich zur Herberge zurückbringen ließ, hing er seinen Gedanken nach. Vorläufig war alles gut gegangen. Jetzt musste er nur noch an Claudia schreiben. Leider war er gezwungen, um den heißen Brei herumzureden. Ganz abgesehen von den heimlichen Gefühlen für Soleia, konnte er Claudia nicht ins Vertrauen ziehen. Dafür stand zu viel auf dem Spiel. Und so wie zwischen Ferdinand und Isabella, nein, so würde es zwischen ihm und Claudia nie werden …

Der Fremde aus dem Norden

Die Schrift über die schwarze Kunst

Bald nach dem Besuch bei Ferdinand und Isabella reiste Francisco weiter in die nördlich von Portugal gelegene, dem Apostel Jakobus geweihte Stadt Santiago de Compostela. Als Ritter des portugiesischen Ordens des Heiligen Jakob vom Schwerte wurde Francisco in dem Ordenshaus herzlich willkommen geheißen. Hier, weit weg von allen Problemen des portugiesischen Hofes, konnte Francisco wieder gesund werden und überlegen, was mit der Schrift, die Ibn Chabut ihm gegeben hatte, weiter geschehen sollte. Der Gedanke an diesen kostbaren Schatz ging ihm fortwährend durch den Kopf.

Auf langen Spaziergängen durchforschte Francisco die Stadt und sah sich überall um: in der erstaunlich großen Kathedrale mit dem Pfeiler, auf den die Pilger ihre Hand legten, auf dem imposanten viereckigen Platz davor, in den vielen dunklen Galerien, in den Kirchen, Hinterhöfen, Parks und in den Nischen der Stadtwälle – bei jedem nur annähernd auffälligen Platz suchte er nach dem Abgesandten, den er hier treffen sollte.

Nachdem er sich wochenlang vergeblich nach ihm umgeschaut hatte, ging Francisco in die Bibliothek der Universität. In den Universitätsgebäuden begegneten sich Menschen aus aller Welt. Francisco überlegte: Wenn er nun Abgesandter wäre, würde er da nicht auch die Universität als den geeigneten Ort wählen? Überdies würde er in dieser großen Bibliothek wahrscheinlich Schriften finden, die etwas über die Werkstätten der Alchimisten aussagten. So konnte er die Zeit nützen und seine Kenntnisse in der Alchimie erweitern. Wie er gehört hatte, sollte hier beinahe alles Wissen der Welt zusammengetragen sein.

Tag für Tag hielt Francisco sich in den Lesesälen der Universität auf und las eine Schrift nach der anderen. Mit dem Werk des Aristoteles konnte er trotz seiner umfassenden Bildung wenig anfangen. Dafür hätte er auf dem Gebiet der Philosophie besser geschult sein müssen.

Schließlich schien er doch etwas gefunden zu haben – «Über die schwarze Kunst» hieß die alte Schrift, die von einer geheimnisvollen Wissenschaft handelte, von den Künsten der Magier. Auf der ersten Seite wurde der Leser gewarnt, sich vor solchen Zaubereien, die das Tageslicht scheuen mussten, zu hüten. Aber es ging hier um die Kunst der Alchimie, und das war wichtig! Von klein auf hatte Francisco Geschichten über die Alchimisten gehört. Die römische Kirche behauptete, sie versuchten, mit Hilfe des Satans Gold herzustellen, und hatte sie deshalb mit dem Bann belegt. Wer als Alchimist entlarvt wurde, kam unwiderruflich auf den Scheiterhaufen. Francisco konnte sich jedoch gut vorstellen, dass es Menschen gab, die der Kirche trotzten und es wagten, heimlich eine Werkstatt, so wie sie in diesem Buch beschrieben war, einzurichten – mit Werkbänken, Töpfen und Pfannen, mit farbigen Flüssigkeiten, die in gläsernen Kolben brodelten. In dem Buch stand auch, dass die Alchimisten ihre heimlichen Praktiken vor allem im Norden, in den deutschsprachigen Ländern, betrieben.

Francisco hielt es für eine merkwürdige Schrift. Einerseits wurde die Alchimie als schlecht und verdorben angeprangert, andererseits waren die Werkstätten überaus anschaulich beschrieben. Vielleicht war der Autor ein Befürworter der Alchimie, der nur mit Hölle und Verdammnis drohte, um dem Bannfluch der Kirche zu entgehen. Jedenfalls gaben die Texte viele Rätsel auf. Wahrscheinlich musste man noch viel mehr wissen, um alles richtig verstehen zu können.

Eines Tages hatte Francisco die Schrift wieder mit in den Lesesaal genommen. Er wollte sie noch einmal genau studieren. Während er lesend am Tisch saß, kam jemand und nahm ihm gegenüber Platz. Francisco blickte auf. Es war ein älterer Mönch, dessen kleine Gestalt sich in der viel zu großen Kutte beinahe verlor. Sein Gesicht war von Wind und Wetter gezeichnet. Der Mönch sah Francisco kurz und prüfend an. Dann nahm er ein Buch von einem Stapel und begann zu lesen. Francisco konzentrierte sich wieder auf sein Studium. Mit einem Mal wurde er durch ein kratzendes Geräusch, dem ein ärgerliches Gemurmel folgte, abgelenkt. Verdrossen untersuchte der Mönch den Schaft seines Federkiels.

«Habt Ihr vielleicht ein Federmesser bei Euch, Herr? Ich habe meines vergessen», wandte er sich an Francisco. Er hatte eine helle, wohlklingende Stimme, aber sein Spanisch war nicht akzentfrei.

«Leider, ehrwürdiger Bruder, habe ich kein Schreibgerät bei mir.»

«Dann muss ich mir mein Messer holen.»

Francisco sah ihm nach und vertiefte sich wieder in sein Buch.

Nach einer Weile kam der Mönch zurück. Er nickte Francisco freundlich zu: «Ein heißer Tag, nicht wahr?»

«Ja, Bruder, aber hier ist es angenehm kühl», antwortete Francisco, der das anstrengende Studium gerne für ein Gespräch unterbrechen wollte.

«Seid Ihr ein Einwohner dieser Stadt, Herr?»

«Nein, Bruder, ich bin Portugiese. Aber da Ihr danach fragt: Ihr seid auch kein Spanier. Stimmt's?»

«Nein, Herr, ich komme aus dem Norden.»

Francisco horchte auf. «Von wo, wenn ich fragen darf?»

«Mein Leben lang bin ich im Norden umhergestreift, von einem Land zum anderen; deshalb kann ich keines davon als meine Heimat bezeichnen.»

«Ihr sprecht die spanische Sprache außerordentlich gut, Bruder.»

«Ach, Herr, für den, der Latein beherrscht, ist sie nicht schwer zu erlernen.»

«Seid Ihr schon lange hier in Santiago?»

«Ungefähr ein Jahr.» Beide schwiegen einen Augenblick. Dann fuhr der Mönch fort: «Diese Bibliothek ist gut ausgerüstet, findet Ihr nicht auch?»

«Man sagt, sie sei eine der besten der Welt. Was interessiert Euch im Besonderen?»

«Philosophische und theologische Schriften, Herr. Es gibt hier so viele, dass es noch Jahre dauern wird, bis ich alle gelesen habe. Und Ihr? Womit beschäftigt Ihr Euch?»

«Ich habe hier etwas über die Alchimie. Ein spannendes Buch.»

«Alchimie», sagte der Mönch, «das ist sicher interessant.»

«Kennt Ihr Euch darin vielleicht aus, Bruder?»

«Ein wenig. Es ist ein schwieriger Stoff, der leicht verkehrt aufgefasst werden kann. Aber ich werde Euch nicht länger stören, Herr, wir haben zweifellos beide noch viel zu tun.»

Francisco wollte noch einwenden, dass der andere ihn nicht störe, aber der Mönch hatte sich schon abgewandt. Schnell bewegte sich seine Feder über das Blatt. Francisco schaute wieder in sein Buch, aber seine Gedanken schweiften ab. Wer war dieser Mann? Verstohlen schaute er zu dem Mönch hinüber. Nach einiger Zeit packte dieser seine Sachen und erhob sich.

«Auf Wiedersehen, Herr, wir werden uns hier noch öfter treffen.»

«Mit Vergnügen, Bruder, morgen bin ich wieder da», antwortete Francisco mit einigem Nachdruck.

Bruder Valentinus

«Gott sei mit Euch, edler Herr. Seid Ihr schon wieder in Eure Studien vertieft?»

Mit drei Büchern und einer Pergamentrolle unter dem Arm hatte der Mönch den Lesesaal betreten und nahm seinen Platz wieder ein.

«Seid gegrüßt, ehrwürdiger Bruder, ich habe mich aus der Hitze draußen in diese kühlen Räume zurückgezogen.»

Francisco freute sich, dass der Mönch gekommen war, und bedauerte gleichzeitig, dass sie dieses Mal nicht allein an dem großen Tisch saßen. Als er an diesem Morgen den Saal betreten hatte, war schon jemand da. Ohne ein Wort miteinander zu wechseln, hatten Francisco und der Unbekannte sich mit ihren Studien beschäftigt.

«Gott gebe auch Euch einen guten Tag, Herr», wandte sich der Mönch an den Mann.

«Euch auch, Bruder Valentinus», brummte dieser als Antwort.

Bruder Valentinus, wiederholte Francisco unhörbar. Schade, sie würden ihr Gespräch nicht fortsetzen können. Im Beisein des anderen wollte Francisco nicht über Alchimie sprechen, und gerade darüber hatte er Bruder Valentinus noch einiges fragen wollen. Der Mönch schien ähnlich zu denken. Zumindest arbeitete er eifrig, ohne ein Wort zu sagen. So vergingen etwa zwei Stunden. Plötzlich sahen Francisco und Bruder Valentinus gleichzeitig auf. Der Mönch warf ihm einen Blick des Einverständnisses zu und deutete durch eine kurze Gebärde an, ihm zu folgen. Daraufhin stand er auf und verließ den Raum. Francisco wartete einen Moment, schob dann seinen Stuhl zurück und ging dem anderen hinterher. Das Buch «Über die schwarze Kunst» nahm er mit, niemand brauchte zu sehen, was er las. Im Flur sah er den Mönch langsam vorausgehen. Francisco beschleunigte seinen Schritt.

«Nun, Herr», sagte der Bruder, als Francisco ihn eingeholt hatte, «was haltet Ihr von einem kurzen Spaziergang durch den Park? Dabei könnten wir unsere Bekanntschaft fortsetzen.»

«Es wird mir ein Vergnügen sein, Bruder Valentinus.»

«Ihr habt soeben meinen Namen gehört», sagte der Mönch lächelnd.

«Mein Name ist d'Almeida, Graf Francisco d'Almeida.»

«Angenehm, Graf. Hier entlang, bitte.»

Etwa zehn Minuten später schritten sie durch den Park, der sich außerhalb der Stadtmauern befand. Francisco nahm den Duft von Akazien und Oleanderbüschen tief in sich auf.

«Wir können uns dort hinsetzen», sagte Bruder Valentinus und zeigte auf eine steinerne Bank.

Sie setzten sich in den Schatten einer großen Eiche und lauschten dem Gurren der Tauben über ihnen. An den Laubengängen blühten Rosen. Insekten tanzten und schwirrten umher.

«Beschäftigt Ihr Euch noch immer mit der Alchimie?», fragte Bruder Valentinus.

«Ja, noch immer.»

«Ihr studiert es gründlich, nicht wahr?»

«Es ist nicht einfach.»

«Ich weiß, ich habe es auch studiert.»

Überrascht sah Francisco den anderen an. «Ihr kennt das Buch?»

«Ja, ich glaubte es schon zu erkennen, als ich Euch das erste Mal darin lesen sah.» In den Augen des Mönchs erschien ein Glitzern.

Francisco erkannte die Chance. Jetzt konnte er vielleicht dahinter kommen, wer dieser Mönch aus dem Norden war. «Gerne würde ich das eine oder andere mit Euch besprechen, wenn es nicht zu viel verlangt ist.»

«Natürlich, warum nicht», antwortete Bruder Valentinus freundlich. «Aber sagt mir zuvor, Graf d'Almeida, woher kommt Euer tiefgreifendes Interesse? Als Ihr gestern davon erzähltet, schien es mir so, als wäret Ihr mehr oder weniger zufällig auf diesen Text gestoßen.»

«Man hört so viele Geschichten über die wundersame Goldsuche, dass ich gerne mehr darüber wissen wollte. Aber das Buch hat mich gelehrt, dass die Kunst der Alchimie viel mehr umfasst als nur das Suchen nach dem irdischen Gold. Eine der Fragen, die ich Euch stellen möchte, ist dann auch: Was hat die Kirche eigentlich dagegen? Ihr, als Diener der Kirche, könnt mir das vielleicht erklären.»

Bruder Valentinus ging nicht direkt auf Franciscos Frage ein. Er machte ein nachdenkliches Gesicht und sagte: «Darüber können wir das nächste Mal sprechen. Nehmt es mir nicht übel, Graf, aber dafür fehlt mir heute die Zeit. Eure Frage beinhaltet sehr viel.»

Schade, dachte Francisco. War es Einbildung, oder spürte er bei dem Mönch plötzlich eine gewisse Zurückhaltung? Immerhin hatte er ihm versprochen, darauf zurückzukommen.

«Vielleicht darf ich Euch etwas fragen.»

«Selbstverständlich, ehrwürdiger Bruder.»

«Gut, was hat Euch als Portugiese hierher geführt?»

«Ich bin wegen meiner Genesung hier. Ihr habt wohl von dem Angriff auf Granada gehört?»

«Wart Ihr dabei?»

«Ich habe eine Kopfwunde davongetragen.»

«Wart Ihr in Lebensgefahr?»

«Ja. Ein maurischer Arzt hat mich wieder auf die Beine gebracht.»

«Ein maurischer Arzt, sagt Ihr?»

«Nach meiner Verwundung bin ich in Gefangenschaft geraten.»

«So, Ihr habt unter den Mauren gelebt. Interessant ... Und habt Ihr dort besondere Erfahrungen gemacht?»

«Ich hatte eine überraschend gute Pflege, das muss ich sagen.»

«Ja, Graf, nicht alle Mauren sind so übel, wie unsere Glaubensgenossen behaupten. Aber gut», beendete Bruder Valentinus das Gespräch, «dabei muss ich es leider belassen. Morgen werde ich nicht da sein. Sehen wir uns vielleicht übermorgen?»

Francisco nickte zustimmend. «Bis übermorgen, Bruder, im Lesesaal.»

Die Alchimisten

Zwei Tage später saßen Francisco und Bruder Valentinus wieder unter der Eiche.

«Bruder Valentinus, wer ist eigentlich der Mann, dessen Gegenwart eine Unterhaltung im Lesesaal nicht zuließ? Ihr scheint ihn zu kennen.»

«Ein Landsmann von Euch, ich glaube aus Lissabon. Auch er studiert hier die philosophischen und theologischen Schriften. Was ich Euch übrigens fragen wollte, Graf: Seid Ihr vielleicht auch wegen der Bibliothek für die Zeit Eurer Genesung hierher gekommen?»

«Das war einer der Gründe, Bruder. Wieso?»

«Nun, Ihr zeigt Interesse für Alchimie, und es gibt keine andere Bibliothek, in der sich so viele gute Publikationen über Alchimie befinden wie hier, jedenfalls nicht in unseren christlichen Landen; nur die maurischen Universitäten verfügen über mehr.»

Wie konnte der Bruder das wissen, fragte sich Francisco. Wenn er selbst es nicht von Ibn Chabut erfahren hätte, würde er davon keine blasse Ahnung haben. Wirklich, Bruder Valentinus war eine interessante Persönlichkeit.

«Wisst Ihr, Bruder, die Alchimie ... Um sie wirklich zu ergründen, muss man sich gut darin auskennen. Die Geschichten über dieses geheimnisvolle Getue in verborgenen Werkstätten, mit Explosionen, dem fieberhaften Suchen nach der Formel für die Herstellung von Gold – solche Erzählungen sind nur allzu bekannt. Was ich hören möchte, ist, was die Alchimisten über ihre Absichten sagen.»

«Tja, dafür muss man natürlich selbst Alchimist sein.» Nach kurzem Schweigen fuhr er fort: «Und weil es mich ebenso sehr interessiert wie Euch, habe ich im Laufe der Jahre viel darüber gelesen und nachgedacht. Und schon bald wurde mir klar, dass es dem wahren Alchimisten nicht darum zu tun ist, irdischen Reichtum wie Gold zu erwerben. Das ist unsinniger Volksglaube, genährt von Abenteurern und Betrügern, die die Alchimie durch ihre Gier nach Gold in Verruf bringen. Nein, die wahre Kunst des Hermes ...»

Hörte Francisco richtig? Hermes! Der alte griechische Name für Merkur! Es konnte natürlich auch Zufall sein, weil man den Gott Merkur offenbar oft mit der Alchimie in Verbindung brachte. Es wurde immer spannender. Francisco musste sich konzentrieren, um Bruder Valentinus' Worten wieder folgen zu können.

«... betrifft mehr das Innere. Die Alchimisten sagen: Wenn Gott die Erde und ihre Stoffe erschaffen hat, dann ist Er auch in den Steinen, den Erzen und in den Mineralien zu finden. Wie die früheren Weisen in den Sternen lasen, so lesen die Alchimisten in den Kristallen und in den irdischen Stoffen. Während sie in ihren Werkstätten herausfinden, wie sich Stoffe miteinander verbinden und wieder auflösen können, entdecken sie die Gesetze, die der Schöpfer der Natur gegeben hat. Und zugleich entdecken die Alchimisten dabei ihr eigenes Wesen.»

Francisco dachte sogleich an die Menschen-Alchimie des Aristoteles. Hier musste er anknüpfen. «Bruder, soll das heißen, dass alchimistische Stoffe etwas mit den Menschen und ihrem Charakter zu tun hätten? Das scheint mir sehr interessant zu sein.»

«Ja. Wer zum Beispiel gewisse Stoffe läutert, das heißt von Verunreinigung befreit, und diesen Prozess mit Ehrfurcht und Aufmerksamkeit betrachtet, erfährt auch eine Läuterung: Er wird von charakterlichen Schwächen wie Egoismus und Habsucht befreit.»

Francisco nickte verstehend. «Alchimie betreiben ist also auch eine fromme Tat, nicht wahr?»

«Das kann man wohl sagen, Graf.»

Francisco wollte noch etwas über die Methode der Experimente erfahren, doch er bemerkte, dass Bruder Valentinus unruhig wurde. «Was ist, Bruder, wollt Ihr während unseres Gesprächs lieber spazieren gehen?»

«Nein, Graf, das ist es nicht. Mit Eurer Erlaubnis, ich möchte unsere Unterhaltung jetzt gerne beenden.»

«Natürlich, wie Ihr wünscht», sagte Francisco, sichtbar enttäuscht darüber, dass der Mönch das Gespräch wie beim vorigen Mal so schnell abbrach. «Aber können wir es denn morgen fortsetzen?»

«Heute ist Mittwoch. Würde es Euch am Montag passen?»

«Wann immer Ihr wollt, Bruder.»

Es war Montag Mittag. Francisco und Bruder Valentinus hatten dieses Mal eine Bank am Rande des Parks aufgesucht, wo sie unbeobachtet sitzen konnten.

«Bruder, was ich Euch fragen möchte: Wie kommt es, dass Ihr über die Kunst der Alchimie so vortrefflich Bescheid wisst? Ihr seid ein Geistlicher, ein Diener der Kirche, und man erwartet doch von Euch, dass Ihr die Alchimisten verfolgt. Ihr scheint sie eher zu schützen.»

Bruder Valentinus lächelte. «Ihr habt mich doch gebeten, alles so zu erklären, wie es ein Alchimist tun würde.»

«Ihr habt Recht», sagte Francisco und lächelte ebenfalls, «aber dennoch – Ihr könnt euch sehr gut in ihre Lage versetzen. Eine gewisse Sympathie für die Alchimie ist Euch anzumerken.»

Bruder Valentinus antwortete nicht direkt. Sein Lächeln war verschwunden. Ernst und aufmerksam sah er Francisco an. «Denkt Ihr, dass ich auch ein Anhänger der Alchimie bin, Graf?»

«Ja, Bruder, Ihr habt meine Gedanken erraten.»

«Das haben auch schon andere gedacht», sagte Valentinus leise. «Ich weiß tatsächlich viel davon. Aber wie Ihr seht, trage ich noch immer das Kleid der Kirche.»

Francisco fühlte, dass er sein Vertrauen noch nicht ganz gewonnen hatte. Wie konnte Bruder Valentinus, falls er tatsächlich Alchimist war, mit jemand anderem darüber sprechen, ohne Gefahr zu laufen, verraten zu werden? Jetzt musste Francisco den ersten Schritt wagen. Doch wie viel konnte er noch von seinem Geheimnis preisgeben, ohne genau zu wissen, wer dieser Mann war?

Bruder Valentinus unterbrach seine Gedanken mit einem Räuspern: «Was ich noch sagen wollte, Graf, die Alchimisten, die nach dem inneren Gold suchen, sind zur Zeit traurig gestimmt. Es scheint ihnen etwas zu fehlen.»

«Wieso, ehrwürdiger Bruder, was könnte das sein?»

«Man sagt, sie hätten einen toten Punkt zu überwinden. Es soll nur eine dünne Wand sein, die sie von der inneren Erleuchtung trennt, aber ohne eine bestimmte Hilfe kommen sie nicht hindurch. Etwas, eine gewisse Kenntnis fehlt ihnen noch.»

Bruder Valentinus hatte unterdessen einen spitzen Zweig aufgehoben und zeichnete fast spielerisch, doch sehr genau, Linien in den festgetretenen Boden vor der Bank. Francisco wurde von einem Schauder gepackt – dort, auf dem Boden, erschien der geflügelte Stab des Hermes oder Mercurius!

Unwillkürlich kamen ihm Tränen, und die Freude schnürte ihm die Kehle zusammen. Aber jetzt war er am Zug. Und es galt, in der richtigen Weise zu handeln.

«Ihr zeichnet gerade den Merkurstab, den Ihr schon vorher im Zusammenhang mit der Alchimie erwähnt habt. Wie ich weiß, ist Merkur auch der Gott des Handels und steht für die Kraft, die es den Menschen ermöglicht, in Harmonie miteinander zu leben. Wenn ich zum Beispiel daran denke, wie gut ich von dem maurischen Arzt, einem Mann von hohem Adel, versorgt worden bin und wie wir dabei trotz unseres verschiedenen Glaubens Freundschaft miteinander schließen konnten, dann denke ich an Merkur.»

«Graf d'Almeida!» Die Stimme klang leise, aber eindringlich. «Seid Ihr unter Merkurs Zeichen von Granada hierher gereist?»

«So könnte man es nennen, Bruder Valentinus.»

«Merkur ist zugleich der Götterbote. Habt Ihr vielleicht auch eine Botschaft?»

Es war nur noch eine dünne Haut, die sie voneinander trennte. Beinahe fühlte sich Francisco, wenn auch auf eine ganz andere Weise, dem Bruder Valentinus so nahe wie seinerzeit dem Fürsten Ibn Chabut. Jetzt oder nie – es galt, dieses letzte Häutchen zu durchstechen ...

«Ja, ich bin unter dem Zeichen des Merkurs mit einer Botschaft meines maurischen Freundes nach Santiago gekommen.»

Die Atmosphäre war bis zum Äußersten gespannt.

«A... Aristoteles, Graf?»

«Der Meister des Nordens, Bruder?»

Mit einem tiefen Seufzer atmete Bruder Valentinus erleichtert auf. Er umarmte Francisco, der noch mit seiner Verwirrung zu kämpfen hatte.

«Graf d'Almeida, endlich, nach all diesen Jahren des Wartens! Oh, wenn Ihr wüsstet ... Ihr, Ihr bringt die Schrift?»

«Ich trage sie bei mir, hier auf meiner Brust, und ich möchte sie so schnell wie möglich dem Meister des Nordens übergeben.»

«Wollt Ihr selbst in den Norden reisen?»

Francisco schüttelte verneinend den Kopf. «Nein, Bruder, das wird wohl nicht möglich sein. Es wäre mir lieber, wenn ich hier mit dem Meister zusammentreffen könnte.»

Francisco wollte eine Reise vermeiden, über die ihm lästige Fragen gestellt werden könnten. Er müsste die Admiralität um Erlaubnis bitten, außerdem würde es auch der Orden erfahren.

«Ich werde in den Norden reisen, um es meinem Meister zu sagen. Er ist ein weiser Mann und wird wissen, was das Beste ist. Aber ich werde lange unterwegs sein. Könnt Ihr bis dahin warten?»

«Ich werde warten, Bruder.»

Jetzt gab es für Francisco kein Zurück mehr. Durch diese Tat hatte er unwiderruflich sein Gelübde gebrochen. Es musste sein, er hatte keine andere Wahl.

Sein Blick fiel auf einen glänzenden, weißen Kieselstein. Er bückte sich und hob ihn auf. Vorsichtig ließ er den Kiesel auf seiner flachen Hand hin und her rollen.

Er dachte an die Geschichte von Kálama, dem indischen Weisen aus der Zeit Alexanders des Großen ... Immer wenn der Engel, der dich behütet, deinen Kieselstein aufnimmt, geschieht etwas Wichtiges in deinem Leben ... Francisco ließ den kleinen Kiesel zu Boden fallen. Mit einem hellen Laut prallte er auf die anderen Steine.

Als hätte Bruder Valentinus Franciscos Gedanken erraten, sagte er: «Ja, Graf d'Almeida, wir müssen uns Gottes Führung anvertrauen. Er hat uns hier zusammengeführt. Wenn Er es will, werden wir unser Ziel erreichen. Ich werde so bald wie möglich abreisen. Wo kann ich Euch hier in Santiago erreichen?»

«Im Ordenshaus des Heiligen Jakob vom Schwerte, Bruder.»

«Ihr seid Ordensritter? Aber könnt Ihr denn ...» Bruder Valentinus brach den Satz ab und sah Francisco fragend an.

«Seid Ihr nicht selbst ein Diener der Kirche?»

Bruder Valentinus lachte breit und wurde sofort wieder ernst: «Ja, Ihr solltet lieber nicht nach dem Norden gehen. Wir müssen sehr vorsichtig sein.»

«Genau», seufzte Francisco.

«Wir wollen unser Gespräch beenden, guter Freund. Es scheint mir das Beste zu sein, wenn wir nicht gemeinsam weggehen und Ihr in den Lesesaal zurückkehrt. Ich danke Euch von ganzem Herzen. Wir werden uns wiedersehen.»

«Lasst es Euch gut gehen, Bruder!», antwortete Francisco.

Sie erhoben sich und gingen schweigend zurück. Im Gebäude angekommen, sahen sie einander lange an. Mit einem Kopfnicken drehte sich Bruder Valentinus um und ging davon. Francisco suchte den Weg zum Lesesaal. Das Warten würde ihm noch schwer fallen.

Durch dunkle Straßen

Drei Monate waren verstrichen, seit Francisco Bruder Valentinus zum letzten Mal gesehen hatte. In der Zwischenzeit geschah nichts Außergewöhnliches; das einzig Erwähnenswerte war ein Brief, den Francisco von seinem Kampfgefährten Herzog Alfonso d'Albuquerque bekam. Zu Beginn des vierjährigen Krieges gegen Spanien hatten Alfonso und er die Flotte befehligt, die den Hafen von Lagos sichern musste. Auch Alfonso begeisterte sich für Prinz Heinrichs Taten. Nächtelang hatten sie sich darüber unterhalten.

Jetzt schrieb Alfonso, dass die Seefahrten fortgesetzt würden. Prinz Johann nahm den König beim Wort und war eifrig dabei, die Schiffe auszurüsten. Die Suche nach der Passage um Afrika herum sollte weitergehen. Alfonso war von Prinz Johann persönlich zum Kapitän auf einem seiner Schiffe ernannt worden. Der Prinz hatte auch nach ihm, Francisco, gefragt. Man glaubte, Francisco fühle sich noch zu schwach. Deshalb hatte Alfonso ihm nun geschrieben. Konnte er denn wirklich nicht mitkommen? Schweren Herzens schrieb Francisco zurück, dass seine Kräfte eine solche Fahrt leider noch nicht zuließen.

Diese Antwort hatte er schon vor zwei Wochen abgeschickt. Jetzt war die Chance verpasst.

Francisco reckte sich gelangweilt und schaute gähnend in die Leere seiner öden Kammer. Wie lange musste er noch warten? «Ach was, ich werde schlafen», sagte er laut.

Da klopfte es.

«Ja», rief Francisco.

Der Hausdiener kam herein. «Graf, es ist jemand für Euch am Tor.»

«Wer ist es?», fragte Francisco, seine Überraschung verbergend.

«Ein junger Mönch, Herr.»

«Ich komme.»

Wer konnte das sein? Sonst fragte hier niemand nach ihm. Der Einzige, den er erwartete, war Bruder Valentinus, und der war es nicht. Francisco warf sich einen Mantel um die Schultern und folgte dem Diener über den Innenhof. Es war ein kalter Abend. Da stand der Mönch. Er war von kräftiger Gestalt und hatte eine frische Gesichtsfarbe.

«Graf Francisco d'Almeida? Euer Beichtvater lässt Euch sagen, dass er Euch empfangen kann. Wenn Ihr Euch meinem Geleit anvertrauen wollt, werde ich Euch zu ihm bringen.»

Der Mönch sah Francisco mit einem durchdringenden Blick an. Francisco begriff. Er hatte hier in Santiago de Compostela keinen Beichtvater. Also konnte es nur Bruder Valentinus sein!

«Ich nehme Euer Geleit gerne an, Bruder. Lasst uns gehen.»

Francisco und der Mönch gingen durch die dunklen Straßen.

«Ich bringe Euch zu einem Freund», sagte der Mönch leise, «mehr darf ich Euch nicht verraten.»

«Gut», sagte Francisco.

Ihr Weg führte durch ein Gewirr von Gassen. Unter einem hohen Tor blieben sie stehen.

«Hier muss ich Euch verlassen, Herr.» Und schon war der Mönch verschwunden.

Brrr, was für eine Kälte! Jetzt stand er hier ganz allein. Wo blieb Bruder Valentinus? War er es wirklich? Oder hatte man ihn in eine Falle gelockt? Sie waren doch kreuz und quer gegangen. Wenn ihnen jemand gefolgt wäre, hätten sie ihn bestimmt abgeschüttelt. Endlich hörte Francisco Schritte. Es war verteufelt dunkel hier. Seine Hand suchte die Stelle, wo das kleine Buch verborgen war.

«Graf d'Almeida?», flüsterte jemand. «Ich bin es, Bruder Valentinus.»

«Ja, Bruder, hier bin ich», antwortete Francisco leise. Jetzt erkannte er auch Valentinus' kleine Gestalt.

Sie umarmten sich.

«Kommt, ich bringe Euch zu meinem Meister.»

«Es ist also geglückt?», fragte Francisco etwas zu laut.

«Psst! Kein Wort mehr, mein Freund.»

Abermals durchkreuzten sie einige Gassen und Straßen. Der Mond kam hinter den Wolken hervor und erhellte den Weg mit einem blassen Schein. Bruder Valentinus zog Francisco durch eine halb geöffnete Tür in ein verfallenes Haus hinein.

«Der Meister wartet in der Kammer am Ende dieses Ganges. Dreimal klopfen», sagte Bruder Valentinus in gedämpftem Ton. «Wenn Ihr nachher zurückgeht, nehmt die erste Straße links und die zweite rechts, dann wieder geradeaus bis zur Kathedrale. Geht nun und tut, was Ihr zu tun habt. Mich werdet Ihr nicht wiedersehen. Gott behüte Euch, mein lieber Freund.»

«Tausendmal Dank, Bruder Valentinus.»

Nach einer kurzer Umarmung verschwand Bruder Valentinus im Dunkel der Nacht. Fahles Mondlicht drang durch ein kleines Fenster. Francisco tastete sich voran. Da, die Tür! Er klopfte dreimal. Die Tür wurde geöffnet, Kerzenschein erleuchtete den Gang. Francisco betrat die Kammer und stand einer langen, mageren Gestalt gegenüber, die in einen einfachen Reisemantel gehüllt war. Ohne etwas zu sagen, sah der Mann Francisco an. Die tief liegenden Augen blickten freundlich. Der Herr streckte ihm zur Begrüßung die Hände entgegen, große, feingliedrige, gleichsam sprechende Hände, und sprach mit einer tiefen, den ganzen Raum füllenden Stimme. «Ihr habt mich kommen lassen, Freund. Also, hier bin ich.»

Der Meister der Alchimisten, der Meister war gekommen. Francisco musste die lateinisch gesprochenen Worte erst zu sich durchdringen lassen, bevor er zu dem Beutel mit der Schrift des Aristoteles griff. Er knöpfte das Hemd auf, zog sich die Kordel über den Kopf und händigte den Beutel aus. Feierlich nahm der Meister ihn in Empfang. Er öffnete ihn, und zum Vorschein kam ein altes Büchlein, das der Meister vorsichtig aufschlug und mit großer Aufmerksamkeit langsam durchblätterte. Francisco sah gebannt auf die ausdrucksstarken Hände, die die alten Buchseiten liebevoll davor schützten, auseinander zu fallen. Das Gesicht des Meisters strahlte zufriedenes Glück aus.

Nach einiger Zeit richtete der Meister den Blick auf Francisco: «Nehmt es mir nicht übel, Graf, dass ich Euch hier warten lasse. Ihr habt mir eine unsagbare Freude gemacht. Sagt, ist es wirklich Eure Absicht, mir diese Schrift zu überlassen? Sie ist noch immer Euer Eigentum.»

«Sie gehört Euch», sagte Francisco entschlossen.

«Habt Dank, mein Freund. Seid davon überzeugt, dass diese Weisheit der Menschheit zugute kommen wird.» Er tippte kurz auf den Einband des Buches. «Auch wenn sie noch lange im Verborgenen bleiben wird … Und wenn ich sterbe, habe ich würdige Nachfolger, die dieses Werk fortsetzen werden.»

Francisco zögerte. Er wollte mehr erfahren. Bis jetzt konnte er sich von allem noch kein rechtes Bild machen. Er hatte noch so viele Fragen, doch er stellte sie nicht. Die Ehrfurcht vor dem Erhabenen dieser Stunde war stärker als seine Neugier. Francisco entschloss sich, einfach zu gehen.

«Alles Gute, Meister!»

«Gott sei mit Euch, mein Freund.»

Francisco verbeugte sich und verließ den Raum. Er hörte, wie die Tür hinter ihm wieder verriegelt wurde. Durch den halbdunklen Gang erreichte er die Straße. Er schaute sich unauffällig nach allen Seiten um und fand den richtigen Weg zurück zum Ordenshaus.

Eine Unterredung

Nach der Begegnung mit dem Meister hatte Francisco in Santiago nichts mehr zu suchen. Die Stadt beengte ihn. Nachdem nun alles vorbei war, wollte er endlich wieder zur See fahren. Es gab genug zu tun, denn Prinz Heinrichs Auftrag musste erfüllt werden. Francisco kehrte nach Lissabon zurück. Zuerst kümmerte er sich um seine häuslichen Angelegenheiten – Claudia war plötzlich sehr krank geworden –, dann meldete er sich bei der Admiralität. Zu seinem großen Ärger wurde er erst einmal mit einer gewaltigen Menge Schreibarbeit überhäuft.

Kurz nach seiner Ankunft wurde Francisco gebeten, Herzog Miguel Carera aufzusuchen. Dieser wollte sich persönlich über Franciscos Erlebnisse in Granada informieren. Mit großem Widerwillen ging Francisco zur angegebenen Stunde zum Großmeister. Würde es ihm gelingen, die Wahrheit zu vertuschen?

Als er das Arbeitszimmer des Großmeisters betrat, wurde er bereits erwartet. Der Herzog befand sich in Gesellschaft von fünf hochrangigen Ordensmitgliedern. Was hatte das zu bedeuten?

Nach der allgemeinen Begrüßung sagte der Großmeister: «Herzlich willkommen in unserer Mitte, Graf d'Almeida. Es freut uns, Euch wohlbehalten wiederzusehen, nach allem, was Ihr durchgemacht habt. Geht es Euch wieder gut?»

«Ja, edler Herr, meine Genesung ist zufriedenstellend verlaufen.»

«Gut, gut. Ein Glas Wein, Graf?»

«Gerne, Herr.»

Der Großmeister läutete die Tischglocke. Ein Diener kam herein, die Gläser wurden eingeschenkt und herumgereicht. Sie stießen an.

«Auf den guten Verlauf Eurer Genesung!» Der Großmeister setzte das Glas ab. «Nun, Graf, Ihr versteht, dass wir neugierig sind. Wie wir hörten, seid Ihr in Granada am Hofe des Sultans gut versorgt worden. Darüber möchten wir gerne noch mehr von Euch hören. Aber erst sehen wir uns genötigt, eine andere Frage anzuschneiden.»

Eine andere Frage? Genötigt? Hatten sie etwa …

«Ihr seid soeben aus Santiago de Compostela zurückgekehrt. Hat es Euch dort gut gefallen in – sagen wir – dem Geburtsort unseres Ordens?»

«Ach, edler Herr, was soll ich sagen, ich bin lieber auf See.»

«Ihr scheint übrigens ein eifriger Besucher der großen Bibliothek gewesen zu sein. Suchtet Ihr etwas Besonderes?»

«Ich wollte die Zeit totschlagen, Herr. Ich suchte nach Aufzeichnungen über alte Methoden der Navigation. Es ist dort sehr viel Wissen zusammengetragen worden.»

«War das nicht zu anstrengend mit Euren Kopfschmerzen?»

«Wahrscheinlich war es unvernünftig, aber das Nichtstun liegt mir nicht, und es schien mir der Mühe wert zu sein.»

«Und? Habt Ihr etwas gefunden?», mischte sich einer der anderen ins Gespräch.

«Ein paar Sternkarten, die für die Navigation sicher interessant sind.»

«Wir werden sagen, worum es geht, Graf d'Almeida. Es handelt sich um eine ernste Sache.»

Überrascht sah Francisco den Großmeister an. Dessen Stimme klang sehr sachlich.

«Ja, Graf, Ihr seid einige Male mit einem gewissen Bruder Valentinus gesehen worden. Es besteht die Vermutung, dass dieser Mönch Beziehungen zu den Alchimisten unterhält. Der Großinquisitor der Heiligen Kirche hat mich persönlich um Aufklärung gebeten. Einer seiner Inquisitoren, der die Schritte des Mönches überwacht, hat Euch einige Male mit ihm zusammen gesehen. Da Ihr ein Mitglied unseres Ordens seid, hat der Monseigneur sich an mich gewandt.»

«Wie ist es möglich …», brachte Francisco hervor. Die Inquisitoren, die Bluthunde der Kirche, hatten sich an Bruder Valentinus' Fersen geheftet! «Wie ist es möglich?», sagte er wieder. «Dieser freundliche und bescheidene Mann sollte Alchimist sein?»

«Es ist keineswegs sicher, Graf. Wie ich bereits sagte, ist es nur eine Vermutung, sogar nur eine vage Vermutung. Deshalb frage ich Euch, ob Ihr etwas davon gemerkt habt. Nach der Aussage des Inquisitors habt Ihr in einer Schrift über Alchimie gelesen. Der Gedanke liegt nahe, dass der Mönch Euch daraufhin angesprochen haben könnte. Versteht Ihr?»

Der Mann im Lesesaal, der Bruder Valentinus mit seinem Namen angesprochen hatte ... Francisco nickte. «In der Tat, edler Herr, zufällig war ich auf das Buch ‹Über die schwarze Kunst› aufmerksam geworden, und der Mönch fragte mich, was ich gerade lese. Er hat sich das Buch auch kurz angesehen, aber ausführlich darüber gesprochen – nein, das haben wir nicht.»

«Das war auch sehr klug von dem Bruder, denn stellt Euch vor, die Verdächtigungen wären begründet! Aber erzählt uns doch noch etwas mehr darüber. Auch scheinbar harmlose Bemerkungen können oft die wirklichen Absichten verraten, nicht wahr?»

«Gewiss, edler Herr. Er fragte mich, ob ich viel von dieser alchimistischen Schrift verstünde. Als ich verneinte, meinte er, dass es auch ihm ziemlich verworren vorkäme.»

«Nach Aussage des Inquisitors habt Ihr Euch ziemlich lange mit dem Buch beschäftigt. Warum tatet Ihr das?»

«Ach, es wird immer so geheimnisvoll darüber gesprochen. Natürlich habe ich auch über die ketzerischen Seiten der Alchimie gehört, aber ich wollte selbst einmal sehen, was dahinter steckt.»

«Und?»

«Es ist mir noch immer ein Rätsel. Aber dass es Ketzer sind, kann ich mir jetzt besser vorstellen. Ich habe zumindest nichts gefunden, was ich als guter Katholik akzeptieren könnte.»

«Hat sich der Bruder noch in einer anderen Weise über Euer Studium der Alchimie geäußert?»

«Nur, dass es ihm mühselig erschien, sich mit solchen unverständlichen Dingen abzuplagen.»

«Gebt uns noch einen Hinweis darauf, was Ihr mit dem Bruder gesprochen habt.»

«Na ja … Übers Wetter. Über die verschiedenen Nationalitäten, denen man in der Bibliothek begegnet. Und über andere, ganz alltägliche Dinge.»

«Und wie war es im Park? Nach Aussage des Inquisitors seid Ihr dort mehrere Male mit dem Bruder spazieren gegangen. Ihr habt Euch wohl gut verstanden?»

«O ja, edler Herr, das will ich nicht leugnen. Im Gegenteil, der Bruder machte auf mich einen sehr sympathischen Eindruck. Ich war einfach auch froh, wieder einen Gesprächspartner zu haben. Die Bewohner des Ordenshauses waren ehrlich gesagt wenig gesellig.»

«Nun ja, Graf, dann wollen wir dieses Kapitel abschließen», sagte der Großmeister wohlwollend. «Jetzt erzählt uns doch, wie ist es Euch in Granada ergangen? Ihr wart schlecht dran, nicht wahr?»

Zum Glück waren sie endlich von diesem heiklen Thema abgekommen!

«Ein alter, vornehmer Arzt und eine Frau haben mich behandelt. Sie haben sich wirklich viel Mühe gegeben, um mir das Leben zu retten. Von ihnen erfuhr ich, dass der Sultan ein hohes Lösegeld für mich fordern wollte.»

«Könnt Ihr uns den Namen dieses Arztes nennen?», fragte Ritter Carvalho, der Francisco schon lange unverhohlen gemustert hatte. Nach dem, was Francisco von ihm wusste, war er kein angenehmer Mensch.

«Nein, Herr.» Er wandte sich wieder dem Großmeister zu: «Die Mauren haben mich ausgezeichnet versorgt, aber darüber hinaus war ich ihr Gefangener und bestimmt nicht ihr Gast.»

Er musste jetzt alles auf eine Karte setzen! Francisco war darauf bedacht, kein Wort zu viel zu sagen.

«Ihr habt also keine Gespräche geführt, über die Ihr Bericht erstatten müsstet?»

«Nein, edler Herr.»

«Und Eure Flucht? Das muss doch ein großes Wagnis gewesen sein! Wir hörten etwas über einen Geldbeutel, den Ihr an Euch gebracht habt. Wie hat sich das abgespielt?»

Auch das wussten sie schon! Von Brás da Silva natürlich! Fieberhaft versuchte sich Francisco zu erinnern, was er damals genau zu da Silva gesagt hatte. Jetzt durfte er keinen Fehler machen.

«Wie ich schon sagte, war der Arzt ein alter Mann, der ziemlich zerstreut war. So war es für mich nicht schwierig, ihm seinen Beutel abzuluchsen.»

«Und weiter, Graf. Wie habt Ihr es dann geschafft zu entkommen?»

«Die Frau, von der ich sprach, hatte sich in mich verliebt. Sie verstand gerade so viel Spanisch, um mich zu verstehen. Ich konnte sie dazu bringen, mir mit Hilfe des Geldes zur Flucht zu verhelfen. Das war mein Glück. Ohne sie hätte ich die Bewacher wahrscheinlich niemals bestechen können. Eines Nachts ließen sie mich durch eine kleine Seitentür hinaus und gaben mir ein Pferd. Das war es dann. Sicher keine heldenhafte Tat, denn ich habe gestohlen und die Gefühle dieser edlen Frau missbraucht.»

Die Ritter lachten und amüsierten sich – außer Carvalho.

«Wie auch immer, mein lieber Graf d'Almeida, so etwas bringt nur ein gescheiter und geschickter Edelmann wie Ihr fertig», sagte der Großmeister.

«Es gibt also nichts, was den Orden interessieren könnte?», fragte einer der Ritter.

«Nein, Herr, ich glaube nicht.»

«Seid Ihr davon überzeugt, Graf?» Der Großmeister sah Francisco durchdringend, wenn auch nicht unfreundlich an.

Francisco wollte gerne überzeugender als nur mit einem Nein antworten. «Nein, Herr, obgleich ...» Plötzlich kam ihm eine Idee! «Die maurische Heilkunst vielleicht.»

«Die maurische Heilkunst?»

«Ja, Herr, offenbar ist sie besonders gut. Wäre es nicht möglich, mehr darüber zu erfahren?»

«Aus welchen Gründen?»

«Es könnte dem Orden von großem Nutzen sein. Besondere Gebete verleihen unseren Soldaten Mut – eine besondere Heilkunst würde die Lebenskraft der Schwerverwundeten stärken.»

«Ein guter Gedanke», sagte der Großmeister.

«Ja», fuhr Francisco mit Enthusiasmus fort, «unser Orden findet bestimmt Mittel und Wege, um mit der maurischen Heilkunst in Kontakt zu kommen.»

«Wollt Ihr deswegen etwa nach Granada zurückkehren?», fragte Carvalho leichthin.

Francisco bekam einen Schreck, und er hoffte, dass niemand seine Reaktion bemerkt hatte. Da war ihm ein guter Einfall gekommen, und nun verdarb er alles wieder, indem er zu weit gegangen war.

«Nein, Herr, das wäre das Letzte, was ich tun wollte. Von Granada habe ich wirklich genug.»

«Das kann ich mir gut vorstellen, Graf», mischte sich der Großmeister ein. «Gut, das waren also Eure Erlebnisse. Aber sagt uns doch, wie sehen Eure Zukunftspläne aus?»

«Es freut mich, dass Ihr danach fragt, edler Herr. Ich möchte gern um Eure Hilfe bitten.»

«Aber natürlich, Graf d'Almeida. Worum geht es?»

«Seit meiner Rückkehr hat mich der Kanzler des Königs an den Schreibtisch gekettet. Eine schreckliche Arbeit! Könnt Ihr vielleicht dafür sorgen, edler Herr, dass ich so bald wie möglich wieder zur See fahren kann?»

«Mit Vergnügen, mein lieber Graf. Ihr könnt Euch darauf verlassen.»

«Ich danke Euch, edler Herr.»

Francisco war erleichtert. Alles würde gut werden.

«Möchte einer der Herren noch etwas sagen?» Herzog Miguel Carera sah fragend in die Runde. «Nein? Dann bis …»

«Ich bitte um Verzeihung, Miguel Carera, im letzten Augenblick kommt mir noch eine Frage! Natürlich will ich nicht an der Aufrichtigkeit des Grafen zweifeln, aber eine Angelegenheit würde ich gerne noch etwas näher untersuchen», sagte Ritter Carvalho. «Graf d'Almeida, vor einigen Jahren hat ein Mitglied unseres Ordens eine ähnliche Erfahrung gemacht wie Ihr: Paolo Aires. Auch er wurde von den Mauren in Granada gefangen gehalten. Dort kam er mit einem Mann in Kontakt – er hieß Ibn Chabuk oder so ähnlich.»

Bei diesem Namen ging Francisco ein Stich durchs Herz. Ibn Chabut hatte Aires doch nicht wirklich ins Vertrauen gezogen? Was hatte Aires trotzdem erfahren und weitergegeben?

«Sagt Euch dieser Name etwas, Graf? Denkt noch einmal scharf nach!»

«Chá-buk, Chabúk.» Francisco wechselte absichtlich die Betonung. «Nein, Herr, der Name sagt mir nichts.»

«Könnt Ihr mir dann noch verraten, warum Ihr ausgerechnet nach Santiago gegangen seid? Von Paolo Aires hörten wir nämlich, dass dieser Chabuk einen Vertrauensmann suchte, der etwas sehr Kostbares nach Santiago bringen sollte.»

Carvalho sah Francisco mit solcher Schärfe an, dass die Frage einem strengen Verhör gleichkam.

Der Großmeister räusperte sich: «Ritter Carvalho, ich weise Euch darauf hin, dass wir ein so weitgehendes Verhör nicht vereinbart hatten. Dem Wunsch des Großinquisitors haben wir natürlich nachkommen wollen. Aber im Übrigen war es uns darum zu tun, Graf d'Almeida hier zu Hause herzlich willkommen zu heißen.»

«Edler Herr», sagte Francisco, «ich möchte es Ritter Carvalho gerne erklären: König Ferdinand und Königin Isabella wollten mir für die erwiesenen Dienste eine gute Bleibe verschaffen. Im Hinblick auf meine Ordensmitgliedschaft schlugen sie mir vor, nach Santiago zu gehen.»

Während Carera verständnisvoll nickte, blickte Carvalho unwirsch zu Boden.

«Es ist gut, ich danke Euch, Graf d'Almeida. Auf Wiedersehen.»

Kurz darauf stand Francisco draußen. Er ging zum Hafen und atmete tief durch, als er die Schiffe sah. Wieder zur See fahren … Die endlose Weite des Meeres, Wind in den Haaren, der nächtliche Sternenhimmel … Hier durfte er sich frei fühlen … Frei? Wie man es auch drehen und wenden mochte, durch dieses Gespräch war die Lüge in sein Leben getreten.

Ach du lieber Himmel, was für ein Betrug! So viele Unwahrheiten hatte er schon lange nicht mehr zusammenphantasiert. Hatte er sich nun schuldig gemacht oder nicht? Das Bewusstsein, die Unwahrheit gesagt zu haben, war eine abscheuliche Erkenntnis. Aber wenn er sich überlegte, wofür die Lügen in diesem Fall gut waren, kam es darauf vielleicht nicht an. Andererseits durfte das Ziel nicht die Mittel heiligen. Er hätte ehrlich sein können. Wäre es besser gewesen, die Tat mit ein paar Worten zu bekennen? Nicht mehr, als er mit gutem Gewissen verantworten konnte? Und dann? Folter, womöglich Tod, aber ein reines Gewissen … Wer solche Charakterstärke hat, ist zu bewundern. Francisco seufzte, so standfest war er nicht. War es eigentlich möglich, ein Gelübde für sein ganzes Leben abzulegen? Er versuchte sich vorzustellen, wie es sein würde, wenn er sein Gewissen jeden Tag überprüfte, wenn er immer neu wählen könnte, wofür er einstünde. Das wäre sicher schwierig, dafür wäre er aber frei …

IV

Das grosse Spiel

Prinz Johann wird 1481 als König Johann II. gekrönt. Für die portugiesische Seefahrt bricht eine wichtige Zeit an. Schon nach Ablauf eines Jahres dringt Diego Cao bis zur Mündung des Kongos vor. König Mani Kongo bringt zwei portugiesische Gesandte in seine Gewalt. Daraufhin nimmt Diego Cao vier Häuptlinge des schwarzen Königs als Geiseln. 1484 macht Diego Cao sich wieder auf den Weg. König Johann ernennt Francisco d'Almeida zum Vizekommandanten.

Handelskontakte

«Endlich fühle ich mich wieder wie ein echter Kapitän», sagte Francisco zu Diego Cao, nachdem die Schiffe in der Bucht von Arguin vor Anker gegangen waren. «Ab hier sind mir die südlichen Gewässer noch unbekannt.»

«Wie ein echter Kapitän?», fragte Diego Cao.

Francisco lächelte. «Ich wollte sagen, wie ein Kapitän unter Prinz Heinrichs Befehl. Mit der königlichen Flotte zwischen Lissabon und Ceuta, dem nördlichsten Punkt von Afrika, hin und zurück zu fahren war nicht mein Lebensziel.»

«Ach, so war es gemeint», sagte Diego Cao. «Nun, wir hoffen, dass diese Reise uns weiter bringen wird als die vorige.»

«Kapitän Cao, können wir nicht den Gefangenenaustausch mit Mani Kongo nutzen, um Handelskontakte zu knüpfen? Es scheint mir eine exzellente Gelegenheit zu sein, um zu testen, ob wir mit Handel mehr erreichen können als mit Kampf.»

«Kapitän d'Almeida, ich bin Seemann. Handel ist die Aufgabe der Kaufleute, die uns bald folgen werden.»

«Kapitän Cao, einen Fehlschlag würde ich persönlich beim König verantworten und einen eventuell anfallenden Schaden aus meinem Familienbesitz doppelt vergüten.»

«Ihr seid ein hartnäckiger Mann, Kapitän d'Almeida. Nun gut, ich werde Euch die Gelegenheit geben. Wenn Ihr von den Einheimischen die nötigen frischen Lebensmittelvorräte beziehen könnt, wird es für unsere Weiterreise von Vorteil sein.»

«Legt da an, bei der Lichtung!»

Mit einer müden Geste wischte sich Francisco den Schweiß von der Stirn. Die schwüle Luft war drückend. Aus dem dichten Laub, das nur hier und da von einem schmalen Bündel Sonnenstrahlen durchbrochen wurde, drang schrilles Affengeschrei.

«Leg die Muskete weg, Bootsmann! Die Eingeborenen dürfen nicht denken, dass wir als Feinde kommen. Ich weiß genau, dass wir beobachtet werden.»

«Ich auch, Käpten», sagte der Bootsmann und rutschte unruhig auf der Ruderbank hin und her. «Das ist es ja. Ich traue den Eingeborenen keine Minute.»

Auch die Matrosen schauten sich nervös nach allen Seiten um.

Plötzlich erhob sich ein Geschrei, dem ein furchtbarer Knall folgte.

«Idiot!» Francisco schlug dem Bootsmann die Muskete aus der Hand. «Hast du noch nie Papageienschreie gehört? Jetzt haben wir die Bescherung.»

Niedergeschlagen ließ der Bootsmann den Kopf hängen. Die anderen lauschten gespannt.

«Ruhig Männer, noch sind wir nicht verloren. Wir gehen hier an Land und legen unsere Waffen deutlich sichtbar auf einen Haufen – und wohlgemerkt: alle Waffen, bis zum letzten Messer! Verstanden?»

Die Matrosen nickten. Als sie alles auf einer Lichtung zusammengetragen hatten, glänzten die Messer, Säbel und Musketen weithin sichtbar in der Sonne.

«So können sie sehen, dass wir unsere Waffen abgelegt haben», sagte Francisco beifällig. «Jetzt heißt es abwarten.»

Schweigend rauchten die Männer ihre Pfeifen. Eine Stunde verstrich – nichts passierte. Noch eine Stunde. Es wurde kaum ein Wort gesprochen.

Plötzlich sah Francisco, wie der Bootsmann mit weit aufgerissenen Augen in Richtung Waldrand starrte. «Was ist, Bootsmann?» Jetzt sah Francisco es auch: ein riesiges, mit grellen Farben bemaltes Schild, das seinen Träger beinahe ganz verdeckte. Auf dem Gesicht des Kriegers leuchteten weiße Streifen. Der Mann trug keinen Speer. Nur ein langer, hölzerner Stab in seiner Hand schien darauf zu deuten, dass er ein Abgesandter war. Francisco stand langsam auf, ging ihm ein paar Schritte entgegen und verbeugte sich tief. Der Mann sah ihn bewegungslos an. Dann lief er zurück und verschwand wieder im dichten Gebüsch. «Es verläuft gut», beruhigte Francisco seine Mannschaft.

Und doch war die Spannung unter ihnen noch nicht gewichen. Wieder verstrich geraume Zeit, ohne dass irgendetwas geschah. Plötzlich ein Trommelwirbel! Im gleichen Augenblick betraten zehn bis fünfzehn Eingeborene die Lichtung. Nur zwei von ihnen trugen Speere. Und zwischen diesen beiden – davon war Francisco überzeugt – ging der Stammeshäuptling. Sein graues, krauses Haar war mit langen, roten Federn geschmückt, er trug Reifen und Ringe an Hand- und Fußgelenken und hatte sich ein Fell um die Schulter geschlagen.

Francisco machte eine tiefe Verbeugung und zeigte auf die aufgestapelten Waffen, als wollte er sagen: Wir kommen in Frieden.

Der Häuptling hob beide Hände, wobei die Handflächen nach vorn zeigten. Dann ging er auf die Waffen zu, zog mit einem Ruck ein Schwert aus dem Stapel und fuhr mit dem Daumen an der Schneide entlang. Nachdem er deren Schärfe geprüft hatte, nickte er zufrieden und stieß einen Schrei aus. Sogleich schnellten seine Krieger herbei und stürzten sich unter großem Palaver auf die Waffen. Krachend fiel der Stapel in sich zusammen.

Die Portugiesen atmeten erleichtert auf. Es schien gut zu gehen! Francisco gab seinen Männern ein Zeichen, an ihren Plätzen zu bleiben, ging auf den Häuptling zu und deutete mit Gebärden an, dass die Waffen ein Geschenk für ihn seien. Darauf nahm er seine Kapitänskette ab und hielt sie ihm hin. Die Vergoldung glänzte in der Sonne.

Der Häuptling wich einen Moment zurück, dann streckte er die Hände aus und befühlte die Kettenglieder. Francisco ließ die Kette los. Mit einer plötzlichen Sturmflut von Worten erteilte das Stammesoberhaupt seine Befehle. Die Hälfte der Krieger verschwand hinter den Bäumen, und die übrigen hockten sich nieder.

Wieder verstrich eine geraume Zeit, ohne dass etwas gesprochen wurde. Als der Bootsmann den Kapitän fragend ansah, blickte dieser angelegentlich zur Seite. Die feierliche Stille durfte auf keinen Fall unterbrochen werden. Plötzlich hörten sie Geräusche – die Krieger kamen mit vollen Armen zurück. Sie trugen Speere, Bänder, Schalen sowie aus Holz und Elfenbein geschnitzte Figuren herbei. Die Einwohner des Landes wollten tauschen.

Francisco stand auf und verbeugte sich. Wieder gab er dem Häuptling zu verstehen, dass die Waffen und die Kette ihm gehören sollten. Außerdem deutete er durch Gesten an, dass sie essen und trinken wollten. Der Häuptling nickte und gab einen Befehl. Die Krieger legten nun alles, was sie herbeigeschleppt hatten, vor Francisco nieder und verschwanden wieder. Nach geraumer Zeit hörten die Portugiesen Gesang, der immer lauter wurde. Aus dem Wald näherten sich Dutzende von Trägern, die Früchte, abgehäutete Tiere und große, mit Wasser gefüllte Kalebassen herbeitrugen. Francisco hatte sein Ziel erreicht. Er trieb Handel mit den Eingeborenen.

«Mein Kompliment, Kapitän d'Almeida, ich werde König Johann von Euren Taten in Kenntnis setzen.»

«Vielen Dank, Kapitän Cao.»

Francisco war sehr zufrieden. Er hatte nicht nur für frische Nahrungsmittel gesorgt, sondern durch das Vertrauen, das er bei den Eingeborenen erweckt hatte, ließen sie auch die als Geiseln genommenen Portugiesen frei. Dieses Ereignis bestärkte Francisco in seiner Meinung, dass der Handel das geeignete Mittel sei, um mit fremden Völkern Freundschaft zu schließen.

Ein listiger Plan

Nach seiner Rückkehr wurde Francisco 1485 zum Ratgeber König Johanns ernannt. Diese Berufung hatte er unter anderem seiner erfolgreichen Fahrt zu König Mani Kongo zu verdanken. Dem Kreis der Ratgeber gehörten Meister Rodrigo, Bischof Ortiz, der Schatzmeister José Vizinho, die Großmeister der beiden Orden und Francisco d'Almeida an. Der König verfolgte seinen alten Plan: Er wollte die Spanier dazu verleiten, ihre Schiffe gen Westen zu schicken, so dass die Portugiesen die östliche Passage nach Indien ungehindert suchen konnten.

«Meine Herren», sagte König Johann, «es gibt eine erfreuliche Mitteilung. Wir haben endlich den richtigen Mann gefunden, der uns helfen kann, die Spanier auf die falsche Fährte zu locken. Christoph Kolumbus ist bereit, dieses Wagnis auf sich zu nehmen.»

Überraschtes Gemurmel. Nachdenklich betrachtete Francisco den Gesichtsausdruck des Königs, der selbstsicher und mit einem spöttischen Lächeln um die Mundwinkel auf seinem etwas erhöhten Thron saß. Die Blicke des Königs wanderten von einem zum anderen und konzentrierten sich schließlich auf Francisco, von dem er begeisterte Zustimmung erwartete.

Francisco hielt sich zurück. Ihm war nicht wohl bei dem Gedanken, Beihilfe zu einer Irreführung des spanischen Königspaares zu leisten. Hatte nicht Isabella, die edle Frau, zu ihm gesagt: Euch hätten wir niemals im Stich gelassen? Andererseits verstand Francisco nur allzu gut, dass es zwischen Spaniern und Portugiesen auf dem Gebiet der Seefahrt viel Neid gab. Wenn König Johann nichts unternehmen würde, könnten die portugiesischen Seefahrer leicht ins Hintertreffen geraten. Da Francisco nicht reagierte, wandte der König sich stirnrunzelnd ab.

«Ihr meint den genuesischen Kapitän, Sire? Den Webersohn?», fragte Meister Rodrigo.

«Genuesisch sagt Ihr?» König Johann lachte geheimnisvoll. «Er hat zwar in Genua gelebt, doch glaubt Ihr etwa, dass ein Genueser von geringer Herkunft hier eine Perestrello-Tochter heiraten könnte? Eine Frau aus unserem Adel?»

Die Anwesenden wechselten überraschte Blicke. Bischof Ortiz hüstelte. «Sire, ist Kolumbus nicht der in Genua zur Welt gekommene Bastardsohn der Hofdame Sarco und des Herzogs …»

«Aber Monsignore Ortiz!», unterbrach ihn König Johann, den diese Unterhaltung offenbar amüsierte. «Denkt an Euer Beichtgeheimnis!»

Der Bischof errötete und schwieg. Skandalös, diese Geschwätzigkeit, dachte Francisco.

«Das muss unter uns bleiben», fuhr der König in bestimmtem Ton fort. «Es passt in unsere Pläne, Kolumbus als Fremden anzusehen. Das macht ihn in den Augen der Spanier weniger verdächtig, wenn er zu gegebener Zeit unsere Aufträge in spanischen Diensten ausführen wird.»

«Sire», fragte José Vizinho, «ist dieser Kolumbus zuverlässig genug?»

«Eine überflüssige Frage. Wenn wir, König Johann II., ihn für diese Aufgabe ausgesucht haben, warum solltet Ihr da noch zweifeln? Aber urteilt ruhig selbst. Lasst Kapitän Kolumbus kommen!»

Bald darauf wurden die Türen geöffnet, und mit schnellen, festen Schritten betrat Christoph Kolumbus den Raum. Francisco betrachtete ihn genau. Das war also der Mann, der in dem großen Spiel des Königs die Hauptrolle übernehmen sollte. Francisco musterte die kräftige, große Gestalt. Der Mann hatte ein längliches, schmales Gesicht, blaue Augen, eine große, scharfe Adlernase und einen hellen Teint mit leicht geröteten Wangen. Das blonde Haar war schon leicht ergraut. Kolumbus stand in stolzer Haltung vor dem König. Vielleicht zu stolz, dachte Francisco, ebenso erhaben wie der König selbst. Christoph Kolumbus verbeugte sich.

«Willkommen, Kapitän Kolumbus!», sagte König Johann übertrieben laut. «Erzählt noch einmal von Euren Plänen, damit meine Ratgeber auch informiert werden.»

«Sire, ich danke Euch, dass Ihr mich anhören wollt.»

Kolumbus sprach in einem etwas gekünstelten Ton. Francisco merkte, dass der König und Kolumbus amüsierte Blicke wechselten.

«Ich, Christoph Kolumbus aus Genua, Kapitän auf der portugiesischen Flotte, biete Euch meine Dienste an. Wenn es Euch gefällt, werde ich nach Westen fahren und auf diesem Weg Indien für die portugiesische Krone in Besitz nehmen.»

Der Großmeister des Christusordens ging sofort darauf ein. «Aber, Sire, aber Kapitän, jeder Kartenmeister an unserem Hof kann beweisen, dass die westliche Route nach Indien viel weiter ist als die östliche!»

«Ich, Christoph Kolumbus, beweise mit meinen Berechnungen das Gegenteil.»

«Aber ...», wollte der Großmeister wieder entgegnen.

«Einen Augenblick, meine Herren», fuhr König Johann schnell dazwischen, «lasst uns erst hören, welche Belohnung Kapitän Kolumbus für diesen Dienst erwartet.»

«Nun, Sire, im Tausch für diese wichtige Unternehmung scheint es angemessen zu sein, mich in den hohen Adelsstand zu erheben, mir den Titel Großadmiral aller Ozeane zu verleihen, mich als Vizekönig und Gouverneur in den von mir entdeckten Gebieten einzusetzen und mir von dem Gewinn der Krone ein Zehntel zukommen zu lassen.»

«Maßlose Forderungen! Lächerlich! Kapitän Kolumbus, was bildet Ihr Euch eigentlich ein?» Schatzmeister Vizinhos Blut kochte vor Wut angesichts einer solchen Unverschämtheit.

König Johann verlor jedoch nichts von seiner guten Laune. Im Gegenteil, die Situation schien ihm von Minute zu Minute mehr Vergnügen zu bereiten. Nach Ansicht Franciscos führten der König und Kolumbus hier irgendein Theaterstück auf, sonst wäre Johann schon lange vor Wut explodiert.

«Sehr gut gesprochen, Vizinho», sagte König Johann mit einem breiten Grinsen, «wir erwarten, dass die Spanier ebenso reagieren werden, wenn Kapitän Kolumbus dem spanischen Königshaus seine Dienste für die Fahrt nach Westen anbietet.»

Jetzt meldete sich der Großmeister des Schwertordens zu Wort: «Verstehe ich richtig, Sire, Ihr wollt Kapitän Kolumbus mit diesen Vorschlägen zu König Ferdinand und Königin Isabella schicken?»

König Johann tauschte mit Kolumbus ein Lächeln und antwortete: «Gewiss, Herzog Carera.»

«Sire, wenn Kapitän Kolumbus diese übertriebene Belohnung verlangt, werden sich die Spanier niemals auf diese Unternehmung einlassen.»

«Ihr irrt Euch. Ich werde Euch jetzt meine Pläne genau darlegen. Kapitän Kolumbus wird uns sein Angebot und seine Bedingungen öffentlich vorlegen, und wir werden ihn in aller Öffentlichkeit abweisen. Die Spanier sollen glauben, dass sie uns überlisten könnten, wenn sie Kapitän Kolumbus in ihre Dienste nehmen. Kolumbus kann zu den Spaniern sagen, dass er bei seinem Schwiegervater die Karten und Aufzeichnungen des damaligen Kapitäns Perestrello studieren konnte. Ihr wisst, dass Perestrello ein hervorragender Kapitän war und mit Prinz Heinrich eng zusammengearbeitet hat.

Wenn Kapitän Kolumbus nach Spanien geht, werden wir ihm eine unserer geheimen Karten, die Toscanelli-Karte, mitgeben. Sobald er die Grenze überschritten hat, wird gegen ihn wegen Entwendung der Karte ein Haftbefehl erlassen. Außerdem hat sich Kartenmeister Paolo Toscanelli dazu bereit gefunden, einen Brief an Kapitän Kolumbus zu schreiben, in dem er dessen Pläne befürwortet.

Schließlich, um unsere Nachbarn noch mehr zu reizen, werden wir die offizielle Erlaubnis zu einer portugiesischen Expedition in den fernen Westen erteilen. Nun, meine Herren, es müsste doch mit dem Teufel zugehen, wenn es uns nicht gelänge, Ferdinand und Isabella in die Falle zu locken.»

Zufrieden lehnte sich König Johann zurück und sah Beifall heischend in die Runde.

«Sire», sagte der Großmeister des Schwertordens, «wenn dieser Plan gelingen sollte und Kolumbus in Spaniens Auftrag gen Westen fährt, laufen wir dann nicht Gefahr, den geheimen Kontinent der Sieben Städte an die spanische Krone zu verlieren? Das darf doch niemals geschehen!»

«So muss die Fahrt ja nicht ablaufen», mischte sich Meister Rodrigo in das Gespräch. «Im Übrigen haben wir Hinweise dafür, dass sich nördlich des Kontinents der Sieben Städte noch mehr Land befinden muss. Wenn Kapitän Kolumbus sich an den Kurs hält, den wir ihm vorgeben, sind seine Aussichten, neues Land zu entdecken, sehr groß. Das wird die Spanier beschäftigen und sie von unserer Route abhalten.»

«So ist es», sagte König Johann abschließend. «Hat einer der Herren noch Einwände?»

«Sire» sagte Francisco, «warum sollte es nicht möglich sein, gemeinsam mit König Ferdinand und Königin Isabella den einzig richtigen Weg nach Indien zu finden? Steht das Interesse der Christenheit, die Mauren im Osten und Westen zu umzingeln, nicht über dem Bruderkrieg zwischen unseren beiden Völkern?»

Christoph Kolumbus schnaubte verächtlich und blickte fragend zum König hinüber.

Wie um Hilfe suchend sah Francisco seinen Großmeister an; dieser schien den Blick nicht zu bemerken.

«Graf Francisco d'Almeida.» Aufkommender Ärger rötete die Stirn des Königs. «Wie könnt Ihr es wagen, uns kleinlicher Interessen zu beschuldigen! Ihr wisst genau, dass es gerade die Spanier sind, die uns bedrängen.»

«Ja, Sire, das weiß ich. Aber es könnte auch in unserem eigenen Interesse sein, wenn ...»

«Niemals!», unterbrach der König ihn scharf. «Schlagt Euch das aus dem Kopf. Unser Nachbarland, das so viel größer ist, würde unser Wissen missbrauchen und uns bei erster Gelegenheit zur Seite drängen.»

Zustimmendes Gemurmel folgte.
«Ja, Sire», sagte Francisco und schluckte seinen Ärger hinunter. Der Zorn des Königs musste sich erst legen. Es war wohl besser, später wieder darauf zurückzukommen.
«Es ist gut, Graf. Übrigens habe ich für Euch auch eine Aufgabe vorgesehen.»
«Welche, Sire?»
«Sobald wir Kapitän Kolumbus nach Spanien schicken, bietet Ihr König Ferdinand Eure Dienste bei der Vertreibung der Mauren aus Südspanien an. Das habt Ihr schon einmal getan. Außerdem steht Ihr als Ritter des Schwertordens außerhalb jeglichen Verdachts.»
«Mit welchem Ziel, Sire?»
«Wir brauchen einen Mann, der für uns die Entwicklung am spanischen Hof aufmerksam beobachtet.»
«Als Spion, Sire?»
«Nennt es, wie Ihr wollt. Wir geben Euch den Auftrag.»
«Aber, Sire, Ihr wisst doch von meinen freundschaftlichen Gefühlen gegenüber dem spanischen Königspaar!»
«Das ist Eure Schwäche, Graf d'Almeida. Wir verlassen uns auf Eure Treue zu uns.»
Francisco biss sich auf die Lippen. Kam er jetzt schon wieder in Gewissensnot, so wie mit der Schrift des Aristoteles? Stolz richtete Francisco sich auf. «Sire, erlaubt Ihr mir dann wenigstens, dass ich mich aktiv am Krieg gegen die Mauren beteilige, auch wenn es auf Kosten meines Auftrages ginge?»
König Johann lächelte und sagte: «Tut, was Ihr für richtig haltet, Graf!»

König Johann trieb ein gekonntes Spiel. Kaum ein Jahr später verabschiedete er Kolumbus in aller Öffentlichkeit. Im Thronsaal hatten sich viele Würdenträger versammelt, einschließlich des spanischen Gesandten. «Kapitän Kolumbus», sagte der König, «Euren Berechnungen zufolge verläuft der kürzeste Weg nach Indien in westlicher Richtung. Wir sind anderer Ansicht. Aber wir haben große Wertschätzung für Eure Entschlossenheit und Euer seemännisches Geschick. Wenn Ihr nicht so hohe Forderungen gestellt hättet, wären wir aus Freundschaft eventuell geneigt gewesen, Euch einen Versuch wagen zu lassen. Da Ihr aber an Euren Bedingungen festhaltet, bleibt uns nur, Euch viel Glück zu wünschen.»

Christoph Kolumbus ging nach Spanien. Er streute das Gerücht aus, dass sein Fortgang aus Portugal eine verkappte Flucht sei und dass er geheime portugiesische Staatsdokumente mitgenommen habe. In der Tat besaß Kolumbus eine Kopie der Karte, in der Toscanelli das ferne Indien westlich von Europa eingezeichnet hatte. Jetzt war es Kolumbus' Aufgabe, König Ferdinand und seine Ratgeber von der Richtigkeit seiner Berechnungen zu überzeugen. Als Belohnung für seine Dienste stellte er die gleichen Forderungen wie an den portugiesischen König.

Das spanische Königspaar lehnte es ab, Kolumbus überhaupt zu empfangen. Wie konnte ein Plan, der von den Portugiesen als Unfug abgestempelt war, etwas Gutes beinhalten? Insgeheim machten sich jedoch die spanischen Kartenmeister daran, Kolumbus' Pläne genauer zu untersuchen, denn sie dachten sich: Dieser Kapitän aus Portugal verfügt über ein großes Wissen, und wenn er sich erdreistet, solch maßlose Forderungen zu stellen, muss er seiner Sache ganz sicher sein. Überdies gefiel ihnen der Gedanke, ihren portugiesischen Rivalen endlich einmal voraus zu sein.

Die erste Runde ging an Portugal!

Das Kap der Guten Hoffnung

Der portugiesische Königshof im Jahre 1488

Afrika war umsegelt! Kapitän Diaz war es gelungen, die Südspitze Afrikas zu finden und zu umsegeln. Er kam sogar noch etwas weiter.

Bereits vor Diaz' vermutlicher Rückkehr nach Portugal hatte König Johann Francisco zu sich befohlen. Er wollte ihn in seiner Nähe haben, wenn das Ergebnis dieser Expedition bekannt würde. Diaz war ein Vertrauter des Königs, Ritter im Ordens des Heiligen Jakob vom Schwerte und Franciscos bester Freund.

Von seinem Thron aus sah König Johann stirnrunzelnd auf Bartholomeu Diaz herab, der sich gerade den Schweiß von der Stirn wischte. Diaz war ein Mann der Tat, kein großer Redner. Es war ihm nicht leicht gefallen, dem König einen Bericht von seiner Reise zu geben. Immer wieder hatte dieser ihn mit Fragen und unerwartet spitzen Bemerkungen unterbrochen.

König Johann rieb sich die Nase und sagte missbilligend: «Kapitän Diaz, der Name ‹Sturmkap›, den Ihr Afrikas Südspitze gegeben habt, gefällt uns nicht.»

«Aber, Sire, die Stürme, die dort wüten, haben uns mindestens zweimal in Seenot gebracht.»

«Das mag sein, Kapitän Diaz, trotzdem missfällt uns dieser Name; er jagt den Seeleuten Angst ein. Wir beschließen, die Südspitze Afrikas fortan ‹Kap der Guten Hoffnung› zu nennen. Die Hoffnung nämlich, Indien zu erreichen.»

«Euer Beschluss ist weise, Sire.»

«Gewiss, Kapitän Diaz. Aber da ist noch etwas, was wir nicht verstehen.»

«Sire?»

«Warum seid Ihr so bald nach der Umrundung des Kaps zurückgekehrt?» Die Frage klang überraschend scharf.

Bartholomeu Diaz reagierte empört. «Aber, Sire! Skorbut, Entkräftung, meine Männer waren am Ende! Niemand ist bis jetzt weiter gekommen als wir!»

Zornig sah der König Diaz an. «Widerspenstige Mannschaften sollte man auspeitschen, Kapitän Diaz! Hier stehen höhere Interessen auf dem Spiel als das Wohlbefinden einiger Seeleute. Wir danken Euch für das, was Ihr getan habt, aber es war nicht genug. Wir wollen nach Indien fahren!» Und in kühlem Ton fuhr er fort: «Kapitän Diaz, Graf d'Almeida, haltet Euch zur Verfügung. Zur Feier unseres Erfolges werden wir nach Ablauf eines Monats ein großes Festmahl ausrichten lassen, und wir werden dafür sorgen, dass außer dem spanischen Gesandten auch Christoph Kolumbus daran teilnimmt. Ihr könnt gehen.»

Als Bartholomeu Diaz und Francisco draußen waren, fuhr sich Bartholomeu mit einer matten Gebärde über die Stirn.

«Allmächtiger, Francisco, was für ein Empfang! Nach meiner erfolgreichen Reise hatte ich wahrlich etwas anderes erwartet.»

«Nein, Bartholomeu, freundlich war er wirklich nicht. Unser König ist ungeduldig. Ich verstehe seine Nervosität. Immer häufiger geschieht es, dass spanische Sklavenhändler in unsere afrikanischen Gebiete vordringen. Auf dem Markt in Sevilla werden bald ebenso viele Sklaven verkauft wie in Lissabon. Es wird höchste Zeit, dass wir den Weg nach Indien finden, bevor uns die spanischen Handelsschiffe zuvorkommen. Aber du, Bartholomeu, hast nun beinahe Prinz Heinrichs Ziele erreicht.»

«Ach, so viel habe ich nun auch wieder nicht getan. Aber kannst du mir sagen, warum König Johann Kolumbus empfangen will? Er wird doch wegen Entwendung der Toscanelli-Karte, die zu den streng gehüteten geheimen Staatsdokumenten gehört, von unserer Justiz verfolgt.»

«Der König wird ihm ein freies Geleit verschaffen, damit er den Festlichkeiten und deiner Huldigung beiwohnen kann. Zurück in Spanien, kann er dann über deine Fahrt um das Kap der Guten Hoffnung berichten. Das wird Ferdinand und Isabella zu noch größerer Eile anspornen. Sie zögern schon viel zu lange, meint König Johann.»

«Steht es so schlimm um den Plan unseres Königs? Ist er deshalb so schlecht gelaunt?»

«Es liegt vor allem an der Unfähigkeit der spanischen Kartenmeister. Zum Glück können sie unsere List nicht durchschauen, andererseits sind sie aber auch nicht in der Lage zu beurteilen, ob es sich lohnt, Kolumbus' Pläne auszuführen. Man scheut außerdem die hohen Kosten und die Gefahren einer Fahrt in den Westen. Aber lass uns in den Garten gehen, ich möchte gerne mehr über deine Unternehmung hören.»

Als sie den königlichen Garten betraten, sagte Francisco: «Wenn ich es richtig verstanden habe, sind die Gegenwinde und Meeresströmungen aus dem Süden zu stark für unsere Schiffe.»

«Ja», sagte Bartholomeu, «man muss zuerst eine größere Strecke in westlicher Richtung fahren. Dann geht man auf Südostkurs und kann so, hart am Wind segelnd und unter Berechnung der Strömungen, das Kap erreichen. Anders geht es nicht, vor allem, wenn wir in Zukunft auch schwerere Versorgungsschiffe mitführen müssen.»

«Eine wichtige Erkenntnis, eine äußerst wichtige.»

«So ist es, Francisco. Die Strömungen und die Winde bilden zusammen ein kompliziertes Muster, und wir müssen noch vieles erkunden, bis wir es ganz durchschauen. Es kann gut sein, dass die beste Fahrtroute unsere Schiffe dicht an den Kontinent der Sieben Städte heranführen wird, vor allem, wenn sie in einen schweren Sturm geraten.»

«Solange die Spanier noch nichts davon wissen, haben wir dank deines Erfolges eine gute Chance, Bartholomeu.»

Unfrieden

Einige Tage danach betrat Bartholomeu Franciscos Arbeitszimmer.

«Ich habe dich um ein Gespräch gebeten», sagte Francisco, «weil ich mir ernsthafte Sorgen mache.»

Bartholomeu setzte sich. «Wo drückt der Schuh?»

Francisco zögerte. «Wie soll ich es dir erklären, Bartholomeu? Es geht um unseren Orden und um die List des Königs. Ich habe das Gefühl, dass etwas schief geht.»

«Was meinst du damit?», fragte Bartholomeu Diaz verwundert.

«Erstens möchte ich dir etwas über den Orden sagen. Ich bin schon seit längerer Zeit im Zwiespalt. Eigentlich hatte ich eher mit dir darüber reden wollen, aber es hat sich nicht ergeben. Du bist der Einzige, dem ich mich anvertrauen kann.»

«Sprich frei heraus, Francisco!»

«Gut ... Als ich dem Orden des Heiligen Jakob vom Schwerte beitrat, glaubte ich richtig zu handeln. Es freute mich, dass Prinz Heinrichs Werk fortgesetzt werden sollte. Ich glaubte auch, durch die Kraft ihrer Gebete an dem Aufbau einer guten, christlichen Welt mitwirken zu können. Ich hoffte, dass der Orden auf die Beschlüsse des Königshauses einen guten Einfluss ausüben würde. Fürsten neigen dazu, gewisse Belange wie Macht und Reichtum über alles zu stellen, vielleicht sogar mit Recht. Die Aufgaben eines Königs sind schwierig genug. Der Orden dagegen kann weltliche und geistliche Belange miteinander verbinden. Er muss darüber wachen, dass die Entfaltung der weltlichen Macht nur dem einen Ziel dient: eine gerechte Ordnung unter den Menschen herzustellen, damit wir in Übereinstimmung mit den christlichen Grundsätzen leben können. Prinz Heinrich wollte den Osten erreichen, um das Christentum zu retten. Das scheinen die führenden Ritter unseres Ordens und des Christusordens vergessen zu haben.»

«Aber Francisco, ist das nicht Schwarzmalerei? Ich gebe zu …»

«Es ist wahr, Bartholomeu, der Orden mischt in dem Spiel des Königs nur allzu gerne mit. Sie wollen die Spanier von den Meeren vertreiben, wollen Afrika wegen seines unerschöpflichen Vorrats an Sklaven abschirmen und Indien erobern, weil es Reichtümer in Hülle und Fülle verspricht. Irdische Gebieter sind dem Orden wichtiger geworden als unser Herrgott. Wann wird bei uns noch von einer Besinnung auf das wahre Christentum gesprochen? Nochmals, der Orden hat nur ein Ziel: Spanien auszustechen und zugleich Portugals Macht zu stärken. Kann das zu etwas Gutem führen?»

«Aber Francisco, du bist doch einer der wichtigsten Berater des Königs und ein Ordensmitglied, auf dessen Urteil man großen Wert legt. Bist du nicht selbst an dem beteiligt, was du das Spiel des Königs nennst?»

«Das ist es ja gerade, Bartholomeu. Deshalb bin ich innerlich so zerrissen.»

«Willst du etwa mit dem Orden brechen, Francisco?»

«Du weißt ebenso gut wie ich, dass das nicht möglich ist. Das Gelübde gilt für das ganze Leben. Überdies kann ich nur durch persönlichen Einsatz dazu beitragen, die Lauterkeit des Ordens zumindest ein bisschen zu bewahren. Wenn es mich auch manchmal in große Schwierigkeiten bringt …»

«Aber warum bleibst du in den Diensten des Königs? An ihn bindet dich doch kein Gelübde.»

Francisco dachte nach. «Auch hier fühle ich mich irgendwie gefangen, Bartholomeu. Das Spiel von Macht und Einfluss hat mich fest im Griff. Fortwährend wird unrechtmäßig gehandelt; an den Königshäusern werden die christlichen Tugenden mit Füßen getreten. Und wenn ich es so recht bedenke, hat jede Tat, ob gut oder böse, ihren Anteil an der Zukunft unserer Welt. Wenn du für eine bessere Welt kämpfen willst und das Los dich auf einen einflussreichen Platz gestellt hat, musst du dann nicht alles tun, was möglich ist, und die Fehler hinnehmen?»

«Das klingt, als zweifeltest du an deinen eigenen Worten.»

«Ja, Bartholomeu, guter Freund, ich zweifle. Meinen Posten am Hofe werde ich nicht aufgeben, wenn ich damit auch die Verantwortung für die Taten des Königs teile. König Johann ist ein impulsiver Mann. Er fasst schnelle Beschlüsse, die nicht immer gut sind. Und seine Fehler werden auch meine Fehler sein, solange ich zu seinen Ratgebern gehöre. Mein Verstand sagt mir: Gott hat dich nun einmal auf diesen Platz gestellt. Mach Gebrauch von deinen Einflussmöglichkeiten und akzeptiere deine Mittäterschaft. Danach handle ich, aber manchmal frage ich mich, ob meine Hände dabei nicht allzu schmutzig werden.»

«Tja», erwiderte Bartholomeu, «das habe ich mich auch schon gefragt. Für mich ist es nicht so schwerwiegend. Ich habe weniger Einfluss als du. Das Spiel der Macht ist wie ein Netz, in dem alle Fäden miteinander verknüpft sind. Wenn du ein Spinnennetz aus einiger Entfernung betrachtest, siehst du, dass es sinnvoll und gut aufgebaut ist, aber für die gefangene Fliege ist es nur ein beängstigender Wirrwarr von Fäden. Wer sich einmal auf die weltliche Macht eingelassen hat, kommt nicht mehr davon los. Die guten Absichten, die man zu Anfang hat, verfangen sich in einem Labyrinth von List und Tücke. Man fühlt sich verraten und verkauft und weiß zu wenig von den großen Zusammenhängen. Eigentlich schrecke ich davor zurück, mich mit der Macht einzulassen.»

«Und doch», sagte Francisco, «was hätte es für einen Sinn, wenn ich mich auf einen hohen Berggipfel zurückzöge? Was nützte es, wenn ich von dort aus die Welt betrachtete und sagen würde: Wie schlimm geht es da unten zu, aber was kümmert's mich, es ist nicht meine Schuld. Daraus wird niemals etwas Gutes.»

«Francisco, was erwartest du eigentlich von mir? Meine Gedanken sind nicht so tiefgründig wie deine.»

Francisco lächelte. «Ich kann nicht immer alles hinunterschlucken. Manchmal benötigte ich einen Freund, mit dem ich mich offen aussprechen kann.»

«Ich glaube an dich, Francisco. Und bleib auf deinem Posten!»

«Ich danke dir, Bartholomeu, doch möchte ich noch etwas hinzufügen, auch wenn es dein Urteil über mich ungünstig beeinflussen könnte.»

«Und was ist das?», fragte Bartholomeu überrascht.

«Es besteht die Aussicht, dass ich in einigen Jahren in den Rang eines Großadmirals erhoben werde. Ich muss zugeben, dass ich stolz darauf bin. Stell dir vor: der Befehl über die ganze Flotte! Und jetzt frage ich mich schon seit längerer Zeit, ob mich das nicht an den königlichen Hof binden wird.»

«Ich verstehe», sagte Bartholomeu, «du schreibst dir selbst gute und edle Absichten zu, doch in Wirklichkeit schielst du nur nach einer hohen Position. Francisco, du enttäuschst mich.»

Betroffen sah Francisco seinen Freund an. «Na, na, so liegt es auch wieder nicht.»

«Ach, hör doch auf, Francisco!», unterbrach Bartholomeu ihn lachend und gab ihm einen freundschaftlichen Klaps auf die Schulter. «Du brauchst kein Heiliger zu sein! Lieber nicht, sonst würde ich es nicht wagen, dich wieder zu besuchen. Und unsere Gespräche möchte ich keinesfalls missen.»

Francisco wusste nicht recht, ob er lachen oder weinen sollte. Er versuchte es mit einem kleinen Lachen: «Wie wär's mit einem Glas Wein in der Taverne?»

Der Fall von Granada

Winter 1491

Der Kampf gegen die Mauren näherte sich der Entscheidung. Alle wichtigen Festungen der Mauren waren bereits erobert, nur Granada widerstand noch immer. Eine spanische Übermacht von ungefähr 250.000 Mann hatte die Stadt seit Monaten umzingelt. An diesem letzten Kampf nahmen auch viele spanische und portugiesische Ritter teil, die dem Orden des Heiligen Jakob vom Schwerte angehörten. Francisco war einer der Befehlshaber. Auch er kämpfte gegen Granada, die Stadt, in der Ibn Chabut und Soleia lebten.

Eine gewagte Unternehmung

Die spanische Armeeführung hatte einen gewagten Plan ausgearbeitet. Obwohl es bereits Anzeichen dafür gab, dass die Stadt in Kürze ausgehungert sein würde, wollte man sichergehen.

Gegenüber einem der Stadttore befand sich eine steile Felswand. Von der Ebene vor der Festungsmauer aus konnte man sie nicht erklimmen, zumindest nicht, wenn man eine Kanone mit sich führte, aber über einen angrenzenden schmalen Gebirgsrücken konnte man ein kleines Plateau oberhalb der Felswand erreichen. Man wollte versuchen, dort eine schwere Kanone in Stellung zu bringen. Den Berechnungen zufolge musste es möglich sein, von dieser Höhe aus eines der Seitentore unter Beschuss zu nehmen, ohne dass die Geschosse der maurischen Geschütze sie dort oben erreichen konnten. Aber welcher der Anführer würde diese Unternehmung leiten und die Kanone über die Berge bringen können? Zu Füßen der Sierra Nevada lag – ganz außergewöhnlich für diese Jahreszeit – eine dicke Lage Schnee, und der

Weg war äußerst gefährlich. Man entschied sich für einen Ritter aus dem Orden des Heiligen Jakob vom Schwerte. Die Ordensritter hatten ja ihre besonderen Gebete, um Gottes Segen im Kampf zu erbitten. Die Wahl fiel auf Francisco d'Almeida.

Da liegt also die stärkste Festung von ganz Spanien, dachte Francisco bei sich. Er stand auf einem Berggipfel und schaute über die Stadt. Unten im Tal mühten sich seine Männer ab, den glatten Fels zu überwinden. In der Ferne konnte Francisco unter den grauen Wolken den Palast des Sultans erkennen. In einem dieser vielen Nebengebäude hatte er gelegen. Ibn Chabut ... Soleia ... Was mochte aus ihnen geworden sein? Ob der alte Fürst noch lebte? Wenn sie die Stadt einnehmen würden, wäre Soleia möglicherweise in Gefahr. Er wollte alles daransetzen, um sie zu beschützen. Hoffentlich lebte sie überhaupt noch!

Ein kalter Windzug ließ Francisco frösteln. Aus dem Tal kamen Schreie. Halb laufend, halb gleitend, fand Francisco seinen Weg nach unten. «Kommandant, die Kanone ist festgefahren», keuchte ein Soldat, der ihm entgegengeklettert kam.

«Ich komme», sagte Francisco beunruhigt.

Wenn die Kanone wirklich festsaß, könnte alles schief gehen. Es sah wirklich schlecht aus. Ein Rad hatte sich in einem Spalt verklemmt. Wie sehr sie auch zerrten und zogen, die Kanone bewegte sich nicht. Zu allem Überfluss begann es auch noch zu schneien. Francisco musste seine Augen mit beiden Händen schützen, um überhaupt etwas sehen zu können.

«Räumt den Schnee weg, die Kanone darf auf keinen Fall einschneien!», brüllte Francisco.

Keiner hörte ihn. Der Wind pfiff aus allen Ecken. Fieberhaft lief Francisco umher. Überall, wo er auf Soldaten traf, erteilte er seine Befehle. Sie arbeiteten Schulter an Schulter, fluchten und keuchten und schoben mit steif gefrorenen Händen den Schnee weg. Doch immer wieder häuften sich die Schneeflocken zu einer neuen Schicht an.

Ebenso unerwartet, wie es begonnen hatte, hörte es wieder auf zu schneien. Der Wind legte sich, sanft wirbelten dicke Schneeflocken herab.

«Gute Arbeit, Männer!», sagte Francisco. Er erschrak vor seiner eigenen Stimme. In der plötzlichen Stille brauchte man nicht zu schreien. Die Soldaten murmelten irgendetwas Unverständliches. Sie waren völlig erschöpft. Aber die Kanone stand frei! Francisco wischte eine Lage frischen Schnee von dem Lauf und klopfte auf das Metall. Der Ton klang ihm wie Musik in den Ohren.

«Und die Munitionskisten?», fragte er den Leutnant, der die Verantwortung hatte.

Der Leutnant sah sich mit bestürzter Miene um. «Ich weiß es nicht, Kommandant», sagte er kleinlaut.

«Ihr wisst es nicht?», entgegnete Francisco scharf. «Los, suchen! Wenn sich das Wetter wieder verschlechtert, finden wir sie nie.»

Der Leutnant schluckte und befahl den Soldaten, im Schnee zu graben. Mit zusammengepressten Lippen sah Francisco zu, wie die Männer ein paar Kisten mit großer Anstrengung ausschaufelten.

«Wir haben ungefähr die Hälfte wieder gefunden», meldete der Leutnant.

«Die Hälfte», sagte Francisco. «Dann müssen wir aber verdammt gut zielen, nachdem wir die Kanone in Stellung gebracht haben. Schnell, an die Arbeit! Säubert den Boden um das festgefahrene Rad und lasst kein bisschen Schnee liegen! Wir müssen warten, bis die Sonne wieder scheint. Wenn das Holz trocknet, wird es zusammenschrumpfen. Vielleicht lässt sich das Rad dann wieder bewegen.»

Ein Feuer zu machen schien Francisco zu gefährlich, da das Holz hätte anbrennen können. Er wollte es nur im äußersten Notfall versuchen.

Es dauerte anderthalb Tage, bis die Sonne endlich durchbrach. Weitere Munitionskisten kamen unter dem Schnee zum Vorschein. Als das Rad trocken genug war, konnten sie die Kanone wieder vorwärts bewegen. Vorsichtig ging es weiter, bergauf, bergab. Sie näherten sich dem Plateau. Ehe die Stadt in Sicht kam, ließ Francisco Halt machen.

«Männer, wir schlagen hier unser Lager auf. Ruht euch erst aus. Anschließend muss die Kanone gesäubert werden. Heute Nacht bringen wir sie in Stellung.»

«Im Dunkeln, Kommandant?»

«Natürlich, es wird ein Überraschungsangriff. Und seht zu, dass ihr hier jeden Stein und jeden Strauch kennen lernt, solange es noch hell ist.»

Es wurde dunkel, und sie warteten auf ein Zeichen ihres Befehlshabers.

«Fangt an!», sagte Francisco, als es ihm dunkel genug erschien. «Und macht kein unnötiges Geräusch, vor allem kein Feuer!»

Schweigend versammelten sich die Soldaten um die Kanone. Die Seile wurden befestigt, knarrend setzte sich das Ungetüm in Bewegung. Behutsam ließen sie die Kanone von einer überhängenden Felswand über einen Abhang oberhalb des Plateaus nach unten gleiten. Die Männer waren in Gruppen angeseilt; sie fluchten und stöhnten leise. Es genügte ein Fehltritt, ein Schrei – und sie hätten sich vorzeitig verraten.

Endlich kam die Kanone mit einem Rums zum Stehen. Es war geglückt! Die Männer suchten Steine und schichteten sie vor der Kanone zu einer kleinen Mauer auf.

«Jetzt müssen wir bis zum Tagesanbruch warten», sagte Francisco. «Der erste Schuss bedeutet für unser Heer das Startzeichen für den Großangriff. Es geht um alles oder nichts», fügte er grimmig hinzu.

Endlos dehnten sich die Stunden. Niemand dachte daran zu schlafen. Im Osten begann es langsam zu dämmern. Zum Glück hatten sie freie Sicht. Die Ebene war schneefrei, und es versprach ein schöner Tag zu werden. Immer deutlicher konnten sie von ihrem hohen Posten aus die Umrisse der Stadt erkennen. Selbst das Tor zeichnete sich langsam ab. Der Geschützmeister begann den Lauf zu richten. Im leisen Gespräch überlegte er mit Francisco, wie viel die Entfernung betragen könne und auf welcher Höhe sie sich befänden.

«Laden», befahl Francisco.

Sie brachten ein Pulverfass herbei, schütteten das Pulver in das Kanonenrohr und stampften es mit einem langen Ladestock fest. Dann schoben sie eine Kanonenkugel hinein.

«Gott sei mit uns, Männer!», sagte Francisco.

Mit einer Zunderbüchse wurde Feuer geschlagen. Der Kanonier hielt die brennende Fackel bereit.

«Feuer!», rief Francisco.

Zischend fing die Lunte Feuer, und dumpf rollte das Echo durch die Berge. Etwa hundert Meter vor dem Tor spritzte eine Erdfontäne auf. Schnell richtete der Kanonier den Kanonenlauf neu aus. Während das Geschütz wieder geladen wurde, brach ein ohrenbetäubender Lärm los. Aus allen Ecken dröhnten Salven und schallten Trompeten. Die zweite Kugel schlug kurz vor dem Tor auf.

«Beim nächsten Mal wird's ein Treffer!», rief der Geschützmeister triumphierend.

«Wartet ab!», befahl Francisco, «die Mauren dürfen unseren Standort noch nicht ausfindig machen. Das genügt, um sie in Verwirrung zu bringen. Lasst unsere Truppen erst näher kommen.»

Francisco hatte noch nicht zu Ende gesprochen, da hörten sie die Schlachtrufe der Soldaten. Der Angriff kam in Gang. Sie sahen, wie Regiment auf Regiment nach vorn stürmte und wie mehrere Trupps Soldaten sich abmühten, Kanonen weiterzuschieben und immer wieder neu in Stellung zu bringen. Aus der Stadt wurde heftig geschossen. Dicke Pulverdampfwolken schwebten über den Festungsmauern.

Jetzt feuerten sie ihren dritten Schuss ab.

«Getroffen!», jubelte Francisco. «Weitermachen!»

Ein großer Trupp Reiter stürmte auf das Tor zu. Unabsehbare Reihen von Fußvolk folgten.

Franciscos Männer feuerten eine Kugel nach der anderen ab. Jede traf das Tor. Plötzlich hörten sie unter sich ein paar schwache Einschläge.

«Sie haben uns entdeckt. Sie schießen auf uns!», schrie ein Soldat, der, halb über den Felsrand hängend, Ausschau hielt.

«Keine Sorge, Männer», sagte Francisco ruhig, «so hoch droben treffen sie uns nicht.»

Beim nächsten Schuss auf das Tor zersplitterten die großen Holztüren.

«Das Tor gibt nach! Wir haben gewonnen!»

«Weitermachen!», rief Francisco. «Noch ein paar Treffer, dann können unsere Leute die Tore aufbrechen.»

Und so war es auch. Sie sahen, wie die Mauren, klein wie Puppen, über die Stadtmauer auf das bedrohte Tor zuliefen. Noch ehe sie es erreicht hatten, war der Weg frei, und die Spanier drangen in die Stadt ein. Da hörten sie Geschrei. Was war das? Die Spanier wurden zurückgetrieben, Schritt für Schritt mussten sie vor den verbissen kämpfenden Mauren zurückweichen.

«Sollen wir helfen, Kommandant?», fragte der Geschützmeister, der bereits aufgesprungen war.

«Nein», sagte Francisco, «das ist für unsere Leute zu gefährlich. Wir müssen abwarten.»

Der Kampf vor dem Tor wurde noch eine Zeit lang fortgesetzt, dann zogen sich die Mauren Hals über Kopf hinter die Stadtmauer zurück. Es verging etwa eine Stunde, während der sie tatenlos zusehen mussten.

«Sie streichen die Fahnen!», rief Francisco plötzlich. «Die Mauren kapitulieren.»

Langsam wurden überall die maurischen Fahnen niedergeholt. Von der Ebene her stieg ein stürmischer Jubel auf. Salutschüsse dröhnten durch die Luft und gaben dem Ereignis einen feierlichen Glanz. Granada war bezwungen. Nach vielen hundert Jahren waren die Mauren endlich besiegt.

«Dies ist ein denkwürdiger Augenblick», sagte Francisco feierlich. «Im Osten sind die Mauren noch unerreichbar, aber hier hat das Kreuz triumphiert. Ich bin stolz auf euch, Männer.» Francisco stand auf. «Schiebt jetzt die Kanone über den Felsrand!»

«Unsere Kanone den Felsen hinunterwerfen?», fragte der Geschützmeister ungehalten. «Nach allem, was wir mit ihr erreicht haben?»

«Doch», antwortete Francisco, «da wir jetzt selbst in die Festung einziehen werden, darf hier kein Geschütz mehr stehen, das gegen uns gerichtet werden kann.»

«Der Kommandant hat Recht.»

Krachend schlug die Kanone unterhalb der Felswand auf und zerbrach in viele Teile.

«Wir marschieren sofort ab», sagte Francisco bestimmt. «Lasst alles hier zurück!»

Francisco war in großer Eile, denn seine Gedanken waren bei Soleia …

Innerhalb der Mauern

Langsam öffnete sich das Haupttor der Festungsstadt Granada. Es war der 2. Januar 1492. Sultan Boabdil ritt, begleitet von fünfzig Reitern, über die Ebene auf König Ferdinand zu. Auf dem Damastkissen in seinen Händen glänzte der goldene Schlüssel der Stadt. Sultan Boabdil stieg vom Pferd, verbeugte sich tief und überreichte den Schlüssel.

Ferdinand nahm das Zeichen der Unterwerfung entgegen. Daraufhin gab er das Zeichen für den Einzug in die Stadt. Kurz vor dem Tor rief der königliche Herold:

«Granada! Granada! Empfange deinen Fürsten Ferdinand und deine Fürstin Isabella!»

Gleichzeitig gingen auf allen Türmen die Fahnen hoch: das Banner des spanischen Königshauses und die Ordensflagge des Heiligen Jakob vom Schwerte – das weiße Feld mit dem roten Schwert, dessen Handgriff die Form eines Herzens hatte.

«Granada für König Ferdinand und Königin Isabella!», rief eine tausendköpfige Menge von Spaniern.

An diesem Abend wurde in dem Palast des Sultans ein großes Festmahl angerichtet. Die Gäste saßen an prächtig gedeckten Tafeln und aßen von goldenen und silbernen Tellern. Musikanten und Akrobaten sorgten für Unterhaltung. Francisco saß neben Brás da Silva, der all die Jahre im spanischen Dienst geblieben war. Jetzt war er General.

«Sag mal, Brás, weißt du vielleicht, ob schon bekannt ist, wer zu den wichtigsten Gefangenen gehört?»

«Nein, Francisco, das ist noch nicht bekannt. Eigenartig, dass du danach fragst, ich dachte auch gerade darüber nach. Der Großmeister unseres Ordens hat mir nämlich den Auftrag gegeben, einen bestimmten maurischen Fürsten ausfindig zu machen.»

Francisco tat, als richtete er seine ganze Aufmerksamkeit auf das Fleisch, das er vom Knochen löste. Der Orden suchte einen maurischen Fürsten! Sollte das etwa Ibn Chabut sein? Oder Ibn Chabuk, wie Carvalho ihn genannt hatte? Ohne lange zu zögern, musste er jetzt den richtigen Entschluss fassen. Wenn sich der Fürst tatsächlich unter den Gefangenen befand und da Silva ihn ausfragen würde – womöglich in brutaler Weise –, dann musste er sofort handeln. Ansonsten könnten Dinge geschehen, auf die er später keinen Einfluss mehr hätte. Francisco warf da Silva einen flüchtigen Blick zu.

«Brás, auch ich suche jemanden. Warum sollten wir nicht gemeinsam die Reihe der hochrangigen Gefangenen entlanggehen? Für dich als General öffnen sich hier mehr Türen als für mich.»

Da Silva lachte geschmeichelt. «Natürlich, Francisco, für einen Landsmann tue ich alles. Aber – wen suchst du eigentlich?»

«Den Arzt, der mir beim vorigen Mal das Leben gerettet hat.»

«Wie war sein Name?»

«Das weiß ich nicht, aber ich würde ihn bestimmt wieder erkennen.»

«Und was willst du von ihm?»

«Wenn er jetzt gefangen ist, möchte ich ihm einen Gegendienst erweisen. Das bin ich ihm schuldig, meinst du nicht auch, Brás?»

«Hm ja, vielleicht. Wir werden sehen.»

Ein trauriges Los

In den darauf folgenden Tagen schritten Francisco und Brás da Silva vergeblich die Reihen der hochrangigen Gefangenen ab. Aber da Silva gab sich nicht zufrieden. Er bat um Genehmigung, Sultan Boabdil zu befragen. Das wurde ihm verweigert. Es schien noch eine andere Möglichkeit zu geben: Der Großwesir des Sultans befand sich unter den Gefangenen. Er war bei dem Gefecht verwundet worden und lag im Hospital.

Da Silva leitete das Verhör:

«Wenn Euch Euer Leben lieb ist, rate ich Euch, die Wahrheit zu sagen.»

Der Großwesir nickte.

«Gut. Sagt mir, kennt Ihr Fürst Ibn Chabuk?»

Da haben wir's, durchfuhr es Francisco. Der Orden sucht Ibn Chabut.

«Weshalb wollt Ihr das wissen?», fragte der Maure in gebrochenem Spanisch.

«Ich stelle hier die Fragen!», herrschte da Silva ihn an.

«Ich kannte ihn. Fürst Ibn Chabut.»

«Wieso kanntet Ihr ihn? Ist er tot?»

«Ja.»

«Im Kampf gefallen?»

«Nein.»

«Wie denn?»

«Durch Mörderhand.»

«Wann?»

«Vor ungefähr einem Jahr.»

«Warum?»

«Es wurde nicht aufgeklärt.»

«Warum, habe ich gefragt!»

«Ich weiß es nicht, Herr, glaubt mir.»

Da Silva stand auf und gab Francisco einen Wink, sich mit ihm in eine Zimmerecke zurückzuziehen. Francisco bemerkte es nicht. Der alte Fürst war ermordet worden …

«Francisco! Komm bitte einen Moment her!»

Francisco schrak auf und kam herbei.

«Was ist mit dir, Francisco? Du siehst ganz blass aus.»

«Ach, ich bin müde. Was gibt es?»

«Glaubst du, was der Maure gesagt hat?»

«Warum sollte er lügen? Dafür finde ich keinen Grund. Bist du anderer Meinung?»

«Hm, eigentlich nicht, nein. Gut, dann wissen wir genug.» Und nach kurzem Stillschweigen sagte er: «Jetzt bist du an der Reihe, Francisco.»

Widerwillig kehrte Francisco an das Bett des Großwesirs zurück. Nun musste er unter da Silvas Aufsicht das Verhör fortsetzen. Jedenfalls durfte er jetzt den Namen Ibn Chabut nennen.

«Wart Ihr vor dreizehn Jahren auch am Hof?»

«Ja.»

«Erinnert Ihr Euch noch daran, dass Granada damals ebenfalls angegriffen wurde?»

«Ja.»

«Wisst Ihr noch, dass damals ein portugiesischer Ritter mit einer Kopfwunde in Gefangenschaft geraten ist?»

Der Mann dachte nach. «Nein, das weiß ich nicht. Es ist so lange her.»

Da Silva beugte sich über den Kranken und übernahm wieder das Verhör: «Von wem wurden die verwundeten Ordensritter in der Regel versorgt?»

«Ich glaube, von Fürst Ibn Chabut, nach dem Ihr mich vorhin gefragt habt.»

«Und von keinem anderen?»

«Vermutlich nicht.»

Triumphierend wandte sich da Silva zu Francisco: «Siehst du, man muss es nur gut anpacken. Fürst Ibn Chabut, was sagst du nun?»

«Mein Kompliment, Brás.» Francisco spielte seine Verwunderung so gut, dass er dem anderen ein breites Lachen entlockte. «Aber damit ist meine Suche auch beendet», fuhr Francisco fort.

«Welch ein eigenartiger Zufall, dass wir beide nach ein und derselben Person suchten.»

Francisco war aufgestanden.

«Zufall?», sagte da Silva scharf.

«Was denn sonst, Brás?»

Unter dem ruhigen, fragenden Blick senkte da Silva die Augen. «Komm, wir gehen», murmelte er, drehte sich um und ging auf die Tür zu.

«Nein, Brás, ich bin noch nicht fertig», sagte Francisco. Nachdem da Silva herausbekommen hatte, dass Ibn Chabut sein Betreuer gewesen war, konnte er auch nach Soleia fragen. «Wenn Fürst Ibn Chabut mein Arzt gewesen war, dann wird die Frau, von der ich damals erzählt habe, wohl zu ihm gehören. Die Frau, die meine Pflegerin war, weißt du noch? Vielleicht kann ich ihren Namen erfahren und weitere Erkundigungen einziehen.»

«Ach, hat sie dir den Brief geschrieben, den du damals verbrannt hast?» Da Silva kam zurück.

«Ja.»

Der Großwesir blickte Francisco an und sagte: «Es könnte Frau Soleia gewesen sein, eine Tochter des Fürsten. Sie half Fürst Ibn Chabut bei der Versorgung der Kranken.»

«Was ist aus ihr geworden?», fragte Francisco gespannt.

«Sie wurde eine der Frauen des Sultans. Weiter weiß ich nichts.»

Soleia eine Frau des Sultans? Entsetzlich! Was war hier nach seiner Flucht geschehen?

«Ist sie noch hier? Lebt sie noch?»

«Ich weiß es nicht.»

Francisco nickte dem Großwesir zu und stand auf. Da Silva sah ihn grinsend an. «Willst du die schöne Frau suchen, Francisco? Hoffentlich hat sie ihre Schönheit nach all den Jahren noch nicht eingebüßt.»

Geh zur Hölle, Kerl, dachte Francisco. Er ließ sich aber nichts anmerken und murmelte: «Es ist nie verkehrt, sich die Dankbarkeit einer Frau zu verdienen, nicht wahr?»

Brás da Silva zwinkerte ihm vielsagend zu. «Recht hast du, Francisco. Soll ich dir bei der Suche helfen?»

«Wenn du willst», antwortete Francisco, wissend, dass er ihn doch nicht los wurde.

Die Haremsfrauen des Sultans waren in einem Raum des Palastes untergebracht worden. Francisco und Brás betraten den Saal.

«Ich bin gespannt», sagte da Silva. Francisco gab keine Antwort. Wie festgenagelt blieb er stehen. Inmitten von etwa vierzig Frauen hatte er Soleia entdeckt. Trotz ihres Schleiers hatte er sie sogleich erkannt. Aber wie sah sie aus! Totenblass. Über ihr Gesicht lief ein breiter roter Striemen. Verwundert sah sie Francisco an, stand auf und kam zögernd näher.

«Diese? Erkennst du sie?», fragte da Silva.

«Ja, sie ist es.»

«Sie ist schlimm zugerichtet», sagte da Silva.

Francisco ging auf Soleia zu. Sie standen sich gegenüber.

«Du bist gekommen, Francisco», sagte sie leise. Ihre Augen glänzten vor Freude.

«Ja, Soleia.»

Beide schwiegen eine Weile. Dann sagte Francisco: «Ich werde dir helfen. Wir können später miteinander reden.» Soleia nickte wortlos.

Francisco ließ Soleia in einem Extrazimmer unterbringen. Zu da Silva sagte er, dass er sie aus Granada wegführen wolle.

Da Silva grinste vielsagend. «Natürlich, Francisco. Bring sie zu irgendeinem Landsitz. Das würde ich auch tun.»

Francisco ging wohlweislich nicht darauf ein. Aber er musste eine passende Unterkunft für sie finden. Auf keinen Fall wollte er Claudia in Verlegenheit bringen; seine Beziehung zu ihr war freundschaftlich, nicht mehr, aber auch nicht weniger. Eine maurische Frau konnte man nicht so ohne weiteres unterbringen. Das Einzige, was ihm einfiel, war die kleine maurische Gemeinschaft in Lissabon, die Gemeinschaft der königlichen Kartenzeichner. Das musste zu regeln sein.

Was dagegen sprach, war die Gefahr, dass der Orden Interesse für Soleia zeigen könnte, nachdem da Silva sie als Tochter von Ibn Chabut kennen gelernt hatte. Andererseits hielt die Gemeinschaft der maurischen Kartenzeichner eng zusammen, und der Orden hatte kein Recht, sich in die Angelegenheiten dieser Gemeinschaft einzumischen. Ja, das musste die beste Lösung sein.

Es gingen ihm so viele Erwägungen durch den Kopf, dass er noch keine Gelegenheit gefunden hatte, seine Gefühle zu überprüfen, um herauszufinden, ob er nach dieser langen Zeit noch das Gleiche für Soleia empfand wie damals.

«Soleia, arme Soleia, was hast du alles durchgemacht.»

«Ach, Francisco, das Schlimmste ist vorüber.»

«Was ist mit dir geschehen? Diese Striemen?»

«Ein Spanier hat versucht, sich an mir zu vergreifen.»

Francisco sah sie mitleidig an. «Und wie bist du in den Harem des Sultans gekommen?»

«Es ist inzwischen so viel passiert. Einer unserer Diener hat meinen Vater verraten. Ich konnte sein Leben retten, indem ich mich dem Sultan hingab. Leider hat es ihm nichts genützt, später wurde er doch ermordet.» Sie setzte sich, ein Häuflein Elend.

«Ich weiß, Soleia, ich habe davon gehört. Wie ... wie ist es dazu gekommen?»

Tonlos erzählte sie: «Ein Meuchelmörder hat meinem Vater ein Messer in den Rücken geworfen. Man sagt, dass es das Werk einer geheimen Bruderschaft gewesen sei, der mein Vater anzugehören schien. Aber warum?»

Mit einer Mischung aus Mitleid und Zärtlichkeit berührte Francisco Soleias Schulter. Fragend sah sie zu ihm auf.

«Soleia, möchtest du, dass ich dich mitnehme, weg von hier?»

«Aber wohin?»

«Nach Portugal. Du könntest dort ein neues Leben beginnen. Ich werde dafür sorgen, dass es dir an nichts fehlen wird.»

Soleia errötete leicht. «Aber Francisco, wie soll das gehen? Eine Moslemfrau allein im Christenland?»

«In Lissabon leben viele ungewöhnliche Menschen. Deine Glaubensgenossen gehören zu den besten Kartenzeichnern des Königs. Sie werden für dich sorgen. Alles wird gut, glaube mir.»

Soleia senkte den Blick und dachte nach. «Ich gehe mit dir, Francisco», sagte sie hoffnungsfroh, «wenn du meinst, dass es wirklich möglich ist.»

«Es ist möglich, Soleia.»

Königin Isabella

Als Francisco alles für die Abreise vorbereitet hatte, wartete noch eine weitere Überraschung auf ihn: Er wurde zu Königin Isabella beordert. Sie hatte von seinen Taten gehört und wollte ihm persönlich dafür danken.

«Graf Francisco d'Almeida, Admiral von Portugal, Ordensritter des Heiligen Jakob vom Schwerte!» So wurde er durch den Lakei angekündigt.

«Tretet näher, Graf!» Königin Isabella nahm Franciscos Handkuss mit einem freundlichen Lächeln entgegen. «Es ist uns ein Vergnügen, Euch wiederzusehen.»

«Ich fühle mich sehr geehrt, edle Fürstin.»

«Wir wollen auch diesmal alles über Eure mutige Unternehmung hören. Kommt, setzt Euch zu mir!»

Francisco erzählte, und Isabella erkundigte sich nach allen Einzelheiten.

Zum Schluss sagte die Königin: «Spanien hat Euch viel zu verdanken, Graf. Wir wollen Euch reichlich belohnen.»

Francisco zögerte. «Ich hoffe, Euch nicht zu kränken, Majestät, aber ich kann keine Belohnung annehmen.»

«Aber warum denn nicht?» Ihre Augen wurden groß vor Verwunderung.

«Ich bin Untertan des Königs Johann II. von Portugal, Eure Majestät. Sollte ich eine Belohnung verdient haben, dann kann ich sie nur aus seiner Hand empfangen.»

«Wie Ihr wollt.» Die Königin war enttäuscht. Dann sagte sie langsam: «Portugal, ein kleines Volk mit so viel Heldenmut. Es betrübt uns, dass unsere beiden Länder sich gegenseitig den Vorrang auf den Ozeanen streitig machen.»

«Mich auch, Fürstin.»

Königin Isabella lächelte Francisco an. «Hat Portugal noch mehr Männer wie Euch?» Gleich wurde sie wieder ernst. «Leider werden wir noch weiter auseinander wachsen. Zur Feier unseres Sieges über Granada haben König Ferdinand und wir beschlossen, Schiffe auszurüsten. Kapitän Kolumbus soll für Spanien in den Westen fahren. Ich nehme an, Ihr kennt die Pläne für die Westroute nach Indien.»

Ein Schreck durchfuhr Francisco. Das Spiel Königs Johanns! Das bedeutete den unwiderruflichen Bruch mit Spanien. Jetzt würde der Kampf um die Vorherrschaft auf See erst richtig beginnen.

«Gestattet mir eine Frage, edle Fürstin. Warum meint Ihr das tun zu müssen?»

«Es ist doch ein großartiger Plan, Graf d'Almeida. Stellt Euch vor, Kapitän Kolumbus erreicht Indien. Die Welt würde dann mit einem Schlag anders aussehen. Wenn Portugal nicht unser Bundesgenosse sein will, müssen wir unsere eigene Chance wahrnehmen.»

Francisco nickte bedrückt.

«Es befremdet uns übrigens, dass König Johann Kolumbus' Dienste nicht annehmen wollte. Fuhr er nicht auf der portugiesischen Flotte?»

«Ja, edle Fürstin. Aber der Preis, den Kolumbus verlangte, war zu hoch.»

«Gewiss, Graf, der Preis ist hoch. Aber schließlich hoffen wir auf Gewinn. Wie ist Eure Meinung zu Kolumbus' Plänen, Graf?»

«Nach König Johanns Auffassung sind Kolumbus' Berechnungen falsch», antwortete Francisco ausweichend. «Ich wünsche Euch, dass die Unternehmung Früchte trägt, edle Fürstin.»

«Ihr seid ein guter Mensch, Graf d'Almeida. Die Zukunft wird es lehren.»

«Edle Fürstin ...» Franciscos Stimme stockte. «Nachdem Granada erobert worden ist, möchte ich die Gelegenheit nutzen und Euch um die Erlaubnis bitten, in mein Vaterland zurückkehren zu dürfen.»

Jetzt, da Kolumbus ausfahren sollte und die Mauren geschlagen waren, wollte Francisco so schnell wie möglich seine Doppelrolle am spanischen Hof beenden.

«Wir werden Eure Dienste nur ungern missen, Graf. Steht Euer Entschluss fest?»

«Ja, edle Fürstin, es ist wie Ihr sagtet: Der Kampf um die Vorherrschaft auf See wird durch Kolumbus' Reise zunehmen, und mein höchster Gebieter ist König Johann.»

«Wir wollen Euch als Untertan unserer Krone betrachten, falls Ihr das wünscht. Wir sind bereit, Euch in den spanischen Adelsstand zu erheben.» Es klang wie eine Bitte.

«Meinen aufrechten Dank, edle Fürstin, aber ich werde mein portugiesisches Blut niemals verleugnen können.»

Königin Isabella seufzte. «Es sei so.» Sie erhob sich und sagte in sachlichem Ton: «Nun, Graf d'Almeida, die Staatsgeschäfte rufen uns. Wir danken Euch nochmals für alles, was Ihr für uns getan habt.»

Auch Francisco war aufgestanden. «Edle Fürstin, Euer Vertrauen ist meine Belohnung.» Während er dies sagte, ging ihm ein Stich durchs Herz: Euer Vertrauen – und ich mache mit bei diesem Betrug!

Königin Isabella lächelte. «Es ist gut, Graf. Möge Gott Euch auf Eurem Wege begleiten!»

Francisco verbeugte sich ehrerbietig und küsste der Königin die Hand.

Soleia

Der Tag der Abreise war angebrochen. Francisco und Soleia gingen durch die engen Straßen der Stadt, sie führten ein Pferd und einen Maulesel am Zügel mit sich. Soleia trug einen langen spanischen Reisemantel, dessen weite Kapuze ihren Schleier bedeckte. Schweigend schaute sie sich um. Die Stadt – ihre Stadt – war wie ausgestorben. Der spanische Kommandant hatte den Mauren befohlen, in ihren Häusern zu bleiben. Das Einzige, was die bedrückende Stille unterbrach, war das Klappern der Hufe. Sie erreichten das Tor. Als Francisco ein Dokument des Oberbefehlshabers vorzeigte, nahmen die Wächter Haltung an. «Ihr könnt passieren, edler Herr.»

«Wir müssen uns beeilen», sagte Francisco zu Soleia und blickte sie besorgt an. «Wer weiß, ob wir sonst noch vor dem Abend eine Herberge erreichen werden. Kannst du es so lange aushalten?»

Soleia lächelte schwach. «Es wird schon gehen, Francisco.»

Ihr Weg führte sie durch ein dunkles Waldstück. Das Pferd schnaubte nervös. «Willst du wohl ruhig sein, du Biest!», zischte Francisco und versuchte dann, das Tier zu beruhigen. «Bald bekommst du deine Belohnung.»

Hinter ihnen raschelte es. Francisco blickte sich suchend um. Plötzlich knackten Äste. Francisco sah etwas durch die Luft fliegen.

«Francisco!», rief Soleia mit erstickter Stimme. Sie wankte und fiel vornüber auf den Hals des Maulesels. Gleichzeitig brach ein maurischer Reiter aus dem Gebüsch hervor, der seinem Pferd die Sporen gab und davonpreschte. Sein schwarzer Mantel flatterte ihm um die Schultern. Schnell zog Francisco seine Pistole, doch vergebens schickte er dem Mauren eine Kugel hinterher. Er warf die nutzlose Waffe weg, sprang vom Pferd und lief auf die bewegungslose Soleia zu. Als er sie mit beiden Händen umfing, bemerkte er das Heft eines Messers. Er war wie gelähmt. Seine Hand suchte ihren Puls. Verzweifelt hoffte er, ihren Pulsschlag zu fühlen. Vergebens … Soleia war mit einem Messer durch Mörderhand getötet worden, genau wie ihr Vater …

Er hob Soleia von dem Maulesel herunter; schwer hing sie in seinen Armen. Willenlos zog Francisco das Messer aus ihrem Rücken und starrte dann wie gebannt auf die Gravierung: das gleiche Zeichen, das Ibn Chabut auf der Brust trug. Die geheime Bruderschaft. Was hatte Soleia damit zu tun? War sie zum Tode verdammt, weil sie seine Tochter war? Oder war sie gar selbst in die Geheimnisse eingeweiht? Oder – konnte das Messer etwa ihm gegolten haben?

Behutsam drückte er ihr die Augen zu und strich dabei leicht über ihre Wange, die sich fein und glatt anfühlte. Francisco schluchzte auf. «Soleia! Warum?» Er hob den Leichnam aufs Pferd und stieg in den Sattel.

Francisco hatte den Wald hinter sich gelassen und ritt über eine Hochebene. Er hielt Soleias Leichnam fest im Arm. Es begann schon zu dämmern, und aus dem Boden stieg ein leichter Nebel auf. Bald kann ich nichts mehr sehen, dachte Francisco, und schaute sich suchend um. Da sah er ein Tal. Er lenkte sein Pferd hinab über eine steinige Böschung, bis er zu einem kleinen Bach kam. Jenseits des untiefen Wassers erblickte er eine Höhle.

Vorsichtig hob er Soleia vom Pferd herunter und trug sie, sich von Stein zu Stein vorwärts tastend, auf die andere Seite. Die Öffnung der Felswand war groß genug, um sie der Länge nach niederzulegen. Er suchte daraufhin so viele Steine zusammen, bis er sie ganz und gar damit bedecken konnte. Aus Zweigen baute er ein einfaches Kreuz. Als er einige Schritte zurücktrat, sah er in der Nähe einen blühenden Strauch, den er mit einem spitzen Stein sorgfältig ausgrub und ihn vor dem Eingang der Höhle wieder einpflanzte. Dann schöpfte er Wasser mit seinem Hut und besprengte die um die Wurzeln festgetretene Erde.

«Gott sei mit dir, Soleia!»

Das Pferd wieherte. Francisco drehte sich um und durchquerte den Bach. Er band die Zügel los und führte sein Reittier die Böschung hinauf. Oben angekommen, schwang er sich in den Sattel und gab dem Pferd die Sporen. Bald war er in der einbrechenden Dämmerung verschwunden.

Christoph Kolumbus erreicht unbekanntes Land

Mit drei Schiffen war Christoph Kolumbus ausgelaufen. Nur mit großer Mühe war es ihm gelungen, genügend Besatzungsmitglieder zu finden. Viele spanische Seemänner ließen sich noch immer nicht davon überzeugen, dass die Erde rund ist. Wer sich zu weit vorwagte, könnte am anderen Ende hinunterfallen, meinten sie. Und wer wollte schon sein Leben riskieren und über unbekannte Meere so weit nach Westen fahren?

Christoph Kolumbus war sich seiner Sache sicher. Er kannte die Strömungen und Winde, die er benutzen konnte, ganz genau.

Sturmböen rissen an den Wanten, und das Schiff wurde in den schäumenden Wogen hin und her geworfen. Obwohl Bartholomeu Diaz bei dem Regen, der ihm ins Gesicht peitschte, kaum etwas sehen konnte, verlor er den auf den Wellenkämmen tanzenden Punkt, der sich ständig vergrößerte, nicht aus den Augen. Sein tagelanges Warten wurde belohnt: In dem Dunst zeichneten sich immer deutlicher die Konturen eines Schiffes ab, das unter spanischer Flagge fuhr. Kolumbus hatte sich also an die Vereinbarung mit König Johann gehalten. Was für ein Glück, dass sie sich bei dem heftigen Sturm nicht verfehlt hatten. Als sich das Schiff auf Rufweite genähert hatte, gab Diaz den Befehl, das Beiboot auszusetzen. Ein Wunder, dass es bei diesem Sturm gelang.

«Kapitän Kolumbus, Gott sei's gedankt, da seid Ihr endlich!» Bartholomeu Diaz konnte sich kaum verständlich machen, so sehr brauste der Sturm. Das Boot tanzte auf den Wellen und wäre beinahe am Rumpf des spanischen Schiffes zerschlagen worden. Im richtigen Moment ergriff Diaz die ausgeworfene Strickleiter, kletterte behände nach oben und sprang über die Reling.

«Willkommen, Kapitän, willkommen!», begrüßte er den über das ganze Gesicht lachenden Kolumbus und schüttelte ihm stürmisch die Hand. «Wie schön, dass gerade ich das Glück habe, Euch zu treffen. Überall liegen unsere Schiffe schon wochenlang vor Anker, um auf Euch zu warten. Habt Ihr ernsthafte Schwierigkeiten gehabt?»

«Die verflixten Stürme, Kapitän Diaz. Alles ging gut, aber hier hat es uns beinahe dann doch erwischt.»

«Und?», fragte Bartholomeu Diaz mit brennender Neugier. «Habt Ihr Land gefunden?»

«Ja, Kapitän Diaz», antwortete Christoph Kolumbus stolz, «ich habe Land gefunden, neues Land.»

«Großartig! König Johann wird Euch dankbar sein. Er wartet schon voll Spannung auf Eure Rückkehr, und ich muss zugeben, wir Portugiesen sind sehr erleichtert, dass Ihr Euch an des Königs Befehl gehalten habt und erst hierher gekommen seid. Ihr seid lange weggeblieben.»

«Ich kenne meine Pflicht, Kapitän Diaz», sagte Christoph Kolumbus, «und ...» Ein heftiger Schlagregen ließ ihn abbrechen. «Kommt in meine Kajüte!», schrie er Bartholomeu Diaz zu.

Als Christoph Kolumbus seine Aufwartung bei König Johann machte, war auch Francisco dabei.

«Hervorragende Arbeit, Kapitän Kolumbus», sagte der König sichtbar zufrieden. «Beschreibt uns doch die Besonderheiten des neuen Landes!»

«Sire, ich landete an einer spärlich begrünten Küste, einer ziemlich ärmlichen Gegend, wo nur hier und da ein paar Lehmhütten standen. Die Menschen sind dunkel, aber nicht so schwarz wie die Afrikaner, eher bräunlich rot. Sie leben in Armut. Ein kleiner Goldschmuck war das einzig Wertvolle, was ich bei ihnen gesehen habe.»

«Ausgezeichnet! Sehr gut!», sagte der König äußerst zufrieden zu seinen Ratgebern. «Immerhin haben wir den Spaniern keine Reichtümer in die Hände gespielt. Was sagt Ihr dazu, Graf d'Almeida, ist das nicht erfreulich?»

«Gewiss, Sire, nach Euren Plänen hätten wir es uns nicht besser wünschen können.»

«Hm, Graf d'Almeida, das klingt, als hättet Ihr noch immer Bedenken gegen unsere Pläne.»

«Nein, Sire. Bevor Kapitän Kolumbus ausfuhr, war ich dagegen. Ihr wisst, eine Zusammenarbeit mit Ferdinand und Isabella wäre mir lieber gewesen. Aber da es nun einmal so weit gekommen ist und Spanien auf das von Kapitän Kolumbus entdeckte Land im Westen Anspruch erheben kann, finde ich es richtig, die zuvor gefassten Pläne vollends auszuführen. Andernfalls laufen wir Gefahr, Indien nie zu erreichen, da Spanien nun in der großen Seefahrt mitzählt.»

«Wir sind froh, das zu hören, Graf d'Almeida. Ihr wisst, dass wir Euch gern an unserer Seite sehen.» Und zu Christoph Kolumbus gewandt fuhr er fort: «Mein lieber Kapitän, Euer Auftrag ist noch nicht erfüllt. Wie gedenkt Ihr den letzten Teil auszuführen?»

«Sire, ich werde in Spanien von den Dächern verkünden, dass ich die indischen Länder erreicht habe, vor allem Japan und China, und dass ich damit den dummen Portugiesen, die mir nicht glauben wollten, den Wind aus den Segeln genommen habe. Alles zur Ehre und zum Ruhme Spaniens. Vorsorglich habe ich auch die entsprechenden Namen und Ortsangaben in mein Logbuch eingetragen.»

«Sehr gut, Kapitän», lachte König Johann. «Und erzählt auch von den großen Goldschätzen, die Ihr dort vorgefunden habt. Das wird sie vollends aus dem Häuschen bringen.»

«Und meine Belohnung, wenn ich so frei sein darf, Sire?»

«Nun, ich denke, dafür ist die spanische Staatskasse zuständig. Ihr habt ihnen doch in ihren Augen einen großen Dienst erwiesen.»

Kolumbus' Miene verdüsterte sich. «Meiner Ansicht nach habe ich auch Euch einen großen Dienst erwiesen, der Euch wohl etwas wert sein könnte, Sire.»

König Johann kniff die Augen zusammen. «Wir haben dafür gesorgt, dass Ihr von nun an in Spanien ein Mann von großem Ansehen seid. Das muss Euch genügen.»

Francisco wollte gerade etwas dagegen vorbringen, als der König das Gespräch in kühlem Ton abbrach: «Wir danken Euch. Ihr könnt gehen, Kapitän Kolumbus.»

Christoph Kolumbus verbeugte sich steif und ging.

«Aber Sire», sagte Francisco, sobald sich die Tür hinter Kolumbus geschlossen hatte, «abgesehen davon, dass Ihr Kolumbus doch einiges schuldig seid, ist diese Abweisung denn nicht gefährlich? Kapitän Kolumbus ist ein eigensinniger und ehrgeiziger Mann, er könnte sich rächen. Stellt Euch vor, er würde unsere Absichten verraten!»

«Aber ich bitte Euch», antwortete König Johann entschieden, «er weiß nur allzu gut, dass er dann unserer Rache nicht entgehen kann. Ganz zu schweigen von dem Zorn der Spanier, wenn sie den wahren Sachverhalt erführen. Überdies – Ihr sagtet, Kolumbus sei ehrgeizig. Die Huldigung, die ihn in Spanien erwartet, wird ihn ganz bestimmt zufrieden stellen.»

«Sire, ich glaube doch ...»

«Graf d'Almeida, zweifelt Ihr schon wieder an unseren Ansichten?»

Klugerweise schwieg Francisco. Wenn der König diesen abweisenden Gesichtsausdruck hatte, war mit ihm nichts anzufangen. Er hoffte nur, dass Kolumbus' und König Johanns Wege sich nicht mehr allzu oft kreuzen würden.

Auf unerwartete Weise wurde Francisco in seinen Einwänden gestützt, allerdings anders, als er es sich gewünscht hatte.

«Sire», begann einer der Anwesenden zögernd, «einige von uns haben schon darüber gesprochen. Wir trauen Christoph Kolumbus nicht. Unser Ziel ist jetzt erreicht. Die spanischen Offiziere, die unter Kolumbus an der Reise teilgenommen haben, sollten imstande sein, sie zu wiederholen. Christoph Kolumbus ist für uns ein Risiko. Er weiß einfach zu viel und ...»

«Sprecht weiter!», befahl der König streng.

«Sire, ich wollte sagen ... einige von uns wären bereit, Kolumbus im Interesse Portugals zu töten.»

Francisco wollte vor Wut aufbrausen, doch König Johann kam ihm zuvor.

«Wer Hand an Kolumbus legt, kann sich gleich selbst aufhängen», lautete die eisige Antwort. «Ihr könnt gehen, meine Herren. Graf d'Almeida, Ihr bleibt hier.»

Als sie allein waren, bemerkte Francisco: «Sire, es ist nicht auszudenken, was passieren würde, wenn Ihr auf diesen feigen Vorschlag eingegangen wäret.»

«Freundlichkeit ist eine Eigenschaft, die man uns schwerlich zuschreiben kann, Graf d'Almeida, aber Feigheit wird man dem König von Portugal niemals vorwerfen können. Genug davon. Nachdem nun die Spanier meinen, dass sie uns überflügelt haben, müssen wir unseren nächsten Schachzug vorbereiten: Wir werden eine starke Kriegsflotte ausrüsten, und zwar unter Eurem Befehl, Graf d'Almeida.»

«Eine Kriegsflotte, Sire? In voller Stärke, sagt Ihr?»

«Wir geben bekannt, dass wir die portugiesische Flotte zu den von Kolumbus entdeckten Ländern schicken wollen. Unsere Schiffe werden natürlich hier bleiben; es geht darum, die Spanier zu täuschen. Da unsere Flotte jetzt viel stärker ist als die spanische, wird schon die Nachricht genügen, um ihnen Angst einzujagen.»

«Was wollt Ihr damit erreichen, Sire?»

«Sie werden sich absichern und mit uns einen Vertrag schließen wollen, in dem die Welt zwischen uns aufgeteilt wird. Was uns betrifft, mag der Westen an Spanien fallen, wenn der Osten ein für alle Mal Portugal zugesprochen wird.»

«Und der Kontinent der Sieben Städte? Er liegt südlich des Landes, das Kolumbus entdeckt hat. Wenn die Spanier auch dort landen, ist es mit unserer Fahrt um Afrika vorbei. Ihr wisst doch, Sire, dass wir die Wind- und Meeresströmungen zwischen dem Kontinent der Sieben Städte und Afrika nutzen müssen, um das Kap der Guten Hoffnung sicher erreichen zu können.»

«Mein lieber Graf, ich brauche keine Belehrung. Natürlich werden wir dafür sorgen, dass große Küstengebiete des Kontinents der Sieben Städte unserem östlichen Teil zugesprochen werden. Auf dem Gebiet der Kartenkunde und der Ortsbestimmung können wir den Spaniern alles weismachen.»

König Johann brachte die Unterhandlungen mit den Spaniern zu einem guten Ende. Mit dem Vertrag von Tordesillas wurde 1494 die Linie zwischen Ost und West so gezogen, dass der geheime Kontinent der Sieben Städte tatsächlich in Portugals Besitz blieb. Die Route um Afrika herum war sichergestellt. Sofort gab der König Bartholomeu Diaz den Auftrag, drei Schiffe bauen zu lassen, so stark und verlässlich wie nie zuvor. Auch ein großes Vorratsschiff gehörte dazu, denn das Geschwader musste gut genug ausgerüstet sein, wenn es das ferne Indien erreichen wollte.

Das war leider das Letzte, was König Johann tun konnte. Er starb 1495 an den Folgen einer Krankheit. Sein Nachfolger wurde König Emanuel.

V

Der Seeweg nach Indien

Der Osten ist erobert

Lissabon, im Juli 1499

Vasco da Gamas Flotte kehrt wohlbehalten und mit Gewürzen beladen aus Indien zurück. Der Samorin von Calicut, Herrscher der reichen indischen Hafenstadt, schickt König Emanuel einen Brief. Der Samorin möchte mit Portugal Handel treiben.

«Da Gama ist ein Teufelskerl», sagte Alfonso d'Albuquerque zu Francisco und Bartholomeu, als sie zusammen auf dem Kai standen. Die Schiffe hatten soeben angelegt, nachdem sie vor der Hafeneinfahrt zu Ehren der glorreichen Rückkehr Vasco da Gamas eine Serie donnernder Salutschüsse abgegeben hatten.

«Prinz Heinrichs Ziel ist erreicht», sagte Francisco, «endlich!»

«Aber von dem Priesterkönig Johannes haben wir immer noch keine Spur gefunden», bemerkte Bartholomeu Diaz.

«Was bedeutet das schon? Von jetzt ab führt Portugal die Christenheit an», sagte Alfonso d'Albuquerque. «Lasst die Spanier ihre Kräfte ruhig im Westen vergeuden. Wen interessieren denn jetzt noch die paar Lehmhütten, die Kolumbus da vorgefunden hat? Nein, die Zukunft gehört Portugal. Und das haben wir Vasco da Gama zu verdanken. Er ist ein großer Mann.»

Diaz nickte nachdenklich. «Ein großer Mann? Ja, in den Augen der Welt vielleicht. Aber ob er auch ein guter Mensch ist, bezweifle ich.»

«Wieso, was hast du an ihm auszusetzen? Bist du vielleicht neidisch?», fragte d'Albuquerque gereizt.

«Neid ist es nicht, Alfonso. Aber da Gama ist mit hundertsiebzig Mann ausgefahren und mit weniger als sechzig zurückgekehrt. Du weißt selbst, warum ich diese Expedition nicht leiten wollte.»

«Ja, weil du gegenüber deinen Untergebenen viel zu nachgiebig bist. Da Gama packt das anders an. Deshalb ist es ihm wohl auch geglückt.»

«Du musst doch an deine Männer denken!», brauste Bartholomeu empört auf.

«Aber auch an deinen Auftrag», reagierte Alfonso spitz. «Wie viele portugiesische Leben sind für dieses Ziel schon geopfert worden. Kommt es denn da noch auf ein paar Peitschenhiebe an? Du solltest klüger sein, Bartholomeu.»

«Einerseits stehe ich zu meinen Worten, Alfonso. Andererseits muss ich dir Recht geben. Es sind sicher nicht die Anständigsten, die auf unseren Schiffen anheuern. Auch ich habe des Öfteren Peitschenhiebe austeilen lassen. Aber es gibt Grenzen. Und da Gama hat diese Grenzen über…»

«Woher willst du das wissen?» Alfonso ließ ihn nicht einmal ausreden.

«Gut, gut», mischte Francisco sich ein, «wir werden feststellen, welcher Zoll für den portugiesischen Ruhm bezahlt werden musste. Heute Abend ist da Gamas gesamte Mannschaft, vom Kapitän bis zum kleinsten Seemann, an die Festtafel des Königs geladen. Da können wir erfahren, wie sich da Gama verhalten hat.»

«Was für ein Unsinn», brummte Alfonso, «die Rechtschaffenheit eines so großen Mannes wie Vasco da Gama in Zweifel zu ziehen.»

«Nach diesem Abend wissen wir mehr», sagte Francisco kurz.

Ein gestörtes Festmahl

«Kapitän da Gama, Eure Exzellenz Herr Kardinal, edle Herren, Seeleute von Portugal! Groß ist unsere Freude. Ruhm und Macht werden das Ansehen unseres Königreiches erhöhen. Wir werden Handel treiben und Reichtümer erwerben. Zum Wohle der gesamten Christenheit wollen wir das Kreuz in jene Gebiete bringen, die schon allzu lange unter der Herrschaft des maurischen Halbmonds stehen. Meine Herren, ehe ein Jahr vergangen ist, wird eine Flotte nach Calicut ausfahren. Wir haben gesprochen.»

«Es lebe König Emanuel! König Emanuel lebe hoch!», klang es aus den Kehlen vieler Anwesenden.

Vasco da Gama, geschmückt mit den soeben empfangenen Orden, stand auf, erhob das Glas zu Ehren des Königs und dankte der Gesellschaft für die Anerkennung.

«Schaut ihn euch an», sagte Bartholomeu leise zu Francisco und Alfonso. «Seht ihr den herrischen Zug um seinen Mund?»

«Und schaut Euch den König an», flüsterte Francisco, «sein mürrisches Gesicht bei all dieser Aufmerksamkeit für da Gama.»

«Du hast Recht», sagte Bartholomeu, «er ist grün vor Neid.»

«Es soll mich nicht wundern, wenn der König Vasco da Gama fallen ließe und einen anderen Kommandanten für die nächste Reise bestimmen würde», flüsterte Francisco.

«Es würde dem König nicht zur Ehre gereichen, da Gama zu übergehen, nachdem er so viel für unser Land getan hat», antwortete Alfonso.

Das Fest war in vollem Gange. Schüsseln mit köstlich gepfeffertem Wildbret wurden aufgetragen, der Wein floss in Strömen. Musikanten und Jongleure unterhielten die Gäste.

«Seht ihr diesen Bootsmann da?», fragte Bartholomeu. «Er ist auf einem meiner Schiffe gefahren.»

Er winkte einem Lakai und flüsterte ihm etwas ins Ohr. Kurz darauf stand der Seemann vor ihrem Tisch.

«Setz dich einen Augenblick zu uns, Bootsmann, und trink unseren Wein», sagte Bartholomeu. «Wenn ich mich nicht irre, hast du vor etwa vier Jahren bei mir gedient, stimmt's?»

«Jawohl, Kapitän.» Der Bootsmann zog einen Hocker heran und nahm Platz.

«Aber», sagte Francisco überrascht, «das ist ja Antonio!»

«Jawohl, Admiral», lachte Antonio ihm zu. «Ich habe Euch schon lange nicht mehr gesehen.»

«Nach all den Jahren!», sagte Francisco sichtlich erfreut. «Ich hatte mir immer gewünscht, dich als Bootsmann auf meinem Schiff zu haben. Antonio, warum bist du nicht gleich auf mich zugekommen, als du mich gesehen hast?»

«Das schickt sich nicht. Ich bin nur ein Bootsmann und kann Euch, einen Admiral, nicht so einfach ansprechen.»

«Aber gewiss doch, wenn dieser Admiral dein Jugendfreund ist! Und du bist mit Kapitän da Gama unterwegs gewesen? Antonio, das macht mich neidisch.»

Antonio lachte verlegen.

«Aber erzähl mal, lieber Antonio, war es eine beschwerliche Reise?»

«Ach, Herr, Skorbut alle Tage, es war mehr als schrecklich. Auf dem Rückweg mussten wir sogar unser großes Vorratsschiff verbrennen, weil wir es nicht mehr bemannen konnten. Und es war ein gutes Schiff, Kapitän Diaz. Eine Todsünde, dass wir es aufgeben mussten.»

«Ich weiß es», nickte Bartholomeu. «Aber sag mal, Bootsmann, hat Kapitän da Gama euch mit sicherer Hand durch alle Missgeschicke gelotst?»

«Mit sicherer Hand, Herr? Kapitän da Gama hat keine Hände, eher eiserne Fäuste. Er packt den stärksten Matrosen wie einen Jungmaat beim Kragen.»

«Und musste der Kapitän manchmal eingreifen?», fragte Bartholomeu.

«Der Kapitän hat uns weder Rast noch Ruhe gegönnt, der Schiffsschinder hat eine Menge Karbatschen auf den Rücken der Matrosen verschlissen.» Antonios Stimme stockte. Unsicher sah er von einem zu anderen. «Aber … über Kapitän da Gama nichts als Gutes, meine Herren», sagte er hastig, «er ist der beste Kapitän, den wir uns wünschen konnten. Ohne seinen Löwenmut wären wir aus Calicut nicht heil herausgekommen. Unsere Ankunft hatte die Mauren in helle Wut versetzt. Nur dem blitzschnellen Handeln unseres Kapitäns, der ein paar indische Prinzen geißeln ließ, haben wir es zu verdanken, dass der Samorin von Calicut uns nicht einen Kopf kürzer gemacht hat.»

Francisco und Bartholomeu wechselten einen vielsagenden Blick.

«Natürlich», mischte sich Alfonso ins Gespräch, «natürlich. Ohne strenge Führung ist solch eine Reise nicht zu machen. Und die Mauren muss man fest anpacken, sonst wissen sie nicht, wer der Stärkere ist. Nicht wahr, Bootsmann?»

«Danke, Antonio», sagte Francisco schnell, «wir waren nur neugierig auf das, was ein Mitglied der Besatzung zu berichten hat. Und nachdem ich dich jetzt wiedergefunden habe, lasse ich dich nicht mehr aus den Augen. Wir sehen uns noch.»

Antonio nickte und verabschiedete sich höflich.

«Eine zufällige Begegnung, nicht wahr, Francisco?», sagte Bartholomeu.

Doch bevor Francisco antworten konnte, sagte Alfonso zornig: «Und? Da seht ihr's – keine besonderen Vorfälle! Ihr wisst ja selbst, dass es sonst zu einem Sauladen ausartet – bei den wüsten Gesellen, die unsere Schiffe bevölkern. Ich sage euch, Francisco und Bartholomeu, wenn ihr noch länger ...»

Weiter kam Alfonso nicht. Ein Diener überbrachte den Befehl des Königs, sofort im Ratssaal zu erscheinen.

König Emanuel sprach ohne Umschweife: «Wir haben Euch herbeigerufen, weil uns soeben eine Besorgnis erregende Nachricht erreicht hat. Unsere Kundschafter am spanischen Hof melden, dass König Ferdinand einen geheimen Haftbefehl gegen Christoph Kolumbus erlassen hat. Ritter Francisco de Bobadilla soll als oberster Richter in die spanischen Gebiete im Westen entsandt werden. Das bedeutet, dass Bobadilla Kolumbus festnehmen soll, weil er sich als ein schlechter Verwalter der spanischen Gebiete erwiesen hat. Wir bitten um Eure Meinung dazu, meine Herren.»

«Sire.» Der Großmeister des Christusordens ergriff das Wort. «König Ferdinand hat allen Grund, so zu handeln. Kolumbus hat im Westen viele Untaten begangen. Die Rückkehrer haben ernste Klagen gegen ihn vorgebracht. Dort herrscht Unruhe, und die Spanier streiten sich untereinander.»

«Nein, Sire», sagte ein anderer, «ich denke, dass der Haftbefehl einen ganz anderen Grund hat – König Ferdinand hat endlich begriffen, wie sehr wir ihn in die Irre geführt haben. Seit Vasco da Gama zurückgekehrt ist, weiß er, dass wir Indien gewonnen haben. Wahrscheinlich hat König Ferdinand jetzt König Johanns damaligen Plan durchschaut und will sich an Kolumbus rächen.»

«Ja», sagte König Emanuel, «das wäre gut möglich. Öffentlich würde Ferdinand aber niemals zugeben, dass er in die portugiesische Falle gelaufen ist; das könnte seinem Ansehen zu sehr schaden. Er kann seine Wut nur an Kolumbus auslassen. Das wird die Spannung zwischen unseren beiden Staaten noch steigern. Eine beunruhigende Geschichte, meine Herren.»

«Sire, was kann uns schon passieren?», fragte Alfonso d'Albuquerque leichthin. «Nach dem Vertrag, den König Johann mit den Spaniern geschlossen hat, gehört Indien uns.»

«Gewiss, Herzog d'Albuquerque, nur vergesst nicht, dass Kolumbus über unsere Navigationsmethoden Bescheid weiß. Man könnte ihn zwingen, diese preiszugeben.»

«Sire», sagte Francisco, «früher oder später werden die Spanier doch dahinter kommen, da sie jetzt regelmäßig den Ozean überqueren. Könnten wir vielleicht selbst dieses Wissen anbieten – im Tausch gegen Kolumbus' Freilassung? Schließlich haben wir ihm viel zu verdanken.»

«Sire, das darf niemals geschehen!», wandte Alfonso d'Albuquerque mit lauter Stimme ein. «Kolumbus wird sich bestimmt aus dem Staube machen. Sein Ehrgeiz hat ihn davon abgehalten, die schöne Position in Spanien rechtzeitig aufzugeben.»

«Wenn Kolumbus bei Nacht und Nebel verschwunden wäre, hätte König Ferdinand unseren Plan mit Sicherheit entdeckt», sagte Francisco ungehalten. «Es geht nicht an, einen unserer Leute im Stich zu lassen.»

«Ob wir Kolumbus noch immer als einen der Unsrigen betrachten dürfen», sagte König Emanuel, «ist nicht so richtig klar. Aber wir werden diese Sache näher untersuchen. Für den Augenblick ist es genug. Ich danke Euch, meine Herren.»

Ein Navigationsfehler

Francisco behielt Recht. Nicht Vasco da Gama, sondern Pedro Alvares Cabral wurde auserkoren, die zweite Flotte nach Indien zu führen. Bartholomeu Diaz fuhr als Oberbefehlshaber mit. Zu Beginn des Frühjahrs 1500 liefen nicht weniger als dreizehn Schiffe aus. Francisco d'Almeida, der gerade zum Großadmiral von Portugal befördert worden war, begleitete sie ein Stück des Weges.

Auf der Hinreise geschah nichts Besonderes. Cabral war ein angesehener Mann am Hofe des Königs, aber kein geborener Seemann. Er war eigenwillig und wollte alles besser wissen. Deshalb unterlief ihm auch eine fehlerhafte Berechnung. Er fuhr zu weit nach Westen, weiter, als nötig war, um das Kap der Guten Hoffnung zu erreichen, und stieß auf den Kontinent der Sieben Städte.

Bartholomeu Diaz war empört über diesen Vorfall. Die Flotte hatte so viele Besatzungsmitglieder und Soldaten, dass selbst der strengste Befehl nicht ausgereicht hätte, die Existenz des Landes, das sie nun gesehen hatten, geheim zu halten. Was sie bei früheren Landungen in diesem Gebiet durch große Summen Schweigegeld noch verhindern konnten, war nun nicht mehr möglich. Spätestens jetzt musste König Ferdinand das falsche Spiel durchschauen, es sei denn, sie würden laut verkünden, die Portugiesen hätten in ihrem Teil des Westens auch Land entdeckt. Das könnte dann wie Zufall aussehen, so als hätten sie vorher noch nichts davon gewusst. Eines der Schiffe wurde zurückgeschickt, um König Emanuel von dieser zufälligen Entdeckung offiziell zu unterrichten.

Bei der Umrundung des Kaps der Guten Hoffnung geriet Cabrals Flotte in einen schweren Sturm. Ein Schiff versank mit Mann und Maus in den Tiefen des Meeres. Es war das Schiff von Bartholomeu Diaz, der seinerzeit Afrikas südlichstem Punkt den Namen «Sturmkap» gegeben hatte.

Die Weiterreise verlief erfolgreich. Schwer beladen mit Gewürzen kehrte Cabrals Flotte im Juli 1501 nach Portugal zurück.

Wie es Kolumbus erging

Mit einem gewissen Hohn unterrichtete König Emanuel den spanischen König davon, dass Cabral für Portugal neues Land gefunden hätte. Ferdinand schwieg sich aus. Es war zu der Zeit, als Ritter de Bobadilla in den Westen fuhr, um Kolumbus in Haft zu nehmen. Da es nicht eher geglückt war, Schiffe für ihn auszurüsten, hatte sich die Überfahrt um ein ganzes Jahr verzögert.

Hatte Ferdinand endlich Kolumbus' betrügerisches Doppelspiel durchschaut?

König Emanuels Kundschafter berichteten von einem königlichen Schreiben, das de Bobadilla Kolumbus überbringen sollte. Darin stand:

Wir senden Euch den Überbringer dieses Briefes, Kommandant Francisco de Bobadilla, um Euch in unserem Namen bestimmte Dinge mündlich mitzuteilen. Vertraut ihm und folgt seinen Anweisungen!

Als das Jahr 1500 zu Ende ging, kam Kolumbus in Spanien an. Er musste einen Monat lang im Gefängnis sitzen. Danach versöhnte sich König Ferdinand mit ihm. Der Titel eines Vizekönigs sowie ein großer Teil seiner neu erworbenen Besitzungen wurden ihm jedoch ein für alle Mal abgenommen. Über diese Entwicklung war König Emanuel höchst erfreut. Der spanische Fürst hätte auch keine andere Wahl gehabt – wenn die Bestrafung strenger ausgefallen wäre, hätte man sich fragen müssen, ob Kolumbus noch mehr verbrochen hatte. Womöglich wäre noch herausgekommen, dass sich König Ferdinand durch die Portugiesen hatte in die Irre führen lassen. Immerhin hatte Kolumbus neues Land für Spanien entdeckt und in Besitz genommen.

Mit harter Hand

Die dritte Expedition fuhr wieder unter Vasco da Gamas Führung aus, der, anders als der unerfahrene Cabral, ein hervorragendes seemännisches Geschick bewiesen hatte. Dieses Mal war Alfonso d'Albuquerque Unterbefehlshaber. Und so konnte Alfonso mit eigenen Augen sehen, dass die Einwände, die Francisco und Bartholomeu gegenüber da Gama hatten, nur allzu berechtigt waren. Da Gama ließ alle Mauren buchstäblich zerstückeln. Auch Inder wurden nicht geschont. Die Packhäuser wurden vollständig ausgeraubt, selbst dem kleinsten Händler wurde alles genommen.

Calicut, Cochin, Cannanore – im ganzen Küstengebiet von Malabar zitterte man vor den Schrecken, die das portugiesische Kreuz verbreitete.

Vizekönig von Indien

Als Vasco da Gamas hartes Regiment bekannt wurde, machte man sich am portugiesischen Hof große Sorgen. Im Thronsaal war der vollzählige Rat versammelt. Nachdem das Gespräch schon eine Zeit lang im Gange war, meldete sich Francisco zu Wort.

«Sire, wenn wir Portugiesen dort nur Tod und Verderb säen, wo bleibt dann unsere Christenwürde? Sire, Ihr müsst eingreifen, so kann es nicht weitergehen!»

Die Edlen sahen verwundert auf. Wie konnte d'Almeida es wagen, in dieser Weise mit dem König zu reden? Aber König Emanuel nickte zustimmend: «Wir sind Eurer Meinung, Graf d'Almeida. Wir werden Maßnahmen ergreifen.»

«Danke, Sire, Portugals guter Name ist in den Schmutz gezogen worden. Welcher indische Fürst wird uns noch vertrauen? Auf diese Weise sind unsere Bemühungen um den Handel zum Scheitern verurteilt.»

«Es ist gut, Graf d'Almeida. Wir, König Emanuel von Portugal, werden Kapitän Vasco da Gama aus dem königlichen Dienst entlassen. Aber wir werden ihn für seine Leistungen reichlich belohnen.»

Aus den Reihen der Anwesenden wurden überraschte Ausrufe laut. Da Gama entlassen, das war keine geringfügige Maßnahme! D'Almeida musste bei dem König in hohem Ansehen stehen.

König Emanuel ergriff wieder das Wort: «Meine Herren, dürfen wir jetzt um Euren Rat bitten? Was ist Eurer Meinung nach das Beste für unser Land?»

Alfonso d'Albuquerque bat sofort um das Wort. «Sire, wir müssen alle indischen Hafenplätze zu starken Forts ausbauen und diese mit großen Garnisonen bemannen. Von da aus können wir das ganze indische Hinterland erobern. Glaubt mir, Sire, nur so kann Portugal die Alleinherrschaft über den Handel mit den Indern sicherstellen.»

«Sehr gut, Sire, sehr gut.» Der dickleibige Kardinal von Porto hatte sich von seinem Stuhl erhoben und wies mit der beringten Hand leichthin auf d'Albuquerque. «Herzog d'Albuquerque packt es am richtigen Ende an, Sire. Wenn wir ganz Indien unterwerfen, kann dort ein großes Christenreich entstehen.»

«Sire», sprach der soeben ernannte neue Großmeister des Schwertordens – Herzog Carera war vor kurzem verstorben –, «auch im Namen unserer Brüder vom Christusorden stimmen wir diesem Rat von Herzen zu.»

Forschend blickte König Emanuel in die Runde, ob jemand noch etwas sagen wollte.

Francisco unterbrach die Stille. «Sire, wir müssen in der Tat Forts entlang der indischen Küste bauen, viele Forts. Aber nicht, um das ganze Land zu erobern; damit brächten wir die indischen Fürsten erst recht gegen uns auf. Es würde viele Auseinandersetzungen geben und dem Handel keineswegs zugute kommen. Nein, Sire, von den Forts aus müssen wir die Seefahrtswege beherrschen. Wenn unsere Flotte die indischen Gewässer leer fegt, bleibt den Radschas nichts anderes übrig, als ihre Gewürze an uns zu verkaufen. Sobald wir den Mauren den Zugang nach Indien versperrt haben, werden wir die einzigen Handelspartner der indischen Fürsten sein.»

«Das ist nicht richtig, Sire!» Alfonso d'Albuquerque war aufgesprungen. «Wenn wir es bei den Küstenforts belassen, werden die Mauren sich die Waren auf dem Landweg holen.»

«Herzog d'Albuquerque! Habt Ihr denn vergessen, dass die Inder die Gewürze auch erst über das Meer herbeischaffen müssen? Wenn wir jeden wichtigen Hafenplatz mit einer starken Garnison ausrüsten, können wir den Handel vollkommen beherrschen», antwortete Francisco und sah dabei den König an.

«Meine Herren, wir werden uns beraten und erwarten Euch morgen um die gleiche Zeit wieder hier.»

Leise miteinander sprechend, verließen die Ratsmitglieder den Saal. Alfonso und Francisco begegneten sich an der Tür.

«Ich hoffe, der König ist so klug, deinen verrückten Plan nicht auszuführen!», sagte Alfonso zornig.

«Und ich hoffe, dass der König die richtige Entscheidung treffen wird», antwortete Francisco gleichmütig.

Als die Ratsmitglieder am nächsten Tag den Saal betraten, wechselten Alfonso und Francisco kein Wort miteinander. Wer würde wohl Recht bekommen?

«Meine Herren, der König von Portugal!»

Alle standen auf und setzten sich wieder, sobald König Emanuel das Zeichen dazu gab.

«Graf Francisco d'Almeida, tretet näher!»

Ohne Hast schritt Francisco die Thronstufen hinauf und verbeugte sich vor seinem Fürsten. Dieser nickte Francisco wohlwollend zu. «Es gefällt uns, Eure Ansicht zu teilen. Der Handel mit Indien wird sichergestellt werden, wenn unsere Flotte von einer Kette von Küstenforts aus die indischen Gewässer beherrschen kann. Bemüht Euch vor allem darum, das Vertrauen der einheimischen Fürsten zurückzugewinnen. Wir messen dieser Angelegenheit so viel Bedeutung zu, dass wir Euch für die Zeit von drei Jahren als Vizekönig von Indien einsetzen.»

Francisco war wie vom Donner gerührt und fühlte zugleich eine wunderbare Erleichterung. All diese Jahre hatte er sich mit Eifer gegen den Krieg ausgesprochen und sich für Handel und gegenseitiges Verständnis eingesetzt, ob es sich um Spanien, um die Mauren oder um die ihm bis jetzt noch unbekannten Inder handelte. Er fühlte bereits die zunehmende Last der Jahre, aber zugleich auch seine ungebrochene Kraft, an seinen Idealen festzuhalten.

«Sire, ich danke Euch für diesen ehrenvollen Auftrag.»

«Ihr könnt gehen, Graf. Jetzt zu Euch, Herzog d'Albuquerque, tretet näher!»

Als die Rivalen sich auf halbem Wege begegneten, hielten sie einen Augenblick inne. Alfonso warf Francisco einen feindseligen Blick zu.

«Wir danken Euch für Eure Ratschläge, Herzog d'Albuquerque, sie werden uns möglicherweise später noch von Nutzen sein. Ihr übernehmt Graf d'Almeidas Posten als Großadmiral von Portugal.»

Im Jahre 1505 lag eine mächtige Flotte von zweiundzwanzig Schiffen klar zum Auslaufen. Einen Tag, bevor sie den Hafen verlassen sollten, versammelte man sich in der Kathedrale von Lissabon. Durch die halbrunden, hohen Fenster drangen Sonnenlichtbündel.

Francisco kniete vor König Emanuel nieder, um die Zeichen seiner neuen Würde entgegenzunehmen: einen Elfenbeinstab und eine schwere goldene Kette.

«Für Portugal und König Emanuel, Sire», sprach Francisco mit lauter Stimme, während er sich aufrichtete und der Menge den Stab zeigte.

«Für Portugal und König Emanuel!», hallte es durch die Kirche.

Danach trat Alfonso d'Albuquerque vor den König und verbeugte sich. Er wurde in den Rang des Großadmirals von Portugal erhoben.

«Für Portugal und König Emanuel!», sagte auch Alfonso.

«Für Portugal und König Emanuel!», kam es von allen Seiten zurück.

«Und all unseren Feinden den Tod!», rief Alfonso hinterher.

«Und all unseren Feinden den Tod!», scholl es begeistert zurück.

Dieses Mal schwieg Francisco.

Das Fort von Cochin

1509

Die Flotte

«Sire, die Flotte! Die portugiesische Flotte kommt!»

Der Ausruf des wachhabenden Offiziers drang bis in alle Ecken des großen Saals.

Francisco d'Almeida, der Vizekönig von Indien, blickte verstört auf. «So», sagte er, unterbrach seine Schreibarbeit und legte die Gänsefeder aus der Hand. «So. Die Flotte sagtet Ihr, Kapitän?»

«Jawohl, Sire. Eine gewaltig große Flotte unter portugiesischer Flagge nähert sich unserem Hafen. In zwei Stunden kann sie hier sein.»

«Na, na, Kapitän, keine Sorge, es sind unsere eigenen Landsleute. Wenn es nun der Feind wäre.»

«Aber eine Flotte von mindestens dreißig Schiffen, randvoll mit Soldatenvolk!»

«Mit Soldatenvolk?» Francisco stand auf. Ein grünes Wams mit ausladenden Puffärmeln betonte seine kräftige Gestalt. Stirnrunzelnd sah er den Offizier an. «Voll mit Soldatenvolk, sagt Ihr? Und wer hat das Kommando über die Flotte?»

«Herzog Alfonso d'Albuquerque, Sire.»

«Alfonso d'Albuquerque? Seid Ihr da ganz sicher, Kapitän?»

«Jawohl, Sire. Der Herzog lässt Euch seine Grüße überbringen. Er freut sich darauf, Euch wieder zu sehen.»

«Nun, alle ...», murmelte Francisco in seinen tadellos geschnittenen Bart und brach dann den Satz ab. Er ballte die Fäuste und lief mit großen Schritten hin und her. Alfonso d'Albuquerque nahte mit einer beispiellos großen Flotte, Alfonso, sein alter Rivale. Francisco hatte nicht um sein Kommen gebeten, er war nicht einmal davon unterrichtet worden.

«Was befehlt Ihr, Sire?», unterbrach der Kapitän die unheilvolle Stille.

«Hm? Ach so. Sorgt dafür, dass die Flotte draußen auf Reede vor Anker geht. Lasst den Herzog mit der Schaluppe unseres Stützpunktes an Land bringen, und lasst auf dem Kai eine Ehrenwache antreten.»

«Jawohl, Sire.» Der Kapitän machte kehrt, um sich zu entfernen.

«Kapitän! Und sorgt dafür, dass dem Herzog und seinem Gefolge beim Betreten dieses Saales die Waffen abgenommen werden. Habt Ihr das verstanden?»

«Dem Herzog die Waffen abnehmen?»

«Ja, Kapitän, tut, was ich gesagt habe!»

Als der Kapitän die großen Türen hinter sich geschlossen hatte, musste er sich erst gegen einen Türpfosten lehnen. Den Herzog entwaffnen! Was für eine schlimme Geschichte!

In dem Saal des Palastes stand Francisco hinter einem der schmalen, hohen Fenster und blickte aufs Meer hinaus. In der Ferne waren die Schiffe der sich nähernden Flotte schon deutlich zu erkennen. Lange konnte es nicht mehr dauern, bis ...

Alfonso d'Albuquerque, was führst du dieses Mal im Schilde, murmelte Francisco. Seine Gedanken reihten sich schnell aneinander. Als Vizekönig von Indien hatte er in der Zwischenzeit viele Küstenforts bauen lassen. Hier in Cochin hatte er den Hauptsitz der Verwaltung eingerichtet, und von hier aus beherrschte er die indischen Gewässer. Wenn Alfonso Vizekönig geworden wäre, hätte es schlimm ausgehen können. Dieser Hitzkopf Alfonso hatte gefährliche Pläne.

Aber in den vergangenen vier Jahren, von 1505 bis jetzt, war Francisco nicht mehr am Hofe König Emanuels gewesen. Ganz bestimmt war Alfonso in dieser Zeit nicht untätig geblieben. Zweifellos hatte er den König und dessen Ratgeber unaufhörlich mit seinen kriegslüsternen Ideen bedrängt. Und jetzt kam Alfonso nach Cochin. Mit einer riesigen Flotte, weitaus gewaltiger als alle anderen, die er selbst je befehligt hatte. Voll Soldaten.

Vor zwei Jahren war Alfonso schon einmal mit einer Flotte erschienen, um einen notwendigen Angriff auf die persische Küste auszuführen. Damals hatte Francisco den König sogar darum gebeten. Aber was dieses Mal auch immer der Grund sein mochte, er musste um jeden Preis verhindern, dass die Radschas durch diesen plötzlichen militärischen Aufzug beunruhigt würden. Wenn Alfonso üble Absichten hatte – und sein Vorgefühl sagte ihm, dass dies zutraf –, konnte er ihm vielleicht noch zuvorkommen. Und die Spione der Radschas konnten ihre Gebieter beruhigen und berichten, dass diese gigantische Streitmacht nicht von ihm, dem Vizekönig, nach Indien geholt worden war, um einen Krieg gegen die Radschas zu entfesseln.

Francisco presste die Lippen aufeinander. Wir werden sehen, Alfonso, wer von uns beiden der Stärkere ist. Ich bin bereit, meine Ideale zu verteidigen.

Dumpf dröhnten die Salutschüsse der Schiffskanonen. Die Flotte ging vor Anker. Trotz der düsteren Gedanken konnte der Seemann in ihm es nicht unterlassen, dieses Schauspiel zu bewundern. Was für eine glänzende Ansammlung von Schiffen. Die schnittigen Linien, die viereckigen Achterkastelle, die schon halb eingeholten, weißen Segel – ein prachtvoller Anblick! Lange Wimpel, farbenfrohe Flaggen ... wie bei einem Fest! Dort fuhr die Schaluppe schon in den Hafen ein. Am Bug wehte Alfonso d'Albuquerques Banner.

Mit sorgenvoller Miene wandte Francisco sich ab und strebte mit großen Schritten auf seinen Schreibtisch zu. Er zog mit einem kurzen Ruck an der Klingelschnur. Sofort öffneten sich die Saaltüren.

«Ihr wünscht, Sire?»

«Lass die Wache in der Halle vollzählig antreten!»

«Wie Ihr befehlt, Sire.»

Francisco warf einen flüchtigen Blick durch das Fenster und sah, dass die Schaluppe den Kai bereits erreicht hatte. Er nahm seinen Platz auf dem breiten Thron ein und versank in tiefes Nachdenken, während er den Kopf in die rechte Hand stützte und mit den Fingern der linken Hand auf der Armlehne trommelte.

Die Türflügel flogen auf.

«Teufel noch mal, was sind das für Manieren! Loslassen, Kerl!»

«Befehl des Vizekönigs, Herzog. Ich tue nur meine Pflicht.»

Francisco konnte ein Lächeln nicht unterdrücken. Alfonso war noch immer derselbe. Wütend kam er hereingestürmt, gefolgt von seinem Adjutanten, Graf Barreira. Ihre Stiefelabsätze hallten auf dem Marmorboden wie Musketenschüsse.

«Francisco d'Almeida, was hat das zu bedeuten? Mich so zu erniedrigen!» Alfonsos Stimme überschlug sich förmlich. «Ich komme hier als Abgesandter des Königs und werde entwaffnet! Antworte Francisco, was ist hier los?» Der Herzog stand jetzt vor dem Thron.

Francisco hatte sich erhoben. «Herzog d'Albuquerque, ich gebe zu, dass ich Euch nicht mit den Ehren empfange, die Eurem hohen Rang angemessen wären.»

«Erkläre mir das!», fauchte Alfonso.

«Eine große Flotte, voll besetzt mit Soldaten, die plötzlich ungebeten erscheint, verspricht nichts Gutes», erwiderte Francisco in kühlem Ton. «Und was den Empfang betrifft, nun ...» Francisco richtete sich zur vollen Höhe auf. «Herzog d'Albuquerque, vorläufig könnt Ihr Euch als mein Gefangener betrachten. Ihr sollt gut behandelt werden.»

Totenstille. Auf d'Albuquerques Stirn schwoll eine Ader purpurrot an. «Das wird dich teuer zu stehen kommen!», zischte er, zog eine Pergamentrolle aus seinem Wams und hielt sie Francisco unter die Nase. «Hier, lies das!»

Francisco entrollte das Dokument. Das Siegel des Königs! Was hatte das zu bedeuten? Während des Lesens verdüsterte sich sein Ausdruck. Als er wieder aufblickte, sah er den Triumph in Alfonsos Augen. «Ja, Francisco, du hast richtig gelesen: Deine Amtszeit ist abgelaufen; jetzt hat König Emanuel mich zum Vizekönig von Indien bestimmt. Sobald die Winde es zulassen, wirst du nach Lissabon zurückkehren. Und noch etwas, Francisco:

Dieses Fort habe ich selbst vor fünf Jahren erbauen lassen, nachdem ich Cochin erobert hatte. Zu jener Zeit hattest du hier noch keinen Fuß an Land gesetzt. Und jetzt willst du mich hier in meinem eigenen Fort gefangen nehmen? Ich, dein Gefangener ... Haha, dass ich nicht lache!» Alfonsos Bosheit ging in Spott über. «Na, Francisco, was hast du zu sagen?»

«Alfonso», antwortete Francisco mit großem Ernst, «es ist, wie ich befürchtet hatte, und gerade deshalb lasse ich dich gefangen nehmen. Warum verwundert dich das so? Du weißt doch nur allzu gut, wie ich über deine wilden Eroberungspläne denke.»

Alfonso nickte langsam und pfiff durch die Zähne. «So steht es also! Tja, dann habe ich es mit einem Meuterer zu tun.»

«Das Dokument des Königs ist nicht persönlich an mich gerichtet, Alfonso. In der Anrede ist nur dein Name genannt. Es steht hier geschrieben, dass ich meines Postens enthoben sein werde, sobald ich eine Urkunde des Königs in Händen halte und wir diese beiden Urkunden nebeneinander legen können. Erst dann, jetzt noch nicht.»

«Das mag sein, trotzdem hast du nicht das Recht, mich gefangen zu nehmen, es sei denn, du möchtest einen Krieg zwischen uns beginnen. Ist es das, was du willst?»

«Krieg, Alfonso?», fragte Francisco gelassen. «Wie willst du Krieg führen, wenn ich dich hier in meiner Macht habe? Mach dir klar, dass ich hier regiere. Wenn ich der Meinung bin, dass deine Flotte und dein Soldatenvolk eine Bedrohung für den von mir so sorgfältig aufgebauten Frieden sein können, bin ich berechtigt, dich festzunehmen, solange ich es für richtig halte.» Francisco drehte sich um und ging auf den Wachoffizier zu, dem er weitere Instruktionen gab.

«Das werden wir noch sehen», grollte d'Albuquerque. Er stellte sich an das offene Fenster. An der Westseite des Forts fiel die Mauer steil zum Meer ab. Dort hinten lag seine Flotte.

«Barreira», zischte er seinem Adjutanten zu, der neben ihm stand. Nach einem kurzen Blick auf Francisco, der ihm soeben den Rücken zukehrte, flüsterte er: «Hier sind wir machtlos, aber wir haben noch unsere Schiffe. Beeilt Euch, die Flotte zu erreichen, Barreira. Der Admiral soll auf Beobachtungsposten gehen und, sobald ich mit meinem roten Halstuch winke, einen Warnschuss abgeben. Und hört mir gut zu – wenn ich nicht innerhalb von fünfzehn Minuten ein zweites Mal winke, soll er den Angriff eröffnen. Ich werde mich schon zu retten wissen. Verstanden?»

Barreira nickte kaum merklich.

Ein gewagtes Spiel

«Kapitän, gebt Order, dass die Flotte anlegt», befahl Francisco.

Mit einem Ruck wandte d'Albuquerque sich um. «So einfach geht das nicht, Francisco.» Alfonsos empörte Worte durchschnitten die Stille des Saals. Schnellen Schrittes ging er auf Francisco zu und blieb dicht vor ihm stehen. «Ich habe schon einmal eine ähnlich unangenehme Überraschung erlebt. Seitdem verlasse ich meine Flotte nicht, ohne vorher Vorsichtsmaßnahmen getroffen zu haben.»

«Und welche sind das?»

«In diesem Fall wird der Admiral den Angriff auf das Fort eröffnen, wenn ich oder Barreira nicht zurück sind, bevor es acht Glasen schlägt.»

Francisco sah sein Gegenüber düster an. Er erinnerte sich daran, wie Alfonso vor Jahren auf ungefähr die gleiche Weise von dem Gouverneur von Madeira festgenommen worden war. Die Geschichte hatte damals viel Staub aufgewirbelt. Es war daher nicht ausgeschlossen, dass Alfonso die Wahrheit sagte. Aber ebenso gut konnte es auch nur Aufschneiderei sein.

«Wer hat eigentlich den Befehl über die Flotte, Alfonso?»

«Admiral de Torrentes. Er ist ein tüchtiger Befehlshaber und bestens darauf vorbereitet, den Angriff auf das Fort zu leiten.»

Inzwischen hoffte Alfonso inständig, es wäre Francisco entgangen, dass die Schiffe nicht wirklich in Schlachtordnung lagen. Und doch sah es so aus. Da der Wind parallel zur Mauer des Forts wehte, lagen die Schiffe mit der Seite dem Fort zugewandt. Das war die beste Position, um zu schießen. Auch die halb eingezogenen Segel passten gut in das Bild einer Flotte, die für einen Angriff vorbereitet war. Francisco warf einen Blick nach draußen. «Deine Schiffe haben eine gute Position, Alfonso. Ich darf also wählen – du oder Barreira. Da wir noch einiges zu besprechen haben, wird es dich nicht verwundern, wenn ich dich hier behalten will.»

Alfonso zuckte mit den Schultern und wandte sich an seinen Adjutanten: «Ihr habt es gehört, Barreira, Ihr wisst, was Ihr zu tun habt. Und sagt dem Admiral, er möge sich mit der Ausschiffung beeilen. Die Männer haben viel mitgemacht.»

Francisco winkte dem Wachoffizier. «Kapitän, lasst den Adjutanten zur Flotte bringen.»

Der Kapitän salutierte und bat den Grafen, ihm zu folgen. Alfonso sah ihm stirnrunzelnd nach. Eigentlich befremdete es ihn, dass Francisco Graf Barreira so ohne weiteres gehen ließ, denn er hatte erwartet, dass Francisco ihm nicht vertrauen würde. Nein, dachte er, Francisco wird langsam alt; man sieht es an den silbergrauen Strähnen in seinem Bart. Nur gut, dass er abgelöst wird.

«Alfonso, nimm bitte hier am Tisch Platz, ich will dir noch etwas sagen.»

Alfonso setzte sich. Ein Gespräch passte ihm gut in seine Pläne und konnte Franciscos Aufmerksamkeit von der Flotte ablenken. Francisco nahm die Pergamentrolle des Königs zur Hand und schob sie gedankenverloren auf dem Tisch hin und her. Alfonso wartete ab. Was ging in Francisco vor? Es war unglaublich! Francisco, der für seinen Fürsten durchs Feuer ging, sollte auf einmal ein Rebell geworden sein?

Als hätte er Alfonsos Gedanken erraten, sagte Francisco: «Weißt du, mich gegen den König aufzulehnen ist das Letzte, was ich möchte. Dieses Dokument spricht eine deutliche Sprache. Aber ich habe doch das Recht, eine Erklärung zu verlangen.»

«Was für eine Erklärung? Du sagst selbst, dass es eine deutliche Sprache sei.»

«Nein, Alfonso, mich beschäftigt etwas anderes. Ist sich König Emanuel darüber im Klaren, dass es unter deiner Führung große Veränderungen geben wird? Mit einschneidenden Folgen für die portugiesische Stellung hier im Osten? Aus dem Dokument ersehe ich nur, dass der König mich nach Lissabon ruft, um mich für die erwiesenen Dienste zu ehren. Man wird für mich ein neues Amt einrichten und mich zum ersten Ratsherrn des Königreiches ernennen.»

«Was willst du mehr?», unterbrach ihn Alfonso. «Das ist sehr ehrenvoll.»

«Hm, ob es eine Erhöhung oder eine Erniedrigung ist, kann ich noch nicht beurteilen. Das kümmert mich übrigens auch nicht. Mir geht es vor allem um das Vermächtnis Heinrich des Seefahrers.» Die letzten Worte sprach er mit entschiedener Stimme.

«Und bei mir ist das Vermächtnis in keinen guten Händen? Ich habe ebenfalls viele Siege errungen, oder glaubst du etwa, dass sie weniger wert sind als deine?»

«Ich zweifle weder an deiner Tapferkeit noch an deiner Seemannskunst, lieber Alfonso. Du bist mehr als ein vortrefflicher Admiral. Aber deine staatsmännischen Qualitäten schätze ich nicht so hoch ein.»

Mit steigender Verwunderung hörte Alfonso, wie Francisco in ruhigem Ton weiterredete: «Hier auf dem Posten eines Vizekönigs von Indien ist staatsmännisches Geschick wichtiger als brutale Kampfeslust.»

Klirrend fiel eine Karaffe in Scherben, so hart hatte Alfonso mit der Faust auf den Tisch geschlagen. «Du wagst es, mich einen schlechten Verwalter zu nennen? Nimm das zurück, und zwar sofort!»

Mit einem schwachen Lächeln sah Francisco ihn an. «Alfonso, ich muss dir etwas gestehen. Hör zu. Mit der Gefangenschaft hoffe ich, dich zur Vernunft bringen zu können. Du hast gefährliche Ansichten, die Portugal nur schaden können.»

«Was erzählst du mir da? Du inszenierst dieses Spiel, um mich von irgendetwas zu überzeugen?» Sein Gesicht entspannte sich zu einem breiten Lachen. «Ach je, du willst mich also noch immer von deiner Taktik hinsichtlich der Forts überzeugen, was? Du hast natürlich Angst, dass ich damit aufräume, nicht wahr?»

Wie von einer Wespe gestochen, fuhr Francisco auf. «Alfonso! Noch immer bin ich davon überzeugt, dass wir unsere Macht in diesen Gebieten am besten durch einen Ring von Forts entlang der Küste behaupten können. Niemand wird diese Gebiete ohne unsere Zustimmung betreten oder verlassen können. Wir Portugiesen sind Seeleute, können aber ebenso gut wie die anderen zu Lande kämpfen. Nicht schlechter, aber auch nicht besser, und das ist nicht gut genug. Und …»

«Du hast meine Truppen noch nicht gesehen. Die können …»

«Einen Moment, Alfonso, es ist noch mehr. Es geht nicht darum, fremde Länder in Besitz zu nehmen. Das ist keine Machtfrage, wie manche Hitzköpfe meinen. Nein Alfonso, es geht um den Handel – den Lebensnerv der Welt. Wenn der Handel hier blüht und Portugal seinen Nutzen daraus zieht, was wollen wir dann eigentlich noch mehr? Durch einen Ring von Küstenforts kann uns niemand diesen Handel streitig machen. Siehst du das endlich ein?»

«Deine Auffassungen sind mir nur allzu gut bekannt, Francisco. Aber sie sind falsch. Deshalb bin ich nach Cochin gekommen, um deinen Posten im Interesse des Vaterlandes einzunehmen. Wenn ich nicht eingreife, werden wir hier alles verlieren.»

Während der letzten Worte hatte Alfonso den Stuhl zurückgeschoben und war aufgestanden. Er ging zum Fenster, stellte sich breitbeinig davor, die Hände auf dem Rücken verschränkt, und schaute gespannt nach draußen. He! Fuhr da nicht ein kleines Boot zum Flaggschiff? Ja, das war die Schaluppe des Stützpunktes.

«Ja, Francisco, dann werden wir alles verlieren», wiederholte Alfonso und wandte sich um. Auch Francisco war aufgestanden. In heftigem Ton fuhr Alfonso fort: «Du bist eingeschlafen, Francisco, es ist dir einfach zu gut gegangen. Die Forts haben den Anfang erleichtert, und Portugal wird dir dafür immer dankbar sein. Aber dachtest du, dass die Mächtigen unter den einheimischen Fürsten sich damit ein für alle Mal abfinden werden? Der mächtige Sultan von Goa? Der große Samorin von Calicut? Glaubst du wirklich, sie würden die Fremden an den Grenzen ihres Reiches für immer dulden? Eines Tages werden sie überraschend zuschlagen. Wer weiß, was sich im Inneren des Landes abspielt? Deshalb will ich große Gebiete erobern, um dem zuvorzukommen. Begreifst du endlich, Francisco? Ich werde die Schiffskanonen auf Wagen setzen lassen, die Matrosen habe ich nämlich an Land genügend gedrillt. Hier wird man noch einiges erleben. Ich werde ganz Indien unter die portugiesische Flagge bringen. Wenn einer überraschend zuschlagen wird, dann will ich es sein!»

Während Francisco sich das anhören musste, war er zornrot geworden. «Alfonso! Du bist kurzsichtig und eigensinnig. Du, der du Indien für die portugiesische Krone retten willst. Kämpfen kannst du, aber das Nachdenken fällt dir schwer. Der große Herzog d'Albuquerque wird das Land in einem Handstreich erobern, he!» Er ging auf Alfonso zu und packte ihn kräftig am Arm. Eine unwillkürliche Bewegung Alfonsos, um sich loszureißen, bezwang er mit eisernem Griff.

«Alfonso, überlege doch! Ich bitte dich noch einmal, mich anzuhören.»

«Hm», brummte Alfonso unwirsch, während er blitzschnell darüber nachdachte, welchen Schachzug er jetzt tun sollte. Er musste Zeit gewinnen. «Du bist mein Gefängniswärter, aber zugleich auch mein Gastherr. Schämst du dich eigentlich nicht, mir seit meiner Ankunft noch nichts zu essen angeboten zu haben? Und wenn es nur Wasser und Brot wäre.»

Francisco lächelte und sagte etwas zu seinen Dienern, die geräuschlos verschwanden.

Kurz darauf saßen sie an der Tafel. Bedienstete liefen auf und ab, tischten Wildbraten auf und schenkten Wein ein.

Genießerisch prüfte Alfonso den Wein auf der Zunge. «Das ist ein vortreffliches Mahl, mein lieber Francisco. Das tut gut nach dem wochenlangen Essen von Gepökeltem aus dem Fass. Du erlaubst mir wohl, dass ich mir vor der Nachspeise noch die Beine vertrete.»

«Ja», ging Francisco mit vorgetäuschter Gleichgültigkeit darauf ein, «lass uns nachsehen, ob die Schiffe schon die Anker lichten.»

Sie standen nebeneinander vor dem geöffneten Fenster. Unter ihnen klatschten die Wellen gegen die steile Felswand. Die Sonne stand im Südwesten. Von der Schaluppe war nichts mehr zu sehen – Barreira musste schon lange an Bord sein.

«Bei näherer Betrachtung muss ich sagen: Besonders gut liegen die Schiffe nicht, Alfonso. Eine recht unordentliche Schlachtordnung. Admiral de Torrentes sollte es wahrhaftig besser wissen.»

«Ich gebe zu, sie sind etwas ungeordnet. Ich werde den Kerl zur Verantwortung ziehen», brummte Alfonso. Inzwischen hatte er sein rotes Halstuch gelöst. «Oh, diese Wärme, Francisco! Schade, dass kein Wind hereinkommt.» Er fächelte sich mit dem roten Tuch Luft zu, setzte eine harmlose Miene auf und kehrte zur Tafel zurück. Francisco folgte ihm.

Plötzlich dröhnte das Donnern einer Salve.

«Du hast das Spiel verloren, Francisco!», rief Alfonso und lief zum Fenster. «Die Schiffe lichten die Anker. Jetzt wirst du eine richtige Schlachtordnung zu sehen kriegen!» Er drehte sich wieder um. «Francisco! Wenn ich nicht innerhalb von fünfzehn Minuten noch einmal mit meinem Halstuch winke, beginnt der Angriff auf das Fort. Wirklich! Die Zeitspanne von acht Glasen hatte ich mir nur ausgedacht, mehr nicht. Du kannst jetzt wählen, Francisco: mich sofort freilassen oder …»

Zu seiner großen Verwunderung sah Francisco ihn ungerührt an. Er schüttelte nur leicht den Kopf. «Nein, Alfonso, bei genauerem Hinsehen hättest du bemerkt, dass über den Schiffen kein Pulverdampf hing. Die Salve ist von der Hafenbatterie abgefeuert worden, ein angemessenes Salut für eine Flotte, die die Anker lichtet, um in den Hafen einzufahren.»

«Aber … wie …», stammelte Alfonso, feuerrot vor Wut und Scham.

«Ganz einfach, Alfonso. De Torrentes. Zufällig weiß ich, dass de Torrentes seine Position mehr den Verbindungen seiner Familie als persönlichen Fähigkeiten zu verdanken hat. Der Mann ist dir gegen deinen Willen aufgedrängt worden. In dem Moment, als du dich lobend über ihn äußertest, wusste ich, dass du Komödie spielst. Ein einziger Wink von mir genügte, um dem Wachoffizier zu verstehen zu geben, dass Barreira das Fort nicht verlassen durfte. Hattest du etwa gedacht, ich würde der Acht-Glasen-Geschichte Glauben schenken? Im Übrigen macht es mir keinerlei Freude, dich in die Enge zu treiben.»

Der stolze Alfonso d'Albuquerque starrte niedergeschlagen vor sich hin. Da sprangen die Türen auf, und der Wachoffizier stürmte herein. «Sire, die Flotte nimmt Schlachtordnung an. Was sollen wir tun?»

«Was?», brüllte Francisco. «Soll das heißen, dass du den Adjutanten hast gehen lassen? Dummkopf! Idiot!»

«Äh … ja … Sire», stotterte der arme Kerl, dessen Kopf wie eine Boje leuchtete. «Es sollte doch … der Herzog hatte doch befohlen … die Flotte sollte doch anlegen.»

«Ach was, Kerl! Hau ab!», schnauzte Francisco ihn an. Aber wie durch Zauberhand kehrte seine Selbstbeherrschung zurück. «Alfonso, jetzt keine Spielereien mehr mit Halstüchern. Du gehst sofort zum großen Flaggenmast und gibst persönlich das Signal zum Abbruch des Angriffs! Dafür wirst du doch wohl dein eigenes Signal haben.»

«Das habe ich, aber ich verzichte dankend. Es ist deine eigene Schuld, Francisco», antwortete Alfonso mit hörbarem Triumph in der Stimme.

«Bist du verrückt geworden?», donnerte Francisco. «Portugiesen gegen Portugiesen kämpfen zu lassen? Das Fort ist vom Meer aus uneinnehmbar. Hast du nicht gesehen, dass ich die Mauern um das Doppelte verstärken ließ? Beeil dich, oder meine Kanonen schießen!»

«Um das Doppelte verstärkt, sagtest du?» Alfonso wurde kreidebleich und zischte: «Zeig mir den Weg, und zwar schnell!»

«Alfonso, ich bewundere deine Energie», sagte Francisco. Die beiden Männer saßen wieder an der Tafel im Saal des Palastes.

«Hm, du hast auch nichts davon eingebüßt», antwortete Alfonso. Sie sahen einander an und begannen gleichzeitig zu lachen. Erst zögernd, aus Scham vor dem anderen, dann immer lauter.

«Ich meine es aufrichtig, Alfonso. Ich weiß, was es für dich bedeutet, wenn du dich geschlagen geben musst. Willst du mir glauben, dass eine bleischwere Last von mir abfiel, als du den Angriff auf das Fort abbliesest?»

«Was ich nicht verstehe», sagte Alfonso, «ist, dass Barreira wohl auf der Flotte angekommen ist, aber auf mein Zeichen mit dem roten Tuch hin keine Warnsalve abgefeuert hat, und dass die Flotte trotzdem Schlachtordnung annahm. Unverständlich.»

«Die Lösung des Rätsels ist nicht so schwer. Kurz nachdem du mit dem Halstuch gewunken hattest, feuerte die Küstenbatterie zufällig die erste Salve zur Begrüßung der Schiffe ab. Wahrscheinlich hat Barreira gedacht, eine Salve genüge. Wenn die Schiffe noch eine Salve abgefeuert hätten, wäre zweifellos Verwirrung entstanden.»

«Das ist gut möglich. Wir müssen Barreira nach dem wahren Verlauf befragen. Aber wovon sprachen wir vorher noch gleich?», fragte Alfonso etwas abwesend.

«Wir sprachen vom Handel», sagte Francisco. «Und der Handel unterliegt nur einem Geheimnis: Er blüht am besten, wenn keiner der Handelspartner unter Zwang steht. Wenn du die Einheimischen zwingst, auf unsere Bedingungen einzugehen, vergessen sie schnell, dass der Handel auch zu ihrem eigenen Vorteil sein könnte. Im Augenblick ist von Zwang keine Rede. Sie möchten nur allzu gerne ihre Waren verkaufen, ob an Portugiesen, Venezianer oder Mauren – das ist ihnen egal. Uns ist das keineswegs egal. Deshalb ist dein Plan ein großer Irrtum, Alfonso, sogar lebensgefährlich für unseren Handel.» Und mit einer sichtbaren Spannung fügte er noch hinzu: «Hast du es endlich begriffen?»

«Eine nette Geschichte, Francisco», entgegnete Alfonso, während er sich zurücklehnte und die Beine von sich streckte. «Aber sie hat einen Haken.»

«Welchen?»

«Du kennst die Inder nicht. Ihnen ist nur zu trauen, wenn man ihnen vorher deutlich gezeigt hat, wer hier der Herr ist. Deshalb muss man erst das ganze Land erobern.»

«Herzog d'Albuquerque!», brüllte Francisco und sprang auf. «Ihr seid ein …»

«Graf d'Almeida», überschrie ihn d'Albuquerque, seinen Stuhl zurückschleudernd, «Ihr habt von Prinz Heinrich gesprochen. Nun, ich sage Euch, auch Prinz Heinrich wollte alle maurischen Länder Nordafrikas erobern. Es ist ihm, mit Ausnahme der Hafenstadt Ceuta, leider nicht geglückt. Aber er verfügte auch nicht über ein so großes Landungsheer wie ich. Wahrhaftig, ich werde Euch ein Beispiel geben, Francisco d'Almeida.»

«Kapitän!», rief Francisco.

Die Saaltüren öffneten sich, und der Wachoffizier, flankiert von ein paar Hellebardiers, meldete sich zur Stelle.

«Kapitän, bringt den Herzog in sein Quartier. Lasst es ihm aber an nichts fehlen!»

Eine schlaflose Nacht

Francisco saß nachdenklich am geöffneten Fenster seines Turmzimmers. Am schwarzblauen Himmel funkelten die Sterne, tief unten glänzten die Wogen. Eine frische Brise hatte die schlimmste Hitze vertrieben. Es war viel geschehen, seitdem er als Vizekönig nach Indien gekommen war.

Schon damals bei seiner Ankunft in Cannanore, einer wichtigen Hafenstadt nördlich von Calicut: Er war mit elf Schiffen vor Anker gegangen und wollte dem Radscha am nächsten Tag seine Aufwartung machen. Doch bei Tagesanbruch wurden sie von einer überwältigenden Übermacht überraschend angegriffen. Zum Glück waren die portugiesischen Schiffe größer und besser bewaffnet. Mit nur geringen Verlusten hatte er die Angreifer zurückschlagen können, und der Radscha von Cannanore musste sich Francisco unterwerfen. Zur großen Verwunderung des Radschas hatte Francisco ihn mit aller Ehrerbietung behandelt.

Es gibt also auch edle Männer im fernen Portugal; bisher hatten wir es nur mit Gesindel zu tun, hatte der Radscha gesagt.

Dieser Vorfall hatte Francisco in seiner Überzeugung bestärkt, so friedfertig wie möglich auftreten zu müssen. Er hatte den Fürsten reiche Geschenke gebracht und jeweils den höchsten Preis für ihre Handelsware gezahlt. Francisco achtete die Anschauungen und Gebräuche der dort beheimateten Völker. Ja, das Verhältnis zu den einheimischen Fürsten war zufrieden stellend. Aber das einmal hergestellte Gleichgewicht konnte leicht ins Wanken geraten und musste mit größter Sorgfalt gewahrt werden. Wenn der unbesonnene Alfonso allerdings den Weg der Eroberungen wählte …

Francisco stand auf und legte sich schlafen. In Gedanken sah er, wie Alfonso und er sich damals gegenübergestanden hatten, mit gekreuzten Schwertern, kämpfend und brüllend wie Stiere. Alfonso, der seine Beherrschung verloren hatte … Francisco dämmerte im Halbschlaf vor sich hin. Alles ging ihm durch den Kopf: seine erste Begegnung mit Prinz Heinrich, die Reisen mit Kapitän da Cadamosto, die freundschaftlichen und weisen Lehrstunden bei Meister Felipe, Ibn Chabut, den er wegen seiner milden, friedfertigen Gesinnung bewundert hatte, plötzliche Hufschläge, Soleia, das Lächeln der Königin Isabella, Bruder Valentinus und der Meister des Nordens, der sanfte Bartholomeu, sein bester Freund. Die Erinnerung an all diese Gestalten gab ihm ein Gefühl von Erfüllung, vermischt mit der Trauer um Verlust, und doch war alles so reich und warm.

Im Halbschlaf dachte Francisco noch daran, dass er versuchen sollte, dieses Gefühl festzuhalten – als Gegengewicht zu dem vielen Leid. Seinen Sohn Lorenzo hatte er verloren, der vor einem Jahr hier in den indischen Gewässern gefallen war. Claudia war schon lange davor gestorben. Und all die anstrengenden Jahre mit den Hofintrigen, das Spiel mit Kolumbus, sein nur von wenigen Gleichgesinnten verstandenes Bemühen, lieber Handel zu treiben als Krieg zu führen, und alle Gegenschläge, die er hier noch zu erwarten hatte … Alfonso jetzt als Unterkönig … In einem verschwommenen Traumbild sah er Alfonso auf den Radscha von Cannanore zustürmen … Und er, Francisco, stellte sich schützend vor den Radscha … Wieder standen sich Francisco und Alfonso mit gekreuzten Schwertern gegenüber.

Es begann schon zu tagen, als er endlich einschlief.

Die Nachricht des Königs

Monate waren verstrichen, seitdem Francisco Alfonso d'Albuquerque in Haft genommen hatte. Alle Versuche, mit dem ungebetenen Gast noch einmal ins Gespräch zu kommen, waren fehlgeschlagen. Grimmig hatte Alfonso jede weitere Begegnung mit Francisco verweigert. Ein portugiesischer Edelmann spreche nicht mit kleinmütigen Gefangenenwärtern, ließ er ausrichten.

Francisco wusste, dass seine Zeit bemessen war. Das Schiff mit der für ihn bestimmten Urkunde hatte offenbar eine Havarie gehabt und dadurch den Südwestmonsun verfehlt, so dass eine größere Verzögerung eingetreten war. Der Monsun war wieder eingetreten. Lange konnte es nicht mehr dauern.

Im großen Saal des Forts herrschte reger Betrieb. Francisco hatte die Befehlshaber der Flotte und der Besatzungstruppen zusammengerufen. Von nah und fern waren sie nach Cochin gekommen. Viele aufgefaltete Karten lagen auf den Tischen und hingen an der Wand. «Meine Herren», begann Francisco, «wer von Euch ist der Meinung, dass an unserer Kontrolle über den Gewürzhandel noch etwas geändert werden müsste?»

Ein alter, grauhaariger Offizier hob die Hand. «Mit Eurer Erlaubnis, Sire, ich würde gerne etwas dazu sagen.»

«Ihr habt das Wort, Ritter Arano.»

«Ich danke Euch, Sire. Es ist, wie Ihr gesagt habt: Kein Schiff kann die indischen Gewässer ohne unsere Zustimmung befahren. Und doch bekommen die Mauren noch immer Gewürze. Sie holen ihre Handelsware jetzt direkt von der Quelle, aus Malakka. Sie führen ihre Karawanen über große Umwege durch das Innere des Landes, wo die Bewohner noch nie etwas von uns Portugiesen gehört haben. Wie können wir ihnen diesen Weg versperren?»

Hier und da wurden Stimmen laut. Ritter Aranos Rede hatte alle nachdenklich gestimmt.

Francisco strich sich den Bart. «Meine Herren, Ihr habt es gehört. Wer kann etwas zur Lösung dieses Problems beitragen?»

«Um den Karawanen den Weg abzuschneiden, müssen wir Nordindien und Persien unterwerfen», schlug einer der Edelmänner vor.

«Dazu bräuchten wir mehr Soldaten, als Portugal jemals ausbilden könnte», hielt ein anderer dagegen.

«Malakka einnehmen und mit unserer Flotte auch die östlichen Meere beherrschen», sagte ein junger Kapitän.

«Das ist ein guter Gedanke», stimmten viele zu.

Francisco schüttelte ablehnend den Kopf. «Dafür haben wir nicht genug Schiffe. Wenn wir unsere Flotte dahin schicken, kommt unsere Verteidigung hier in Gefahr.»

«Aber, Sire», wandte der junge Kapitän ein, «Admiral d'Albuquerque ist doch mit einer gewaltigen Flotte gekommen.»

Als der Name d'Albuquerque genannt wurde, entstand eine beträchtliche Unruhe. Die Anwesenden wechselten bedeutungsvolle Blicke und begannen zu flüstern.

Ritter Arano erhob sich. «Sire, nehmt es mir nicht übel, aber da wir gerade von Herzog d'Albuquerque sprechen, möchte ich gerne etwas fragen. Wir haben natürlich alle von seiner Haft gehört. Wir kommen von weit her, und vielleicht ist das jetzt eine gute Gelegenheit, uns darüber aufzuklären. Versteht uns richtig, Sire, für eine rechtschaffene Sache stehen wir wie ein Mann hinter Euch.»

Francisco schwieg. Alle sahen ihn voller Erwartung an. Aber bevor Francisco sich äußern konnte, öffneten sich plötzlich die Saaltüren. Alle Köpfe wandten sich um. Der Wachoffizier zögerte einen Augenblick, näherte sich Francisco mit hastigen Schritten und flüsterte ihm etwas zu. Francisco murmelte eine Antwort, und der Offizier verließ den Saal.

Francisco räusperte sich. «Meine Herren, ich muss Euch die Antwort schuldig bleiben. Soeben kam die Nachricht, dass ein Schiff aus Lissabon mit einem Dokument von König Emanuel eingetroffen ist. Ich muss Euch darum bitten, diese Zusammenkunft bis auf weiteres zu vertagen. Möglicherweise gibt es in Kürze wichtige Neuigkeiten mitzuteilen.»

Schweigend standen die Anwesenden auf und verließen den Saal. Als sie Francisco im Vorbeigehen höflich grüßten, schien er es nicht zu bemerken, so sehr war er mit seinen Gedanken beschäftigt. Francisco blieb allein im Saal zurück, da kündigte der Wachoffizier den Besuch an: «Ritter Matteo Pinto, Gesandter seiner Majestät König Emanuel!»

Mit großer Sorgfalt las Francisco den Brief des Königs:

Francisco d'Almeida, Vizekönig von Indien von unseren Gnaden, vernehmt, dass wir, König Emanuel von Portugal, beschlossen haben, Euch Eures Postens zu entheben.

Wenn Euch diese Urkunde erreicht, habt Ihr uns drei Jahre vortrefflich gedient. Es gefällt uns nun, Euch als ersten Ratgeber des Königreiches zurückzurufen, in ein Amt, das Euch zur Ehre eingerichtet wurde. Als Euren Nachfolger benennen wir Herzog Alfonso d'Albuquerque, ehemals Großadmiral von Portugal. Sobald Herzog d'Albuquerque in Cochin ankommt, habt Ihr ihm alle Vollmachten zu übertragen.

Herzog d'Albuquerque wird Euch eine gleich lautende Verfügung vorweisen können. Ihr habt ihn nach diesem Dokument zu fragen und dieses neben das Eure zu legen.

Im selben Augenblick wird der Auftrag durch die beiden königlichen Siegel bestätigt.

Mit starrer Miene rollte Francisco das Dokument wieder zusammen; mechanisch verknüpfte er die Bänder. Jetzt hatte ihn also der königliche Befehl auch persönlich erreicht.

Er zog an der Klingelschnur.

«Ihr wünscht, Sire?»

«Überbringt Herzog d'Albuquerque eine Nachricht. Einen Augenblick noch.»

Francisco schrieb schnell einen Brief:

Alfonso d'Albuquerque,

ich gebe zu, dass ich Euch angesichts Eures hohen Ranges und Eurer vortrefflichen Verdienste nicht richtig behandelt habe.

Ich bitte um Euer Erscheinen, damit wir zu einer Verständigung kommen.

Francisco d'Almeida.

«Hier, bringt dies dem Herzog.»

Der Offizier nahm den Brief und verschwand. Unruhig lief Francisco hin und her. Würde er noch eine Chance haben, Alfonso umzustimmen? Nachdem dieser während der vielen Monate sein hartnäckiges Schweigen beibehalten hatte? Es war nun wirklich die allerletzte Chance ...

«Herzog Alfonso d'Albuquerque», sagte der Wachoffizier. Erhobenen Hauptes betrat d'Albuquerque den Saal und ging direkt auf Francisco zu.

«Bitte, setz dich, Alfonso!» Francisco sprach mit ruhiger Stimme. «Ich habe soeben ein Dokument aus Lissabon empfangen.»

«So?»

«Bitte.»

«Das Siegel des Königs? Sieh mal an.» Schnell las d'Albuquerque das Dokument durch.

«Bei deiner Ankunft durftest du dich noch nicht als Vizekönig betrachten. Dazu war erst dieses Dokument nötig.»

«Jetzt also doch.»

«Ja, Alfonso, jetzt doch.»

«Du musst meine Verhaftung gegenüber dem König verantworten. Wie gedenkst du das zu tun?»

Alfonsos Zorn schien sich etwas gelegt zu haben, dachte Francisco. «Ich stehe für die Folgen meiner Taten ein. Wir werden sehen, was kommt. Aber, Alfonso, können wir noch einmal miteinander sprechen?»

Spielerisch griff Alfonso in seinen langen, spitzen Bart. «Hm, nun gut.»

«Hast du nachgedacht?», fragte Francisco.

«Ja.»

«Und?»

«Ich bleibe bei meiner Meinung, dass es richtig ist, ganz Indien zu erobern. Wir müssen hier ein großes Reich errichten, von Persien bis Malakka. Da du es nicht tust, Francisco, bin ich dafür hierher gekommen.» Alfonso lehnte sich zurück.

«Bis Malakka», wiederholte Francisco beklommen. «Du willst also auch Malakka einnehmen?»

«Natürlich, Francisco. Damit haben wir die Anbaugebiete der Gewürze in unserer Hand. Wir müssen hier gute Geschäfte machen. Wie sollten wir denn sonst unsere Heere und die große Flotte bezahlen? Das scheinst du ständig zu vergessen.»

Francisco sah Alfonso eine Weile nachdenklich an. Dann sagte er: «Deine Ansichten sind veraltet, Alfonso. Früher war es noch möglich, nur mit der Macht des Schwertes andere Völker zu unterwerfen und weiterhin in Ruhe zu leben. Das hat sich verändert. Für uns alle ist eine neue Zeit angebrochen. Jetzt ist es der Handel, der …»

«Du mit deinem ewigen Handel», warf Alfonso verächtlich ein.

«Und doch ist es so, Alfonso. Im freien Spiel des ehrlichen Handels kann die Achtung und Wertschätzung für fremde Denkweisen und Religionen wachsen. Der Handel ist das beste Mittel für gegenseitiges Verständnis und zur Wahrung des Friedens. Auf diese Weise habe ich die einheimischen Fürsten dazu gebracht, uns nicht länger anzugreifen, Alfonso.»

«Einen Scheinfrieden hast du erreicht, das lass dir gesagt sein. Die Fürsten benutzen dich als Spielball. Sie tun so, als ließen sie sich durch deine Freundlichkeiten einlullen. In Wirklichkeit lachen sie hinter deinem Rücken über deine Schwäche. Wir sind hier nur eine Minderheit, Francisco. Wer hier überleben will, muss abschreckend auftreten. Kein Pardon und keine freundlichen Handelsgespräche, sonst geht es uns allen an den Kragen.»

«O ja, Alfonso? Und warum drohen uns ständig neue Kriege? Unter anderem weil ein gewisser Admiral d'Albuquerque seine Gegner auf ziemlich mitleidslose Weise zu behandeln pflegt. Mauren die Nasen und Ohren abhacken lässt und sie vorausschickt, damit sie berichten, die Portugiesen seien im Anmarsch. Wer sich dir widersetzt, stirbt einen schrecklichen Tod. Dein Auftreten hat die Radschas sehr beunruhigt, Alfonso. Wie werden sie erst reagieren, wenn du jetzt Vizekönig wirst? Dann gibt es in der Tat Krieg und keinen Handel mehr.»

Alfonso kniff die Augen zusammen. «Und wie steht es um dich selbst? Auf dem Weg nach Indien bist du doch auch gegen ein paar ostafrikanische Küstenstädte vorgegangen. Du hast sie in Schutt und Asche gelegt. Oder hast du das etwa vergessen? Und ich werde dir auch sagen, warum du das getan hast: weil sie es wagten, Portugal Widerstand zu leisten.»

Francisco schwieg. Es war nur allzu wahr. Um jeden Preis hatte er vermeiden wollen, dass feindliche Fürsten die portugiesische Seeroute nach Indien in Gefahr brachten.

«Gut, gut, Alfonso. Du bist ein fähiger Befehlshaber, und du weißt, was du tust. Ich bleibe bei meiner Meinung: Die einheimischen Fürsten fürchten dich so sehr, dass es dem Handel schaden wird.»

Alfonso d'Albuquerque stand auf. «Francisco d'Almeida, viele Jahre sind wir gemeinsam zur See gefahren. Auch wenn du dich mir gegenüber schlecht benommen hast, bin ich bereit, dich als Mitstreiter für unsere Sache weiterhin zu respektieren.»

Francisco war ebenfalls aufgestanden. «Alfonso d'Albuquerque, morgen werde ich öffentlich zurücktreten und dich als Vizekönig von Indien feierlich in dein Amt einführen. Dann werde ich nach Portugal zurückkehren. Aber ich sage dir, Alfonso, ich werde meinen ganzen Einfluss auf König Emanuel geltend machen, um ihn von der Richtigkeit meiner Meinung zu überzeugen. Vielleicht komme ich irgendwann zurück, um dich wiederum abzulösen.»

«Ich werde dir schon beweisen, dass meine Ansichten richtig sind.»

«Wir wollen den Streit nicht wieder von vorne beginnen, Alfonso, und es dabei belassen. Vorläufig gebe ich mich geschlagen.»

Beide schwiegen. Alfonso d'Albuquerque strich sich nachdenklich über den Bart. Dann sagte er lächelnd: «Gut, Francisco, wir werden sehen, was die Zukunft uns bringt.»

Das Ende einer Reise

Das Schiff lag gut auf Kurs. Es ging schon gegen Abend zu, und die untergehende Sonne tauchte den Horizont in ein sanftes Licht. Vom Achterdeck aus sah Francisco den Möwen zu, die das Schiff umkreisten. In ein oder zwei Tagen würden sie Mozambique erreichen.

Mit drei Schiffen befand sich Francisco auf der Heimreise nach Lissabon. Würde er jemals in die indischen Gewässer zurückkehren? Die Antwort auf diese Frage hing von der Stimmung ab, die er am Hof des Königs vorfinden würde. Wie viele Ratsmitglieder hatte Alfonso beeinflussen können? Ob König Emanuels Entschluss wirklich feststand? Wenn er seinen Fürsten nicht davon überzeugen konnte, dass das Zusammenspiel von Handel und Friedfertigkeit viel mehr wert ist als Eroberung und Unterwerfung, was hatte es dann letztendlich für einen Sinn gehabt, einen Großteil seines Lebens der Verwaltung des Landes zu widmen? Selbstverständlich hatte er in Indien viel erreicht. Aber wie lange würde es Bestand haben, wenn Alfonso nun zu den Waffen griff?

Doch geht es im Leben nicht nur um gute Resultate, sann Francisco weiter. Das ist nur eine erfreuliche Beigabe. Worauf es tatsächlich ankommt, ist, ob man sich und seinen tiefsten Überzeugungen treu bleiben kann, wie viele Widerstände auch zu überwinden sind.

Unwillkürlich musste er an das Gespräch mit Bartholomeu Diaz vor vielen Jahren denken. Ich vertraue dir, Francisco, hatte Bartholomeu gesagt.

Francisco seufzte. Es würde wahrhaftig keine einfache Aufgabe sein, den König zu überzeugen. Außerdem stand ihm noch etwas anderes bevor. Alfonso hatte ihm vor seiner Abreise einen Wink gegeben: Francisco, trotz allem, was zwischen uns vorgefallen ist, möchte ich dich warnen. Bevor ich Portugal verließ, habe ich

Gerüchte gehört, die ich nicht gut einordnen kann. Erinnerst du dich an Brás da Silva? Er ist zum ersten Sekretär des Schwertordens ernannt worden. Da Silva scheint etwas gegen dich zu haben. Zumindest hat er eine Untersuchung gegen dich eingeleitet. Es hat irgendwie mit deiner maurischen Gefangenschaft zu tun, soweit ich das begriffen habe. Du weißt wohl selbst, worum es sich handelt. Ich wollte es dir jedenfalls gesagt haben.

Francisco hatte sich Alfonso gegenüber nichts anmerken lassen. Aber es hatte ihm mächtig zugesetzt. Brás da Silva! Wenn da Silva die Beschuldigungen nicht beweisen konnte, musste er sie zurücknehmen. Und wenn er es doch konnte?

Von jenem Tag an, als Francisco dem Orden gegenüber die Wahrheit verschleiert hatte, trug er eine bleischwere Last mit sich herum. Nicht, dass es ihm Leid tat. Wenn er an seine Gespräche mit Ibn Chabut zurückdachte, wusste er genau, dass er sich heute wieder wie damals entscheiden würde. Wie jeder Mensch hatte Francisco Angst vor dem Tod. Aber er war bereit, ihn mit Würde hinzunehmen. Er hatte gegen die Regeln des Ordens verstoßen, diese Schuld wollte er nicht abstreiten. Was ihn vor allem bedrückte, war, dass man ihn der Lüge bezichtigen könnte.

Francisco starrte auf das Wasser. Da hörte er ein Geräusch. Der Bootsmann hatte sich neben ihn gestellt.

«Treuer Antonio», sagte Francisco und legte ihm die Hand auf die Schulter, «du bist einer der wenigen, auf die ich mich unbedingt verlassen kann.» Nachdem sie sich wiedergefunden hatten, war Antonio Franciscos Bootsmann geworden.

«Ein schöner Abend», sagte Antonio.

«Es wird eine klare Nacht werden», antwortete Francisco.

Das Kap der Guten Hoffnung war umrundet. Die Schiffe machten sich bereit, auf Kurs Nordnordwest zu gehen. Das Kap der Guten Hoffnung ... Die Südspitze von Afrika, nach der sie so lange gesucht hatten ...

«Wechselt den Kurs», befahl Francisco, «signalisiert den anderen, wir steuern Kurs Ost!»

Mit flappenden Segeln gingen die Schiffe durch den Wind und nahmen mit Krachen und Stöhnen wieder Fahrt auf.

«Wohin, Admiral?», fragte der Kapitän.

«An Land. Ich weiß nicht, ob ich jemals wieder hierher zurückkehre. Ich möchte noch einmal afrikanischen Boden betreten, zur Erinnerung an Prinz Heinrich, an Bartholomeu Diaz und an all die anderen, die für Portugal ihr Leben gelassen haben.»

Der Kapitän nickte. Er kannte die große Verehrung seines Vorgesetzten für Heinrich den Seefahrer.

Mit einem schürfenden Geräusch lief die Schaluppe in der Saldanhabai auf Grund.

«Der Bootsmann folgt mir mit sechs Mann, der Rest bleibt hier», sagte Francisco und sprang behände von Bord.

Sie folgten einem schmalen, gewundenen Pfad, der auf ein höher gelegenes Plateau führte. Stachelige Sträucher und scharfe, hohe Grashalme ritzten ihre bloßen Waden auf.

«Was will der Alte eigentlich?», nörgelte einer, aber so, dass Francisco es nicht hören konnte.

«Der Admiral will von diesen Gebieten Abschied nehmen», antwortete Antonio leise.

«Diese elende Hitze», stöhnte ein anderer. Der Pfad wurde steil.

«Gleich sind wir da, Männer», sagte Francisco. «Da oben auf der Ebene können wir uns im Schatten der Bäume ausruhen.»

Keuchend erreichten sie die Höhe. Hier und da standen dichte Baumgruppen. Die Soldaten ließen sich ins hohe Gras sinken und genossen den kühlen Schatten.

Francisco und Antonio standen etwas abseits und schauten über die Ebene. «Admiral», fragte Antonio, «was sollen wir tun?»

«Ach, Antonio, wartet hier auf mich. Ich laufe ein wenig herum, um noch einmal die afrikanische Erde unter meinen Füßen zu spüren.» Francisco bückte sich, um einen kleinen Stein aufzuheben. «Weißt du, Antonio, ich habe das Gefühl, es könnte das letzte Mal sein.» Nach kurzem Schweigen fügte er hinzu: «Die Männer sollen sich ausruhen, dann werden wir zur Flotte zurückkehren. Werde ich wirklich von diesem Ort, wo Bartholomeu Diaz den Stern Portugals aufgehen ließ, Abschied nehmen können?»

Francisco gab Antonio zu verstehen, dass er gerne allein sein wollte. Antonio sah, wie Francisco hin und her ging, eine Hand voll Sand aufhob und wieder verstreute. Die Jahre hatten den Admiral nicht unberührt gelassen – so, wie er jetzt dastand, mit leicht hängenden Schultern … Seine Gestalt war noch kräftig genug, aber dennoch …

«Wir gehen zurück zu den Schiffen!», rief Francisco. Die Soldaten rappelten sich auf und traten den Rückweg an. Die Gruppe ging an einem Waldrand entlang.

«Achtung! Da!», schrie Antonio. «Hinter den Büschen! Eingeborene!»

Pfeile flogen durch die Luft. Mit einem Schmerzensschrei fiel ein Matrose zu Boden.

«Erst in Deckung! Dann feuern!», rief Francisco seinen Männern zu.

Es waren geübte Soldaten, die sich schon beim ersten Anzeichen der Gefahr auf die Erde warfen und so gut wie möglich in einer Vertiefung oder hinter einem Sandhaufen Deckung suchten. Plötzlich erhob sich ein wildes Geschrei und eine Bande Hottentottenkrieger stürmte auf sie zu. Die Portugiesen feuerten. Einige der Angreifer stürzten.

Da hörten sie in der Ferne das Dröhnen der Schiffskanonen. Auf den Schiffen hatte man bemerkt, dass Francisco und seine Männer in Schwierigkeiten waren. Die Hottentotten hielten sofort ein, zögerten noch etwas und rannten in den Wald zurück.

Francisco richtete sich halb auf, um den Kampfplatz zu überschauen. Auch Antonio und die anderen streckten ihren Kopf in die Höhe. Ein Matrose blieb liegen. Sie hatten fünf Krieger getötet.

Vorsichtig schob sich Francisco an den gefallenen Portugiesen heran. Als er ihn beinahe erreicht hatte, zischte etwas an ihm vorbei. Rums! Direkt neben ihm stak ein vibrierender Speer in der Erde. Sogleich eröffneten Franciscos Männer das Feuer. Pfeifend verschwanden die Kugeln im Blattwerk. Francisco sprang auf und rannte davon. Weg vom Waldrand.

«Admiral! Beeilung!»

Er strauchelte und kam wieder auf die Beine, ein Speer flog haarscharf an ihm vorbei. Ein Knall, und ein Hottentotte sackte in sich zusammen.

«Ihr habt Glück gehabt, Admiral», sagte Antonio, als Francisco wieder bei seinen Männern stand. Francisco nickte nur.

«Kehren wir zurück, Admiral?», fragte Antonio.

«Ja», antworte Francisco tonlos und ging in Gedanken versunken der Küste zu. Die Soldaten folgten ihm nicht sofort. Sie suchten noch schnell ein paar Speere zusammen, als Andenken an das Gefecht. «Beeilt euch, Männer!», rief Antonio ihnen zu. «Denkt daran, dass wir noch immer in Gefahr sind!»

Einer nach dem anderen ging Francisco hinterher. Antonio folgte als Letzter. Francisco war schon außer Sichtweite, als Antonio die Schreie hörte: «Bootsmann! Der Admiral!»

Antonio rannte zum Rand des Plateaus. Auf dem Pfad unter ihm, seitlich in einen Strauch gefallen, lag Francisco d'Almeida. In seinem Rücken stak ein Speer ... In Franciscos halb geöffneter Hand sah Antonio einen weiß glänzenden Kieselstein.

Der erste Sekretär des Ordens des Heiligen Jakob vom Schwerte, Brás da Silva, strich sich nachdenklich über die Stirn.

«So so, Francisco d'Almeida ist bei der Saldanhabai ums Leben gekommen. Schade, ich hätte ihn gerne noch zu einem gründlichen Verhör hier gehabt. Obwohl ... schade? Eigentlich ist es nur gerecht. Er hatte etwas zu verbergen, dafür könnte ich meinen Kopf verwetten. Er hat den Orden hintergangen. Der Tod ist deshalb das einzig Richtige für ihn. Ist es nicht so, meine Herren?»

Mit einem scharfen Blick durchmaß Silva die Runde der Ritter. Es war deutlich, dass er keinen Widerspruch erwartete und ihn auch nicht geduldet hätte.

«Überdies, d'Almeida war eine Schande für unseren Orden

geworden. Er hat unsere Gebete verleugnet und konnte zuletzt nur noch über Handel reden.»

«Ich habe aus Santiago die Nachricht erhalten, dass Francisco d'Almeida während seiner Heimreise ums Leben gekommen ist.»

Der uralte Bruder Valentinus senkte den Kopf und brach in Schluchzen aus.

Sanft legte der Meister des Nordens ihm die Hand auf den Arm. «Es hat so sein müssen, mein lieber Bruder. Es ist, als hätte Francisco d'Almeida der Rache seines Ordens nicht entkommen können. Aber Gott weiß, dass er rechtschaffen war und richtig gehandelt hat.» Der Meister schwieg einen Augenblick, bevor er weitersprach. «Er hat alles getan, um zwischen den Völkern Brücken zu schlagen, und er wollte die Menschen in Frieden leben lassen. Die Saat, die er gesät hat, wird sicherlich zu einem Teil vernichtet werden, aber das, was aufgeht, wird wiederum Saat tragen. Francisco d'Almeida hat nicht umsonst gelebt. Die Zukunft ist nie ohne Hoffnung.»

Bruder Valentinus sah den Meister an. Auf seinem faltigen Gesicht erschien ein Lächeln.

Wie es weiterging

Alfonso d'Albuquerque brachte die Gebiete von Malakka unter portugiesische Herrschaft. Mit harter Hand gelang es ihm, mehrere Fürsten zu unterwerfen. Nach d'Albuquerque wurde Vasco da Gama Vizekönig von Indien. Er wurde vollständig rehabilitiert. Ungeahnte Reichtümer flossen nun dem Königreich Portugal zu, und König Emanuel wurde einer der angesehensten Fürsten der Christenheit.

Das Streben Francisco d'Almeidas nach einem offenen Handel wurde hingegen nicht fortgesetzt. Könnte das der Grund gewesen sein, weshalb Portugals Ruhm nur von kurzer Dauer war? Durch den nahezu unerschöpflichen Überfluss an Gold und Silber, den die Portugiesen für ihre Gewürze einhandelten, nahm die Unternehmungslust und die Schwungkraft des einst so mutigen Volkes ab. Schon bald wurde Portugal von dem spanischen Nachbarland überflügelt; auch Spanien ging einer Periode von Reichtum und großer Macht entgegen, wurde aber schließlich nach Ablauf eines Jahrhunderts ebenfalls zerrüttet und erniedrigt.

Portugal hat für die Geschichte einen wichtigen Beitrag geleistet. Als der Tempelorden im Christusorden aufging, war das ein Geschehen von weitreichender Bedeutung und die Voraussetzung für eine glanzvolle Zukunft. Und Heinrich der Seefahrer war es, der den Grundstein für die großen Entdeckungsreisen legte. Unter der brillanten Führung König Johanns II. stieg Portugal schließlich zur Großmacht auf. Man versäumte jedoch, auch die geistigen Schätze zu vermehren. Menschen wie Francisco d'Almeida hatten nichts mehr zu sagen. Seine Ideale wurden vergessen.

Anhang

Eine Betrachtung der historischen Ereignisse und deren Hintergründe

Zu Teil I

Welches Ziel hatten Prinz Heinrichs Unternehmungen?

Es lässt sich nicht beweisen, dass Prinz Heinrich über Erkenntnisse verfügte, die ihm die Gewissheit gaben, dass eine Umrundung Afrikas möglich war. Einige Wissenschaftler sind der Meinung, der Prinz habe nur nach einem Fluss gesucht, dessen Wasserlauf sich bis zum Osten Afrikas erstreckte. (Der in jener Zeit für Afrika gebräuchliche Name war übrigens Guinea.)

Allerdings gab es damals schon Karten, auf denen Afrika mit dem südlichen Punkt, umgeben von einem schmalen Meeresstreifen, angegeben war: die sogenannte Genueser Weltkarte (1457) sowie eine Karte, die Fra Mauro in Prinz Heinrichs Auftrag angefertigt hatte (1459). Fra Mauro verfügte nachweislich über maurische Daten. Außerdem zirkulierte in der ersten Hälfte des 15. Jahrhunderts die Geschichte von einem fremden Schiff, das durch schwere Stürme aus dem Indischen Ozean in den Atlantischen Ozean abgetrieben worden sei. Das setzte einen Seeweg um Afrika voraus.

Falls es Dokumente gab, die die wirkliche Form des afrikanischen Kontinents genauer beschrieben, dann sind diese wahrscheinlich während des Erdbebens im Jahre 1775 in Lissabon verloren gegangen. Die königlichen Archive, in denen alle Staatsakten bewahrt wurden, sind damals vollständig zerstört worden.

Wir können noch fünf weitere Punkte ansprechen:

1. Hat man in der Zeit Prinz Heinrichs gewusst, dass die Phönizier schon viel früher um Afrikas Südpunkt herumgefahren sind?

2. In der Türkei wurde eine Karte aus dem Jahr 1513 gefunden, die sogenannte Piri-Re'is-Karte. Diese – übrigens sehr umstrittene – Karte ist möglicherweise die Kopie einer alten griechischen Karte aus Alexandria. Während Westafrika darauf überraschend genau abgebildet ist, fehlt die Darstellung des östlichen Teils. Man darf jedoch annehmen, dass auch jener Teil des Kontinents den Zeichnern dieser Karte bekannt war.

3. Prinz Peter (Don Pedro) – ein Bruder von Heinrich – bereiste weite Gebiete, so auch den Mittleren Osten. Auf seinen Reisen sammelte er für Prinz Heinrich die bei den Arabern bekannten Kenntnisse der Seefahrt. (Wurden ihm dabei auch die Überlieferungen aus der Zeit der Phönizier bekannt? Wusste er von der griechischen Karte aus Alexandria?)

4. Man weiß, dass Prinz Heinrich arabische Kartographen beschäftigte.

5. Die Tempelritter unterhielten enge Beziehungen zum Mittleren Osten. Falls sie dort wertvolle Kartenkenntnisse sammelten, wird dieses Wissen beim Übergang vom Templerorden zum Christusorden in den Besitz der Portugiesen gekommen sein.

Wie andere gehe ich davon aus, dass die Portugiesen damit rechneten, Indien auf dem Seeweg um das südliche Afrika herum erreichen zu können.

Der Priesterkönig Johannes

Im 15. Jahrhundert verlegte man das legendäre Reich des Priesterkönigs Johannes in das heutige Äthiopien (Abessinien), das vielfach auch Indien hieß. (Der Name Indien bezog sich auf das ganze Gebiet von Ostafrika bis Japan. Als Kolumbus davon sprach, «Cipango» und «Cathay» – das sind Japan und China – erreicht zu haben, war damit auch Indien gemeint.)

König Johann II. schickte seinen Gesandten Pedro de Covilha auf dem Landweg nach Äthiopien mit dem Auftrag, das Königreich des Priesterkönigs Johannes zu suchen. Um 1490 kam de Covilha an den Hof des äthiopischen Kaisers Iskander. Es stellte sich jedoch schon bald heraus, dass Portugal von Äthiopien nicht viel zu erwarten hatte. Die Legende von dem paradiesischen Christenfürsten im Osten verlor damit ihre Bedeutung.

Inzwischen hatte Bartholomeu Diaz im Jahre 1488 das Kap der Guten Hoffnung umrundet. Alle Erwartungen richteten sich nun auf das reiche Indien, die Westküste des heutigen Indien; von dort aus hatte de Covilha bereits einen Augenzeugen zur Berichterstattung nach Portugal gesandt.

Die Legende lebte noch einmal kurz auf, als da Gama in den hinduistischen Indern irrtümlich Christen zu erkennen glaubte, weil es in ihrer Kultur – wie in der christlichen – Gottesdarstellungen gab (der Islam verbietet dagegen jegliche Abbildung des Schöpfers). Nachdem man jedoch den Irrtum erkannt hatte, war es mit der Suche nach dem «Christenreich im Osten» endgültig vorbei.

Die Mauren

Früher wurden alle Völker, die den islamischen Glauben hatten, als Mauren bezeichnet. Die fast achthundertjährige Geschichte der Mauren auf der Iberischen Halbinsel ist außergewöhnlich reichhaltig. Die Mauren entwickelten dort eine verfeinerte Kultur, deren Spuren noch heute zu finden sind.

Christen, die unter maurischer Herrschaft lebten, wurden im Allgemeinen gut behandelt. Sie konnten ihren Glauben behalten, durften jedoch kein offizielles Amt übernehmen. Alle Christen mussten eine zusätzliche Steuer bezahlen.

Die Mauren, die unter spanischer Herrschaft lebten, hatten dagegen eine weniger gesicherte Position und konnten bezüglich ihrer Religion nicht immer auf Toleranz rechnen. Ansonsten konnten sie jedoch in der Regel ein Leben nach ihren eigenen Gewohnheiten führen.

Nach 1492 wurde ein zunehmender Druck auf die Mauren ausgeübt. Schließlich wurden alle Mauren, die sich nicht zum Christentum bekehrten, nach Afrika deportiert.

Der Sklavenhandel

Prinz Heinrich muss für den Beginn des Sklavenhandels in Europa verantwortlich gemacht werden. Die Vermutung scheint gerechtfertigt, dass er auf eine – für jene Zeit – milde Behandlung der Sklaven Wert legte. Aber ob es ihm bewusst war, dass der Sklavenhandel menschenunwürdig ist, muss bezweifelt werden. Für uns als Menschen des 20. Jahrhunderts ist das Unmoralische der Sklaverei selbstverständlich, und wir können uns kaum vorstellen, dass man früher anders darüber dachte. Francisco lasse ich ziemlich modern denken, vielleicht zu modern, obgleich es immer Menschen gegeben hat, die ihrer Zeit (weit) voraus waren. Aber es ist eine Tatsache, dass Francisco d'Almeida seinen Mitmenschen, ungeachtet ihrer Hautfarbe, der Religion oder des Standes, große Achtung entgegenbrachte. Das habe ich zum Ausdruck bringen wollen.

Zu Teil II

Die Schrift des Aristoteles

Walter Johannes Stein (siehe Quellenverzeichnis) beschreibt, wie Francisco d'Almeida in Granada in den Besitz des sogenannten «Stein der Weisen» gelangt. Dieser ist das intimste Geheimnis der Alchimisten. Francisco händigt ihn an den «Meister» aus und verletzt somit sein Ordensgelübde. Walter Johannes Stein gibt in dem von mir gelesenen Artikel (nur als Manuskript) nicht an, wie er an die Information gelangt ist. Ich habe mich jedoch in meiner Geschichte durch die Mitteilungen von Walter Johannes Stein inspirieren lassen. Den «Stein der Weisen» habe ich in übertragener Bedeutung durch eine Schrift des Aristoteles ersetzt.

Zu Teil III und IV

Das geheimnisvolle Land im Westen

Es ist denkbar, dass die Portugiesen schon vor Kolumbus' Überfahrt (1492) Land oder Inseln im Westen entdeckt hatten.

Antilia: Neben der bekannten Legende von St. Brendan erzählt die Legende von Antilia (etwa um 700 n. Chr.), dass sieben Bischöfe wegen Glaubensverfolgung auf einer Insel im Westen Zuflucht gefunden hatten. Diese Insel wurde «Antilia, die Insel oder der Kontinent der Sieben Städte» genannt. Ob Antilia tatsächlich existiert hat, lässt sich nicht feststellen. In den siebziger Jahren des 15. Jahrhunderts ist portugiesischen Kapitänen zweimal die königliche Erlaubnis erteilt worden, Antilia anzulaufen. Beruhte diese Genehmigung auf dem Wissen von der Existenz dieser Insel oder nur auf der Möglichkeit, dass es Antilia geben könnte? Falls die Portugiesen zufällig und unter strikter Geheimhaltung Inseln in der Karibischen See entdeckt haben, könnte es sich folgendermaßen abgespielt haben (siehe die Karten auf S. 248 ff.):

Portugiesische Schiffe mit Kurs auf die Kanarischen Inseln fuhren zu weit westlich (das kam öfter vor). Bei anhaltender Windstille wurden sie durch die Nordäquatorialströmung in Richtung Karibische See abgetrieben. Wenn sich dann ein starker Nordostpassat erhob, war es nicht möglich, nach Osten zurückzusegeln. Schon bei Windstärke 6 bis 7 mussten die Schiffe jener Zeit «vor Topp und Takel treiben», das heißt sich mit gestrichenen Segeln von der Meeresströmung treiben lassen, in diesem Fall in Richtung Westen. In ungefähr dreißig Tagen hätte man zum Beispiel die heutigen Antillen erreichen können. Wenn man aber gezielt dahin fahren wollte, mit Hilfe von Wind und Segel, benötigte man nur etwa zwanzig Tage.

Zur Fahrtroute vom Norden in den Süden:

Brasilien ist wahrscheinlich schon entdeckt worden, bevor Pedro Alvarez Cabral im Jahr 1500 dort landete.

Ein Sturm aus östlicher Richtung konnte die Schiffe weit von der afrikanischen Küste abdrängen – auf diese Weise ist übrigens 1418 Porto Santo (Madeira-Archipel) entdeckt worden. Wenn das südlich von Kap Verde passiert sein sollte, wäre es möglich gewesen, dass die Schiffe durch eine Kombination aus Windstille und Meeresströmung (Südäquatorialströmung) in ungefähr neunzehn Tagen zum Capo Branco, dem Ostpunkt Brasiliens, gelangten. Eine Windstille von zwei bis drei Wochen ist in diesem Gebiet keine Seltenheit.

Als Bartholomeu Diaz zum Kap der Guten Hoffnung fuhr, handelte er folgendermaßen: Während er an der afrikanischen Küste entlangfuhr, hatte er so viel Gegenwind, dass er in Höhe der Kongomündung schräg gegen den Südostpassat in den Atlantik – damals Großer Ozean genannt – fuhr, bis er die Zone der Westwinde erreichte. Mit diesem Wind im Rücken umsegelte er das Kap. Es ist durchaus denkbar, dass andere Kapitäne auf derselben Route mitten auf dem Atlantik in einen Sturm gerieten und die Segel streichen mussten. In diesem Fall brachte die Meeresströmung sie in etwa sechzehn Tagen nach Brasilien.

Zur Fahrtroute vom Süden in den Norden:

Um die große Kraft des direkt von Nord nach Süd fließenden Guineastroms zu meiden, fuhr man auf der Höhe des heutigen Staates Angola in nordwestlicher Richtung in die offene See hinaus. Durch ein Zusammenwirken von Strömung, Sturm und/oder Windstille konnte man auch auf diesem Kurs nach Brasilien gelangen. Wenn dann in einem Sturm noch der Besanmast verloren ging, kam man nicht mehr gegen den Passatwind an und landete ganz bestimmt in Brasilien; vor der brasilianischen Küste weht oft ein steifer Passat aus dem Osten.

In einer Segelanleitung von 1845 (moderne Segelschifffahrt!) liest man: «Vom Kap der Guten Hoffnung nach Europa kann man am besten mit dem Südostpassat bis 25 à 28° westlicher Länge fahren, ehe man Kurs auf Europa nimmt.»

Von dieser Länge bis Brasilien ist es eine Fahrt von fünf Tagen. Das veranschaulicht, dass die beste Fahrtroute tatsächlich ziemlich nahe an Brasilien entlangführte.

Wenn die portugiesischen Schiffe einmal so weit gekommen waren, reichte der Vorrat an Wasser und frischen Lebensmitteln für die Rückreise nicht aus. Man wird nach Zeichen gesucht haben, die auf die Nähe von Land deuten: bestimmte Vögel und Wolkenformen, die in Landnähe vorkommen. Die Küste ist schon aus einer Entfernung von fünfzig Kilometern wahrnehmbar. Das Süßwasser des Amazonas wird bis zu zweihundert Kilometern vor der Küste wahrgenommen (Süßwasser treibt auf Salzwasser und vermengt sich langsam). So könnten die Portugiesen die brasilianische Küste schon frühzeitig kennen gelernt haben.

Außerdem gibt es die – an sich fragwürdige – Piri Re'is-Weltkarte, auf der Brasilien sehr genau eingezeichnet ist. Hatten die Portugiesen schon vor 1500, also zu dem Zeitpunkt, als Cabral Brasilien «entdeckt», Kenntnis von dieser Karte?

In meiner Geschichte habe ich zwischen Brasilien und dem «Kontinent der Sieben Städte» keinen Unterschied gemacht.

Die Trennungslinie

1493 konnte Spanien den Papst, der von spanischer Herkunft war, dazu bewegen, die Grenze zwischen den portugiesischen und den spanischen Gebieten bei dem Meridian 38° westlicher Länge festzulegen. Im Nachhinein betrachtet, hätte das für Portugal den Verlust des späteren Brasiliens bedeutet. König Johann hatte sich heftig gegen diese Regelung zur Wehr gesetzt.

In dem Vertrag von Tordesillas 1494 gelang es König Johann,

sein Gebiet in westlicher Richtung auszuweiten, so dass es das heutige Brasilien einschloss. Brasilien war das einzige südamerikanische Land, das den Portugiesen und nicht den Spaniern zugesprochen wurde. Die Heftigkeit, mit der König Johann auf diese Regelung drängte, ist verständlich, wenn wir davon ausgehen, dass Brasilien bei den Portugiesen schon bekannt war. Die Navigationsinstrumente jener Zeit, mit denen man die Ost-West-Lage bestimmen konnte, waren mangelhaft, aber die Kartenkenntnis der portugiesischen Kartographen war groß. Mit Hilfe ihrer Angaben konnten die Kapitäne wahrscheinlich die Lage Brasiliens ziemlich genau bestimmen. Etwa 150 Jahre danach hat der holländische Kapitän Jan van Riebeeck mit Hilfe der gleichen Instrumente die östliche Lage von Batavia (jetzt Djakarta) feststellen können – mit einer Abweichung von nur 75 Kilometern auf einer Gesamtlänge von vielen tausend Kilometern. Warum sollten die Portugiesen das in Bezug auf Brasilien nicht auch gekonnt haben?

Meine Informationen über die Seefahrt habe ich Herrn M. Nauta, Kapitän auf großer Fahrt, zu verdanken.

Überliefertes Wissen

Es stellt sich die Frage: Wenn die Portugiesen schon vor Kolumbus in (Süd-)Amerika gewesen sind, warum gibt es dann darüber keine Reiseberichte und Dokumente? Den Weg, den Kolumbus 1492 genommen hat, kennen wir zum Beispiel sehr genau.

Erstens könnte das an der außerordentlich strengen Geheimhaltung gelegen haben, die seit 1470 im Hinblick auf Logbücher und Reiseberichte der Kapitäne galt. Es waren Staatsgeheimnisse, auf deren Verrat die Todesstrafe stand. Von den damaligen Logbüchern und Karten werden nur wenige Kopien angefertigt worden sein.

Zweitens sind die wenigen Dokumente im Laufe der Zeit wahrscheinlich verloren gegangen, zum Beispiel bei dem schon erwähnten Erdbeben in Lissabon.

Einige Entfernungen

Um einen Eindruck von den betreffenden Entfernungen zu geben, folgen hier einige Zahlenangaben:

Lissabon – Kanarische Inseln	712 Seemeilen
Kanarische Inseln – Kap Verde	851 Seemeilen
Kap Verde – Fort El Mina	1.377 Seemeilen
Fort El Mina – Kongomündung	1.055 Seemeilen
insgesamt	3.995 Seemeilen = ca. 7.600 km

Kapverdische Inseln – Kap Blanco 600 Seemeilen oder ca. 1150 km in west-östlicher Richtung.

Trieb König Johann ein falsches Spiel?

Das gängige Bild von der Entdeckung Amerikas 1492 durch Christoph Kolumbus sieht in Kürze zusammengefasst so aus: Kolumbus, vermutlich der Sohn eines Webers aus Genua, kommt zufällig in portugiesische Dienste und macht sich die – für jene Zeit hoch entwickelte – portugiesische Seemannskunst zu Eigen. Er kommt auf den Gedanken, dass der Seeweg nach Indien auf der westlichen Route kürzer sein müsse als der östliche Weg um Afrika herum. Diese Idee entsteht jedoch durch eine fehlerhafte Berechnung. Kolumbus misst der Erde nämlich einen kleineren Umfang zu, als sie in Wirklichkeit hat. König Johann II. von Portugal lehnt Kolumbus' Plan, auf dem Westweg nach Indien zu fahren, dann auch ab. Der König weiß, dass der kürzeste Seeweg nach Indien um das Kap der Guten Hoffnung herum führt. Enttäuscht reist Kolumbus nach Spanien, um dort seine Dienste anzubieten. Sieben Jahre danach erteilt ihm das spanische Fürstenpaar die Zustimmung zu dieser Expedition. Kolumbus fährt gen Westen und findet Land.

Nach Kolumbus' Auffassung musste das also Indien sein oder zumindest die östlichsten Gebiete Cipangu und Cathay (Japan und China), die man damals auch als Indien bezeichnete.

Durch seine spätere Misswirtschaft in den neuen spanischen Kolonien fällt er zeitweise in Ungnade.

Der portugiesische Historiker Joacquim Bensaude (siehe Quellenverzeichnis) neigt dagegen zu der Auffassung, dass Kolumbus weiterhin ein treuer und ergebener Untertan König Johanns II. war und blieb. Kolumbus' sogenannte revolutionäre Ideen waren Teil eines von König Johann groß angelegten Planes, die spanischen Rivalen von dem richtigen Seeweg nach Indien abzuhalten. Kolumbus, ein treuer Anhänger seines Gebieters, spielte dieses Spiel geschickt mit.

In dieser Geschichte folge ich der Betrachtungsweise von Joacquim Bensaude und dessen Nachfolger A. Leroi. Bei der Lektüre verschiedener Bücher über Kolumbus habe ich Details gefunden, die nicht einmal von Bensaude genannt sind. Deshalb möchte ich hier alle Tatsachen, die dessen Auffassung unterstützen können, wiedergeben.

Die Person Christoph Kolumbus ist von Rätseln umgeben. Seine Herkunft ist nicht mit Sicherheit festzustellen. Niemand weiß, wie er zu seiner auffällig hohen Bildung gekommen ist. Auch wissen wir nicht, wie der «Weberssohn» eine Tochter aus adliger Familie zur Frau nehmen konnte (H. Pleticha, S. 145 – 163). Die Möglichkeit, dass Kolumbus portugiesischer Abstammung war, wie es in meiner Geschichte angegeben ist, habe ich einer Aufzeichnung entnommen, die A. Leroi verfasst hat. Bewiesen ist es hingegen nicht.

Die meisten Geschichtsschreiber nehmen an, Kolumbus sei durch Zufall nach Portugal gekommen (im August 1476). Als Seemann in genuesischen Diensten soll er vor der portugiesischen Südküste Schiffbruch erlitten haben. Dem wird entgegengestellt, dass sich Kolumbus bereits während seines Schiffbruches in portugiesischen Diensten befand (H. Pleticha, S. 155).

Als König Johanns Plan durchgeführt wird, empfängt Kolumbus einen Brief von dem damals hoch angesehenen florentinischen Kartographen Paolo Toscanelli. Dieser schreibt: «Mit Wohlgefallen habe ich vernommen, dass Ihr mit Eurem edlen König (Johann II.) so vertraut seid». Darauf schickt Toscanelli Kolumbus eine Kopie seiner Karte, die als portugiesisches Staatsgeheimnis gilt. Offensichtlich geschieht das mit König Johanns Zustimmung (H. Pleticha, S. 164 f.) Die Belohnung, die Kolumbus für die geplante Expedition verlangt, übersteigt wirklich jedes Maß (S. de Madariaga, S. 139 – 141).

Bezüglich Kolumbus' Übersiedlung nach Spanien (1484 oder 1485) gehen die Meinungen auseinander. Einer bezeichnet es als Flucht (H. Pleticha, S. 175), der andere als einen freundlichen Abschied (D. Divine, S. 155). Fest steht in jedem Fall, dass Kolumbus während seines Aufenthalts in Spanien noch immer mit König Johann in Verbindung geblieben ist, und das in einer Zeit, als bereits die ersten Spannungen zwischen den beiden Nachbarländern einsetzen (S. de Madariaga, S. 130 f.). Durch Kundschafter bleibt König Johann dann auch ständig mit dem spanischen Kronrat auf Tuchfühlung (A. Hageni, S. 148 f.).

Als Bartholomeu Diaz das Kap erreicht hat, führt König Johann bereits seinen nächsten Schachzug aus. In einem herzlich gehaltenen Brief lädt er Kolumbus ein, nach Lissabon zu kommen. König Johann versichert ihm, er werde wegen des Besitzes portugiesischer Staatsgeheimnisse nicht verfolgt. In Portugal nimmt Kolumbus dann an den Feierlichkeiten zur Ehrung von Diaz teil (A. Hageni, S. 148 f.). Laut einem anderen Bericht reicht Kolumbus selbst ein Gesuch um Freistellung von Verfolgung bei König Johann ein. Er wollte nämlich einen weiteren Versuch wagen, König Johann zu bewegen, seine Pläne anzunehmen. Da Kolumbus' Versuch zufällig mit Diaz' Erfolg zusammenfällt, ist seine Mühe vergebens. Wie dem auch sei, Tatsache ist, dass Kolumbus freies Geleit erhält und mit Diaz zusammentrifft.

Kolumbus fährt schließlich im Dienste Spaniens. Er entdeckt Land im Westen und kehrt zurück. Stürmisches Wetter verschlägt ihn in portugiesische Gewässer, und Bartholomeu Diaz nimmt sich seiner an (A. Hageni, S. 158).

Bevor Kolumbus dem spanischen Herrscherpaar Bericht erstattet, geht er zu König Johann. Dieser behandelt Kolumbus mit allem Respekt, während einige seiner Edelleute sich anbieten, Kolumbus zu töten (S. de Madariaga, S. 301 ff.). Die Tatsache, dass Kolumbus zuerst mit König Johann spricht, schafft in Spanien böses Blut (S. de Madariaga, S. 321).

Man nimmt an, Kolumbus sei eigentlich gegen seinen Willen infolge eines Sturmes in Portugal gelandet. Aber wenn wir Bensaudes Betrachtungsweise folgen, ist gerade dieser Sturm ein glücklicher Umstand. Es ist ein guter Deckmantel für Kolumbus, nicht zuerst Ferdinand und Isabella von der Reise berichten zu müssen. Warum spricht Kolumbus sonst mit König Johann, dem Rivalen seines Königs und seiner Königin? Nur um öffentlich über König Johann triumphieren zu können? Und wenn Kolumbus durch seine ungewollte (?) Landung in Portugal notgedrungen mit König Johann sprechen musste, warum nehmen Ferdinand und Isabella es ihm dann so übel?

Direkt nach Kolumbus' Rückkehr gibt König Johann Francisco d'Almeida den Auftrag, eine Flotte auszurüsten, um westwärts zu fahren (S. de Madariaga, S. 307). Kolumbus geht nach Spanien und übertreibt (nach Plan?) gewaltig, als er von der Fülle der Reichtümer im Westen berichtet. (S. de Madariaga schreibt hierüber auf S. 371 f. im Zusammenhang mit Kolumbus' zweiter Reise in den Westen.)

Dann kommt der Augenblick, in dem Johanns Nachfolger, König Emanuel I., fürchtet, dass Ferdinand und Isabella die List durchschauen, denn der Befehl, Kolumbus zu verhaften, wird ausgegeben, als Vasco da Gama das wirkliche Indien erreicht hat (H. Pleticha, S. 322 f.). Francisco de Bobadilla bricht erst ein Jahr später auf (H. Pleticha, S. 322 f.), nachdem König Emanuel I. Ferdinand mitgeteilt hat, dass Portugal ebenfalls Land im Westen «entdeckt» hat.

De Bobadilla überbringt Kolumbus einen Brief, in dem nur von einer mündlichen Anweisung auf König Ferdinands Befehl die Rede ist (H. Pleticha, S. 322 f.). König Ferdinand hat also tatsächlich etwas zu verbergen, sonst gäbe es keinen Grund, diesen Befehl nicht schriftlich mitzuteilen. Hat der König Angst, sich zu blamieren? Beim ersten Treffen de Bobadillas mit Kolumbus wird dieser sofort gefangen genommen (H. Pleticha, S. 322 f.).

Kolumbus ist nicht mehr der große Entdecker, für den man ihn gewöhnlich ansieht. Nach der ersten Reise in den Westen folgen noch drei weitere (1493, 1498 und 1502), doch Kolumbus trägt kaum noch etwas zu den «Entdeckungen» bei. Er ist vor allem an der «Verwaltung» interessiert, etwas, das ihm nicht besonders liegt. Nach H. Pleticha (S. 319 und 345) ist Kolumbus kein Entdecker im eigentlichen Sinne des Wortes. Andere Kapitäne, die gen Westen fahren, vermuten schon bald, dass das entdeckte Land nicht Indien – damit ist die Ostküste von Asien gemeint – sein kann. Kolumbus bleibt dagegen fest bei seiner Meinung und gerät schließlich in die Isolierung. Warum hielt er so krampfhaft an seinem «Indien» fest? Fühlte er sich als der einmal gefeierte Held, der nicht von seinem Sockel steigen will? Egal, ob Kolumbus den neuen Kontinent zufällig oder nach einem Plan König Johanns II. entdeckt hat, viel Freude ist ihm dadurch in seinem weiteren Leben nicht beschert worden. Sein auffahrendes Wesen brachte ihn immer wieder in Konflikt mit seiner Umgebung.

Alles in allem scheint mir Bensaudes Auffassung von dem «wahren Kolumbus» vertretbar zu sein. Bewiesen ist sie jedoch in keinem Fall. Für mich ist es aber ein interessanter Stoff, um daraus eine Geschichte zu machen. Es ist eine revolutionäre Sichtweise, die jener Auffassung von Kolumbus widerspricht, die zum Beispiel durch Schulbücher verbreitet wird.

Was gedruckt ist, braucht nicht wahr zu sein. Selbst nachdenken und untersuchen ist das Beste. Es wäre daher auch noch eine dritte Möglichkeit denkbar: König Johann benutzt Kolumbus für seine geheimen Ziele, ohne dass dieser davon weiß. Das wäre dann eine Kombination der beiden bereits genannten Theorien.

Zu Teil 5

Der Handel

Francisco d'Almeidas Auffassung von dem Wert, den der Handel für eine gute Verständigung zwischen den Völkern haben kann, entspricht der Wirklichkeit. Mit dieser Meinung ist er seiner Zeit weit voraus. Alfonso d'Albuquerque, der alles mit Waffengewalt erreichen will, ist hingegen ein typischer Vertreter seiner Zeit. Heutzutage hat der «Handel» oft einen unangenehmen Beigeschmack, wenn man an die Ausbeutung der Entwicklungsländer durch große westliche Firmen und einige Regierungen denkt. Ich habe Franciscos ideale Vorstellung von Handelsbeziehungen ganz und gar positiv gewertet, um seinen besonderen Mut herauszustellen. Allerdings stand er in dieser Hinsicht nahezu allein da. Überdies war der Handel früher viel durchsichtiger, jeder, der daran teilnahm, verstand auch etwas davon. Damals konnte der Handel noch nicht so leicht zu einem Mittel der Ausbeutung werden, wie es heute leider oft der Fall ist.

Die Personen und ihre Schicksale

In *Teil I* wurde Prinz Heinrichs Einzug in Lissabon, kurz vor seinem Tod, von mir erfunden. Der Name «Prinz Heinrich» ist bewusst nicht in der portugiesischen Schreibweise («Dom Anfonco Henriques») wiedergegeben; als «Heinrich der Seefahrer» ist er uns vertrauter. Dasselbe gilt für König Johann («Dom Joao») und für König Ferdinand, der fast immer mit seiner Gemahlin zusammen genannt wird: «Ferdinand und Isabella».

In *Teil II* ist die Person Alvise da Cadamosto historisch, auch Fort Arguin hat es gegeben. Die Ladeliste ist authentisch und wurde übernommen aus dem Buch *Het tijdperk der grote ontdekkingen* («Das Zeitalter der großen Entdeckungen»; siehe Quellenverzeichnis). Francisco wurde tatsächlich in den Orden des Heiligen Jakob vom Schwerte aufgenommen. Meister Felipe, Antonio und Herzog Miguel Carera sind erfundene Gestalten, ebenso alles, was Francisco in diesem Teil erlebt.

In *Teil III* sind die Personen Claudia, General Carlos Almirante, Soleia, Fürst Ibn Chabut, Brás da Silva, Bruder Valentinus und der Meister aus dem Norden ebenso wie Franciscos Gefangenschaft fiktiv. Was die Ereignisse in Granada und Santiago de Compostela betrifft, verweise ich auf die vorhergehende Erläuterung «Die Schrift des Aristoteles» (S. 229).

In *Teil IV* sind die Namen von König Johanns Ratgebern historisch. Franciscos Wunsch, das gute Einvernehmen zwischen ihm und König Ferdinand sowie Königin Isabella zu bewahren, entnehme ich dem Manuskript von Walter Johannes Stein. Die Verwicklungen im Hinblick auf Kolumbus und die spanisch-portugiesischen Verträge sind schon erwähnt.

In *Teil V* sind die gegensätzlichen Auffassungen, die Francisco d'Almeida und Alfonso d'Albuquerque über die richtige Taktik in Indien vertreten, historisch, einschließlich d'Albuquerques zeitweiliger Gefangenschaft. Adjudant Barreira, Admiral de Torrentes, Ritter Arano und Ritter Matteo Pinto (mit seinem Brief) sind erfunden.

Da von einem Sohn Lorenzo d'Almeida berichtet wird, gehe ich davon aus, dass Francisco d'Almeida verheiratet war.

Zeittafel

12. Jh. n. Chr.:	Gründung des Tempelordens (unterschiedliche Angaben, offiziell 1128).
1147:	Portugal wird selbständiges Königreich.
1170:	Gründung des Ordens des Heiligen Jakob vom Schwerte in Santiago (Sankt Jakob) de Compostela.
1290:	Der portugiesische Zweig des Schwertordens wird ein selbständiger Orden. Zum spanischen Bruderorden besteht nur noch eine lose Bindung.
1312:	Papst Clemens V. löst den Tempelorden auf; daraufhin geht dieser zu einem Teil in dem portugiesischen Christusorden auf.
1314:	Jacques de Molay endet auf dem Scheiterhaufen.
1415:	Die Portugiesen nehmen Ceuta, die gegenüber Gibraltar liegende maurische Küstenfestung, ein.
1415 – 1460:	Prinz Heinrich leitet die Expeditionen nach Porto Santo, nach Madeira, zu den Kanarischen Inseln, zum Kap Bojador (unter Kapitän Eannes), zum Kap Blanco (unter den Kapitänen Tristao und da Cadamosto), zum Gambia-Fluss (unter Kapitän Gomes) und weiter südwärts (unter Kapitän de Cintra).
1433:	Duarte, Heinrichs ältester Bruder, wird König.
1437:	Sultan Sala-ben-Sala besiegt Prinz Heinrich und Prinz Ferdinand (dessen jüngsten Bruder) bei Tanger.
1438:	Alfons V. wird König (ein Neffe Heinrichs).
1441:	Beginn des Sklavenhandels im Gebiet des Rio de Oro (Goldfluss).
1458:	Prinz Heinrich leitet einen erfolgreichen Einfall in Marokko (von Ceuta aus). Er kommt zu der Einsicht, dass die Portugiesen keinesfalls über Land in den Osten kommen können.

1460: Prinz Heinrich stirbt in Sagres.
1469: Die Heirat von Ferdinand und Isabella vereinigt Spanien (Kastilien und Aragon). Damit beginnt Spaniens Aufstieg.
1473: Fernão do Poo stellt fest, dass die Linie der afrikanischen Westküste nach Osten abknickt. Francisco d'Almeida dient zu dieser Zeit auf der Küstenflotte.
1475 – 1479: Krieg zwischen Portugal und Spanien. Portugal verpflichtet sich, Spanien im Kampf gegen die Mauren zu helfen.
1481: Prinz Johann wird König Johann II.
Der Papst spricht alle neuen Länder südlich der Kanarischen Inseln Portugal zu.
1482: Diego Cao erreicht den Kongo.
1484: Francisco d'Almeida fährt als zweiter Kapitän unter Diego Cao nach Afrika und knüpft Handelsbeziehungen mit Stämmen der Eingeborenen an.
1486: Der Portugiese Francisco Dulmo bekommt von König Johann die Erlaubnis, zum Kontinent der Sieben Städte zu fahren. Ob die Fahrt stattgefunden hat, ist unbekannt.
1488: Bartholomeu Diaz umschifft das Kap der Guten Hoffnung. (Francisco d'Almeida ist zu dieser Zeit in spanischen Diensten.)
1492: Granada wird von den Christen erobert. Sultan Boabdil zieht sich nach Afrika zurück. Christoph Kolumbus bricht in spanischem Auftrag nach Westen auf und erreicht Amerika (auch 1493, 1498 und 1502).
1493: Der Papst zieht die Trennungslinie zwischen Ost und West, die von König Johann angefochten wird (38° westlicher Länge).
1494: Im Vertrag von Tordesillas wird die Grenze zu Gunsten von Portugal verlegt (46°37' westlicher Länge).
1495: Emanuel I. wird König von Portugal.
1498: Vasco da Gama erreicht Indien.

1500: Pedro Alvare Cabral reist über Brasilien nach Indien. Bartholomeu Diaz kommt am Kap der Guten Hoffnung ums Leben.

1502: Vasco da Gama wird rehabilitiert und segelt zum zweiten Mal nach Indien. Alfonso d'Albuquerque fährt als zweiter Kapitän mit und gründet das Fort Cochin.

1505: Francisco d'Almeida wird erster Vizekönig von Indien.

1507: Alfonso d'Albuquerque erobert den persischen Hafenplatz Hormuz.

1508: Während eines Gefechts zwischen Genuesen und Venetiern in den indischen Gewässern fällt Lorenzo d'Almeida, Franciscos Sohn.

1509: Francisco d'Almeida besiegt eine mächtige ägyptisch-indische Flotte bei Diu.
D'Almeida hält d'Albuquerque einige Monate gefangen, bis die Anweisung des Königs kommt, ihn unverzüglich freizulassen.
Alfonso d'Albuquerque wird der zweite Vizekönig von Indien.

1510: Francisco d'Almeida wird auf der Rückreise in der Nähe der Saldahanbai bei einem überraschenden Angriff der Hottentotten getötet.

Quellenverzeichnis

Bagro, L., *History of Cartography*, London 1964.
Bensaude, J., *The attacks against Portuguese history*, Lissabon 1950.
–, *Lacunes et Surprises de l'Histoire des Découverts Maritimes*, Coimbra 1930.
Crone, G., *Maps and their Makers*, London 1966.
Däniken, E. von, *Waren die Götter Kosmonauten?*, Deventer 1969 (betrifft die umstrittene Piri-Re'is-Karte).
Die großen Entdeckungen. Dokumente zur Geschichte der europäischen Expansion, Band 2, München 1981.
Divine, D., *Ontdekkers van een nieuwe wereld*, Bussum 1973.
Hageni, A., *Herren über Wind und Meer*, Düsseldorf.
Hutin, S., *De Alchimie*, Deventer 1954.
Kozák, J., *Taschenatlas der Schiffe*, Hanau 1980.
Leithauser, J., *Mappae Mundi*, Berlin 1958.
Madariaga, S. de, *Kolumbus, Entdecker neuer Welten*, Bern / München / Wien 1966.
Pleticha, H., *Kolumbus: Person – Zeit – Nachwelt*, Gütersloh 1977.
Stein, W. J., Portugal as preparer for the British mission, in: *The Present Age*, Mai 1936.

Verschiedene Enzyklopädien, vor allem aus der Lekturama-Reihe: *Het tijdperk der grote ontdekkingen*, 1971, und *Op zoek naar oosterse schatten*, 1971.
Aus der Parool/Life-Reihe: *De grote ontdekkingsreizen*, Amsterdam 1967.

A. Leroi verdient eine besondere Erwähnung. Seine persönlichen Notizen sowie die Manuskripte seiner Vorträge sind mir von seiner Witwe zur Verfügung gestellt worden. (Zum Teil handelt es sich um die Weiterführung von J. Bensaudes Untersuchungen.) Konkret geht es um den Plan von Jacques de Molay, eine christliche Flotte im

Osten zu stationieren, mit dem Ziel, das Christentum gegen die Einflüsse des Islam zu schützen. Weiterhin geht es um die Weiterführung dieses Anliegens durch Prinz Heinrich, um Urkunden von 1474 und 1476 in Bezug auf den «Kontinent der Sieben Städte» und um Kolumbus' mögliche portugiesische Herkunft (es ist die Rede von der Hofdame Sarco, die mit einem Cousin König Johanns II. verheiratet war). Hier habe ich auch die Legende von Alexander dem Großen und Kálama dem Weisen gefunden.

Die nicht veröffentlichten Manuskripte von W. J. Stein erhielt ich von Frau R. Leroi zur Einsicht.

Worterklärungen

Achterdeck: hinteres Schiffsdeck
Besanmast: hinterster Mast eines Segelschiffes
Bug: Vorderteil des Schiffes
Glasen: halbe Stunden; durch halbstündliches Schlagen der Schiffsglocke wurde auf Segelschiffen bekannt gegeben, wie viele halbe Stunden einer vierstündigen Wache – acht Glasen – vergangen waren; die Bezeichnung geht auf die Verwendung einer Sanduhr (das «Glas») zurück, die eine Laufzeit von jeweils einer halben Stunde hatte
Havarie: durch Unfall verursachter Schaden an Schiffen oder ihrer Ladung
Heck: das hintere Teil des Schiffes
Karbatsche: Riemenpeitsche
Kimm: Horizontlinie
Lee: die vom Wind abgekehrte Seite
Luv: Seite, von der der Wind kommt
Mole: Hafendamm
Passatwind: großräumiges Windsystem von gleichmäßiger Stärke, das besonders im Atlantik auf den Äquator zuweht
Rahen: Querstangen am Mast zum Befestigen der Segel
Reling: Schiffsgeländer
Reede: Ankerplatz für Schiffe
Schaluppe: größeres Beiboot
Schiffsschinder: der für Prügel zuständige Matrose
Skorbut: vor allem bei Seeleuten bis ins 19. Jahrhundert verbreitete Vitaminmangelkrankheit bei völligem Fehlen von Vitamin C; die Krankheit tritt bei unzureichender Versorgung mit frischem Obst und Gemüse auf und macht sich u. a. in Mattigkeit, Blutungen, Ausfallen der Zähne und Herzstörungen bemerkbar.
Want: starkes Seil zur seitlichen Maststützung

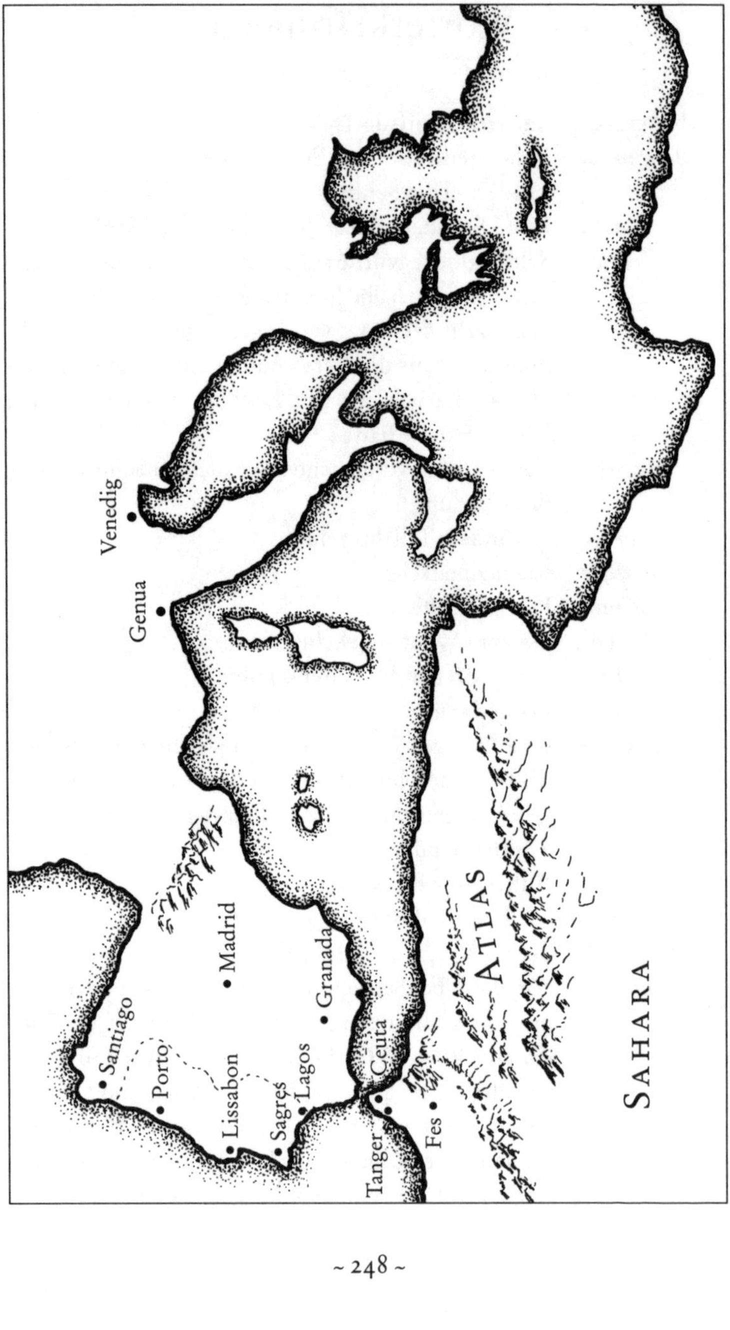
Venedig
Genua
Santiago
Porto
Madrid
Granada
Lissabon
Sagres
Lagos
Ceuta
Tanger
Fes
Atlas
Sahara

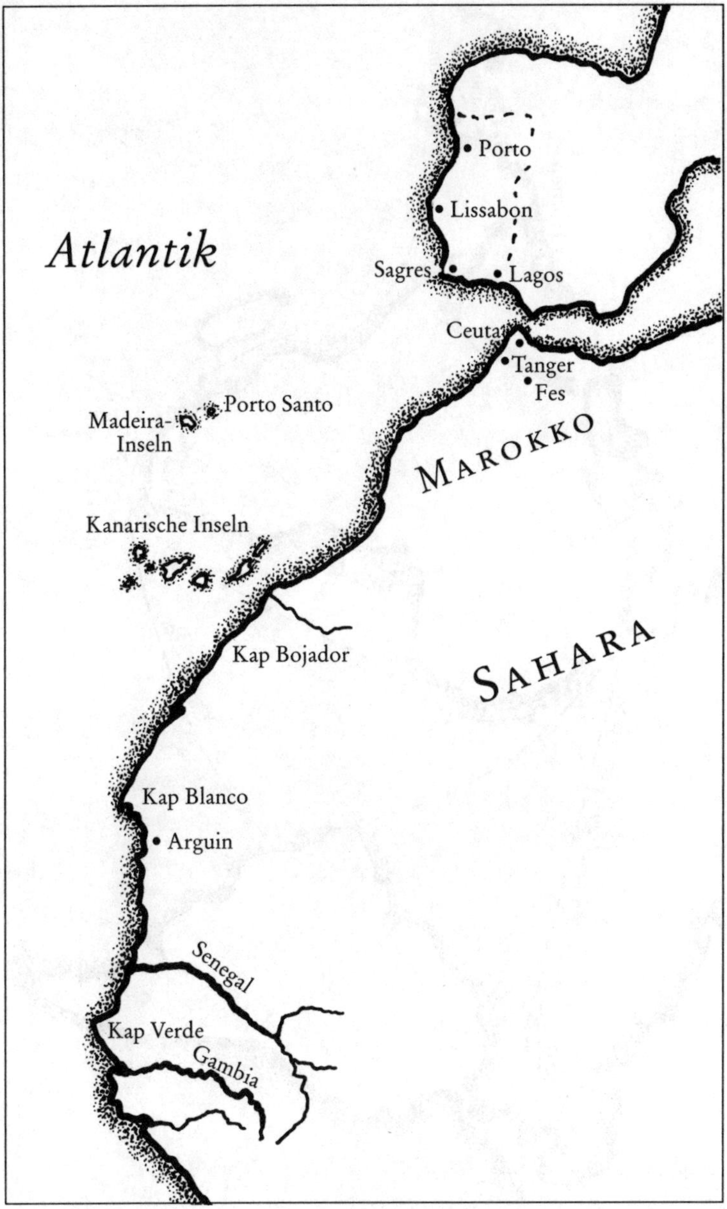
Porto
Lissabon
Atlantik
Sagres
Lagos
Ceuta
Tanger
Fes
Porto Santo
Madeira-
Inseln
Marokko
Kanarische Inseln
Kap Bojador
Sahara
Kap Blanco
Arguin
Senegal
Kap Verde
Gambia

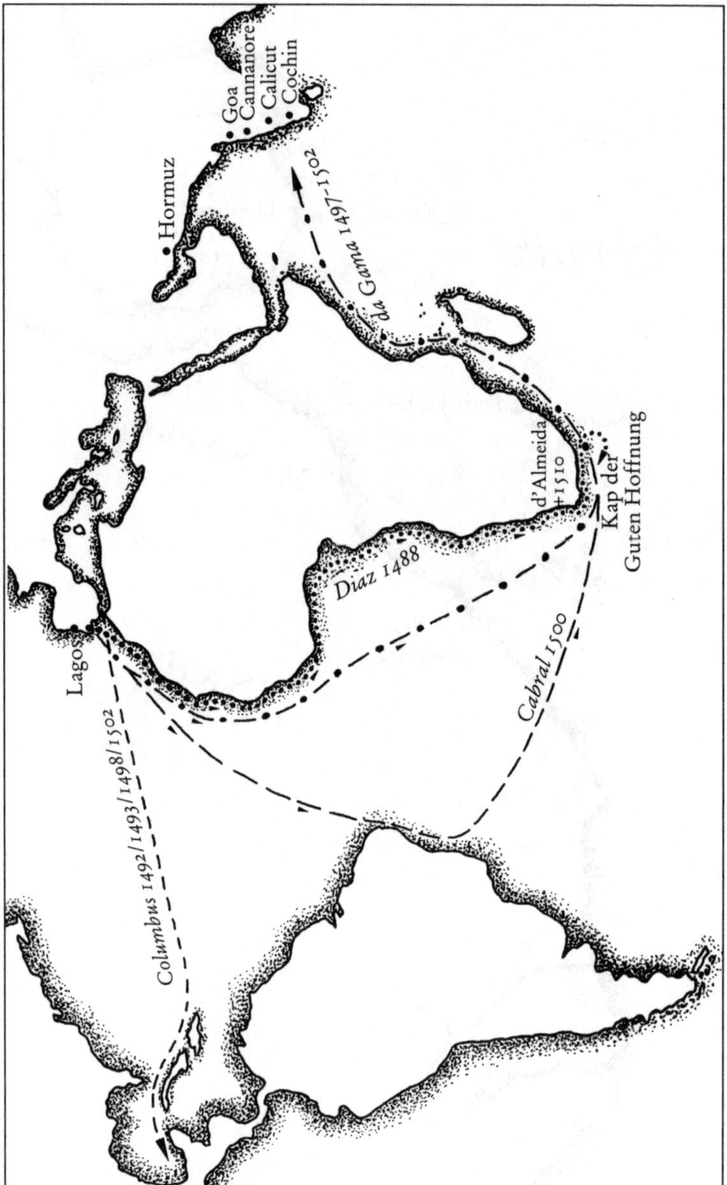
Hormuz
Goa
Cannanore
Calicut
Cochin
da Gama 1497–1502
d'Almeida
†1510
Kap der
Guten Hoffnung
Diaz 1488
Cabral 1500
Lagos
Columbus 1492/1493/1498/1502

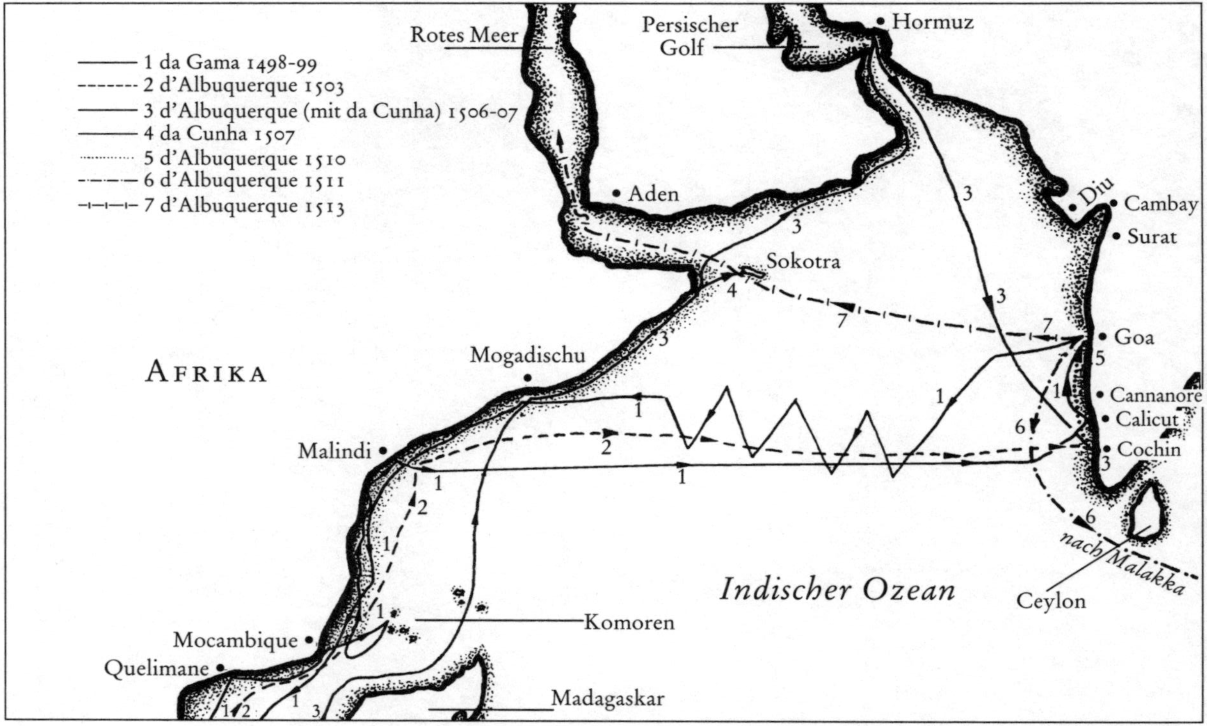
1 da Gama 1498-99
2 d'Albuquerque 1503
3 d'Albuquerque (mit da Cunha) 1506-07
4 da Cunha 1507
5 d'Albuquerque 1510
6 d'Albuquerque 1511
7 d'Albuquerque 1513
Rotes Meer
Persischer Golf
Hormuz
Aden
Sokotra
Diu
Cambay
Surat
Goa
Cannanore
Calicut
Cochin
Afrika
Mogadischu
Malindi
Mocambique
Quelimane
Komoren
Madagaskar
Indischer Ozean
Ceylon
nach Malakka

Die Belagerung Wiens – lebendig und mitreißend erzählt

PETER CARTER

Kinder des Buches

im Kampf um Wien

Aus dem Englischen von Wolf Harranth
326 Seiten, kartoniert

Frühjahr 1683: Auf dem Balkan und entlang der Grenze zwischen dem türkischen Reich und dem christlichen Abendland dröhnen die Kriegstrommeln der Janitscharen. Kara Mustafa, der Großwesir des Osmanischen Reiches, hat den lange befürchteten Angriff auf Österreich befohlen. Mit den Truppen des Großwesirs marschiert auch der junge Janitscharenrekrut Timur Ven ...

Facettenreich und in mitreißendem Erzähltempo beschreibt Peter Carter die Belagerung Wiens – ein dramatischer Augenblick in der Geschichte Mitteleuropas, bei dem unterschiedliche Kulturen und Vorstellungswelten aufeinander treffen.

Ausgezeichnet mit dem «Young Observer Fiction Award» und dem «Preis der Leseratten»

Geheimnis und Abenteuer

RODNEY BENNETT

Adlerjunge

Aus dem Englischen von Bettine Braun
192 Seiten, gebunden mit Schutzumschlag

Mitten im mittelalterlichen Europa herrschen Hunger und Not, Gier und Aberglaube – aber auch die Sehnsucht nach Selbstbestimmung und einer besseren Gesellschaft. Drei Helfer begleiten den jungen Stephan auf seinem Weg in die Freiheit und die menschliche Gesellschaft: der gewissenhafte Müller Petr, der weise Eremit Bartholomäus und – ein Adler.

«Wer keine Angst davor hat, bei der Lektüre eines Buches weinen zu müssen, wer äußerste Spannung ertragen kann, der oder die sind die richtigen LeserInnen für dieses märchenhafte Buch.»
Leanders Leseliste

«Eine märchenhaft-phantastische Geschichte, fesselnd und bewegend zugleich. Ein ausgezeichnet geschriebenes (und übersetztes) Jugendbuch!»
Schweizer Bibliotheksdienst

«Eindringlich erzählte Geschichte von der Macht der Privilegierten und der Massen und vom Versuch der Gerechten und Schwachen zu bestehen. Spannend und gut geschrieben.»
ekz-Informationsdienst

Geheimnis und Abenteuer

RODNEY BENNETT

Die Kreuze im Nebel

Aus dem Englischen von Susanne Lenz
Mit Illustrationen von Victor Ambrus
228 Seiten, gebunden mit Schutzumschlag

«Bei einem Ausflug ins Dartmoor geraten Tom und William in dichten Nebel und verirren sich. Orientierungshilfe bieten ihnen schließlich uralte Steinkreuze, die sie später seltsamerweise nicht mehr finden. Ja, bei ihren Nachforschungen verhalten sich einige Erwachsene so überaus seltsam, daß die Neugier der beiden noch wächst ...
Rodney Bennetts Roman ist nicht nur Lesefutter vom Feinsten – unheimlich, phantastisch und eingebettet in eine Landschaft, wie sie aufregend-behaglicher nicht sein kann –, sondern gibt auch einen zwanglosen Exkurs in die englische Geschichte und stellt mit den beiden jugendlichen Helden zwei sehr unterschiedliche Denkrichtungen einander gegenüber.»

Klaus Seehafer / Frankfurter Allgemeine Zeitung

«An keinem anderen Ort könnte man sich diese Handlung so vorstellen wie in England. Die zarten Illustrationen tragen noch wesentlich dazu bei, die spannende, ja atemberaubende Erzählung in die richtige Stimmung einzubetten.»

Anna Brotbeck-Ragaz/ Der Elternbrief

Verlag Freies Geistesleben

Ein schwedischer Kinderbuchklassiker

OLLE MATTSON

Die Brigg «Drei Lilien»

Aus dem Schwedischen von Walter Scherf.
Mit Illustrationen von Heiner Rotfuchs
234 Seiten, kartoniert

Michel Michelson lebt allein mit seiner Großmutter in einem alten, heruntergekommenen Wirtshaus an der Küste. Seine Mutter ist gestorben, bald nachdem sein Vater mit der Brigg «Drei Lilien» davongesegelt war. Im Dorf wissen alle, dass Vater Michelson einfacher Matrose war und dass er mit der Brigg «Drei Lilien» untergegangen ist. Nur Michel weiß nichts davon und träumt von der glanzvollen Rückkehr seines Vaters, der für ihn nur ein Kapitän sein kann. Das Leben in dem alten Wirtshaus ist hart, aber Michel ist nicht ganz allein. Da ist neben seiner geduldigen Großmutter sein geliebter Hund Bobbe, das Schaf Ulrika Wolleschön und der alte Bootsschnitzer Simon Toking von nebenan, dem Michel alles anvertrauen kann, da ist der Zimmermann Grille mit der Schildkröte Charlotta und das Mädchen Tua-Tua, mit dem Michel durch ein ganz besonderes Ereignis verbunden ist. Und eines Abends taucht der Fremde Pat O'Brien auf …

«Großartig fabuliert, voll urwüchsiger Deftigkeit und köstlichen Humors ist die Geschichte von Michel Michelson, der von der glanzvollen Heimkehr seines Vaters träumt.»

Deutscher Jugendliteraturpreis Auswahlliste